RÊVE ET COGNITION

Jacques Montangero

Rêve et cognition

MARDAGA

© Pierre Mardaga, éditeur
Hayen, 11 - B-4140 Sprimont (Belgique)
D. 1999-0024-14

REMERCIEMENTS

Aussi bien pour la mise au point de ma méthode que pour les résultats obtenus, je dois beaucoup d'abord à toutes celles et ceux qui se sont portés volontaires pour être sujet d'expérience, fournissant ainsi l'indispensable pratique et observation des résultats. Par ailleurs, la collaboration avec les personnes qui ont successivement travaillé dans mon équipe a été très précieuse. Aussi, mes remerciements vont à Cintia Rodrigues qui m'a aidé à mettre en place mes toutes premières expériences dans ce domaine, Thomas Bolliger dont j'ai beaucoup apprécié l'esprit de synthèse, José Reis qui a joué un rôle très important par son long et précieux travail sur l'enchaînement séquentiel des rêves, Pascale Pasche pour son aide excellente concernant les recherches sur la représentation de problèmes professionnels en rêve, Pierre Willequet qui nous apporte beaucoup parce qu'il allie l'expérience du clinicien avec la curiosité scientifique du chercheur, Odile Lecerf qui a l'art de faire, toujours avec gentillesse, des objections pertinentes et très constructives et Michel Alhadeff dont le travail a attiré mon attention sur l'importance des oppositions et antonymies dans les rêves.

Chapitre 1
Qu'est-ce qu'un rêve et chez qui se produit-il ?

Le but de ce chapitre est de faire un tour d'horizon des caractéristiques les plus saillantes du rêve et de soulever des questions à son propos. Il faut en effet cerner le phénomène qui nous intéresse avant d'aller plus avant dans l'analyse des faits et d'aborder les thèses qui visent à expliquer le rêve.

CARACTÉRISTIQUES GÉNÉRALES DES REPRÉSENTATIONS ONIRIQUES

Une définition du rêve

En guise d'entrée en matière, il paraît opportun d'essayer de dresser une liste des aspects principaux du rêve en proposant une définition, puis en commentant les divers points de cette définition. Cette tâche de définir les représentations oniriques n'est pas simple. Comme le fait remarquer Bosinelli (1991), presque chacune des caractéristiques propres au rêve ne se trouve pas nécessairement dans tout songe, et peut d'autre part s'observer dans les productions de la pensée éveillée. En dépit de ces difficultés, voici une proposition de définition.

Le rêve est un ensemble de représentations pendant le sommeil donnant lieu à un phénomène d'hallucination, relevant souvent de la modalité visuelle ou imagée. Tout en étant conscientes, ces représentations ne sont pas contrôlées intentionnellement. Elles mettent souvent en scène la personne qui rêve, et constituent un enchaînement de contenus originaux qui a des aspects narratifs. Ces représentations peuvent comporter des bizarreries et être accompagnées d'émotion.

Représentation

Le terme de représentation existe à la fois dans le langage courant et dans le langage scientifique de la psychologie, où il peut prendre des sens multiples. Dans ce texte, j'utilise ce terme selon la définition qu'en donnait Piaget (1945). La représentation au sens strict est la capacité d'évoquer des choses (réalités externes ou internes et produits de l'imaginaire) au moyen de substituts comme la parole ou le geste. Il existe un type de substitut qui n'est pas destiné à la communication, mais à un usage personnel, et qui est de nature interne : l'image mentale. Ainsi, je puis évoquer une même réalité, par exemple un cheval au galop, par des mots, par des gestes qui la miment ou par une image qui se déroule dans mon esprit. Pour bien définir cette fonction de représentation, il faut distinguer, comme le faisait Piaget, des notions qu'il empruntait au linguiste Ferdinand de Saussure et dont il étendait l'utilisation. Dans l'esprit des gens qui parlent une langue, il existe des images acoustiques (au lieu d'être des images visuelles, elles consistent dans l'évocation des sons formant des mots) correspondant aux mots connus de la langue. Ce sont les signifiants (par exemple, l'image acoustique des sons formant le mot « cheval »), qui renvoient à des signifiés ou significations (dans mon exemple, tout ce que signifie cheval). Signifiants et significations correspondantes, qui sont indissolublement liés dans l'esprit du sujet, renvoient généralement à des réalités : les référents (dans notre exemple, le cheval courant dans la prairie). Si l'on étend l'usage du terme « signifiant » à tous les substituts de la représentation, on peut l'appliquer aux images mentales du rêve. Ces images sont donc des éléments de la fonction de représentation, définie par la capacité de produire des signifiants *en l'absence des référents* qui leur correspondent (je peux évoquer le cheval par des mots ou une image sans que l'animal soit présent).

Cette définition de la représentation au sens strict entraîne une conséquence quant au niveau intellectuel nécessaire pour rêver : ne pourraient rêver, en principe, que les êtres qui démontrent la capacité de représentation, c'est-à-dire qui utilisent des signes (gestuels ou langagiers) pour évoquer des choses absentes.

Hallucination

Une caractéristique très frappante des représentations pendant le sommeil est le phénomène d'hallucination auquel elles donnent lieu. Toutes les images et les impressions que nous créons pendant le rêve sont vécues comme s'il s'agissait de perceptions. Nous arpentons les lieux du rêve, les personnages que nous y rencontrons nous paraissent bien réels lorsque nous scrutons leurs visages, et les objets peuvent nous apparaître dans le détail de leur texture, forme et couleur. Nous éprouvons toute une palette de sensations : perception visuelle, audition de bruits, de musique ou de paroles, sensation de mouvement, de froid et de chaleur, et j'en passe. La crédulité du rêveur face à ses images mentales est sans limite : il est terrorisé par le danger représenté, se sent pétri de honte en certaines situations et prend pour réels les êtres, lieux, objets ou événements les plus bizarres. Au total, donc, rêver, c'est faire une expérience, puisque nous éprouvons face au contenu du rêve les mêmes impressions que face au déroulement de la vie réelle. On ne peut donc exclure que les épisodes de nos rêves puissent produire sur nous des effets semblables à l'expérience d'épisodes vécus.

Il existe une exception à cette perte totale du sens de la réalité : les cas de rêves lucides. On appelle ainsi les moments où l'on sait que l'on rêve tout en rêvant. Il faudrait parler plutôt d'épisodes de lucidité car, à ma connaissance, cette prise de conscience n'accompagne pas un rêve dans son entier. Les expériences de LaBerge (1985; 1996) en particulier montrent que le rêveur dort effectivement tout en étant conscient de rêver. Cet auteur a pu entraîner des sujets à donner un signal (des mouvements des yeux, car ce sont une des rares parties du corps qui restent mobiles pendant le sommeil paradoxal) au moment où ils devenaient conscients de rêver. Lorsque les signaux étaient donnés, l'enregistrement de l'activité du cerveau et des muscles témoignait que le sujet dormait et celui-ci, réveillé immédiatement après, confirmait qu'il avait eu un épisode de lucidité.

L'existence des rêves lucides était connue dès l'Antiquité (elle est signalée par Aristote) et elle a fait l'objet d'investigations au siècle passé déjà (Hervey de Saint-Denys, 1995/1867). La principale différence, dans les études actuelles, réside dans le vocabulaire utilisé pour analyser ce phénomène, qui est emprunté à la terminologie en cours de nos jours en psychologie. Les épisodes de lucidité sont analysés en termes de possibilités de réflexion sur soi-même (autoréflexivité), de réflexion sur ses propres connaissances (métacognition) et de capacité de contrôle de sa propre activité. La présence et la fréquence des rêves lucides varie fortement selon les individus. Elle apparaît chez une minorité de gens, plus précisément entre 20 et 26 % de la population selon des enquêtes menées à ce sujet (Holzinger *et al.*, 1996; Purcell, Moffit et Hoffmann, 1993). La faculté d'avoir des rêves lucides dépend de plusieurs facteurs et elle peut s'exercer, comme l'affirmait déjà Hervey de Saint-Denys. Plus on porte d'attention à ses rêves, plus la lucidité et la capacité de contrôler les contenus augmente (Purcell *et al.*, 1993). Certaines caractéristiques neurophysiologiques pourraient aussi jouer un rôle : Gackenbach, Snyder, Rokes & Sachau (1986) notent que les rêveurs lucides ont une sensibilité vestibulaire particulièrement élevée.

On observe en fait toute une gamme de degrés de libération par rapport à l'hallucination et à cette sorte de passivité que nous avons face à nos représentations en rêve. A un premier niveau, la personne qui rêve fait tout en rêvant des commentaires à propos de ce qu'elle croit percevoir. A un niveau un peu plus élevé, elle exerce certaines modifications intentionnelles dans le cours de son rêve, sans aucunement prendre conscience de rêver. Par exemple, je dois traverser à la nage une rivière énorme et, parvenu au milieu, j'arrive dans un tourbillon qui va me happer. Aussitôt, je me retrouve sur la berge d'où j'étais parti et décide de traverser à un endroit plus sûr. On observe aussi ce faible degré de lucidité lorsque les rêveurs décident de réagir face à un danger qui, en un premier temps, leur paraissait inexorable. Ainsi, le jeune enfant fait fuir le loup qui le menace en lui lançant un projectile ou en appelant dans son rêve son père à l'aide. A l'autre extrémité de cette échelle des degrés de lucidité se trouvent les rêves dans lesquels le rêveur sait parfaitement qu'il rêve et change intentionnellement le cours des événements. Toutefois, cette manipulation intentionnelle peut avoir des limites. Un de nos sujets nous a raconté par exemple que, dans un rêve lucide, il avait d'abord décidé de changer la couleur des murs de la pièce où il se trouvait — ce qui s'était ensuite produit dans son rêve — puis avait voulu essayer de passer à travers les murs, ce qu'il n'était pas parvenu à faire.

Il faut noter que le phénomène d'hallucination ne disparaît pas complètement pendant les épisodes lucides. Voici, par exemple, un jeune homme qui, au cours d'une nuit passée à notre laboratoire d'étude du rêve, prend soudain conscience de rêver. «Il faut que j'enregistre la description de ce rêve pour pouvoir la raconter au professeur Montangero», pense-t-il, et il se met à courir vers une roulotte qui se trouve dans son rêve pour s'emparer d'un enregistreur. Malgré la prise de conscience que ceci n'est qu'un songe, le décor du rêve apparaît réel au jeune homme, de même que l'enregistreur (et la difficulté qu'il a à le faire fonctionner).

Cette constatation m'amène à postuler, comme le fait Hunt (1989), la présence d'une double conscience pendant les épisodes lucides. D'une part, un système de prise de conscience porte sur les contenus élaborés et les appréhende d'une manière a-critique comme des réalités. D'autre part, un autre système de conscience, semblable à la conscience réflexive de la pensée éveillée et n'ayant pas perdu le sens de la réalité, peut juger les produits de l'imagination. C'est ce qui permet à la métacognition, ou possibilité qu'a un individu de réfléchir sur ses connaissances, de survenir pendant le sommeil.

Modalité sensorielle des impressions du rêve

Lorsque le contenu du rêve est exprimé dans une modalité sensorielle, il est en majorité composé d'impressions visuelles, donc d'images mentales. Cependant, tous les contenus sont loin d'avoir ce caractère de fausses perceptions et, par ailleurs, d'autres modalités sensorielles sont présentes. Selon une statistique des contenus de rêves portant sur 500 rêves obtenus en laboratoire (Strauch & Meier, 1992), la moitié seulement des contenus sont décrits comme des perceptions, le reste consistant essentiellement en « pensées », d'après ces auteurs. Cette proportion peut surprendre, car je pourrais donner beaucoup d'exemples de rêves dans lesquels les impressions perceptives (descriptions des apparences, de sons entendus, d'actions observées) dominent nettement. Les autres types de contenu que l'on trouve dans les récits de rêves sont des jugements, des anticipations, l'expression de sentiments et la description de choses conçues comme présentes, mais non visualisées.

Pour en revenir à la statistique de Strauch et Meier, parmi les contenus décrits comme des perceptions, 56 % ont un caractère visuel alors que 25 % sont de nature auditive. La plupart des autres perceptions décrites sont des impressions corporelles diverses, tandis que l'odorat et le goût n'apparaissent que dans 0,5 % de l'échantillon de ces chercheuses. Dans celui de Snyder (1970), tous les rêves comportent du visuel, 69 % de l'auditif, 11 % des sensations de mouvements et 10 % de toucher. Goût et odorat sont très rares. L'ensemble de ces pourcentages confirme l'ordre d'importance des diverses modalités sensorielles déjà noté dans un *Dictionnaire des sciences médicales* de 1820 (cité par Hervey de Saint-Denys).

Le fait que le registre visuel soit privilégié soulève la question des rapports entre rêve et perception visuelle. Nos songes ne seraient-ils que les résidus de ce que nous avons perçu ? Cette question sera traitée dans le chapitre 4 qui présente d'une manière beaucoup plus détaillée les modes de représentation des contenus du rêve.

Aspect narratif

Les linguistes opèrent une distinction entre la description, dans laquelle on dénomme les entités (personnes, objets, événements) et on précise leurs attributs, et la narration, qui consiste dans l'enchaînement d'événements, étant entendu que la frontière entre ces deux types de récit est floue. Le rêve se situe généralement du côté de la narration. Celle-ci a été analysée par des linguistes en termes d'une organisation d'un récit type comme un conte de fées, organisation canonique qui se retrouve souvent dans la trame des romans ou des scénarios de films. La séquence canonique part d'une situation initiale, pour arriver à une situation finale modifiée, en passant par trois temps : survenue d'une complication, déclenchant une action (plus précisément un ensemble d'activités), qui aboutit à la résolution.

De mon point de vue, les rêves ne peuvent pas constituer une histoire type, tout d'abord parce qu'un rêve ne forme pas une totalité. Or, le propre d'une histoire, c'est de constituer un tout : chaque partie est composée en fonction des autres et en particulier la fin intègre les différents éléments parus au cours de l'histoire. Or, un rêve est un assemblage de fragments de narrations où le plus souvent les éléments et activités d'une première scène font place à des éléments qui paraissent sans lien avec eux. Prenons un exemple concret, le rêve de Christophe, un jeune homme de 23 ans. Il suffira, pour le point qui nous occupe, de résumer le contenu du rêve.

Le sujet téléphone dans une cabine. Il se trouve ensuite dans un restaurant, y mange, puis part sans payer. Tout de suite après, il se voit en train de « bricoler » des appareils (répondeur, puis petit téléphone). Il craint d'effacer les messages, puis coince, sans le vouloir, le téléphone dans une cavité. Soudain, pris de remords pour ne pas avoir payé son repas, il décide de retourner au restaurant. Il se trouve alors près de la maison de sa grand-mère, à un mariage. Etant nu, il veut entrer dans une maison pour chercher des vêtements, mais la porte est fermée. Il décide d'aller dans une autre maison. Immédiatement après, il est à l'hôpital, en train de participer à l'expérience sur le rêve. Il tombe et demande qu'on le relève car il a les bras liés. Puis il descend à l'étage inférieur, y rencontre un camarade d'adolescence qui saigne du nez, échange quelques mots avec lui et cherche ensuite la chambre des enfants. Devant la porte de cette chambre, un enfant de 7 ans (qui fut effectivement son camarade de jeu autrefois) lui sourit.

La lecture de ce résumé révèle que ce récit est constitué de fragments nombreux sans liens apparents entre eux. Certains contenus de ce rêve s'enchaînent-ils sur le mode narratif ? A mon avis, on a affaire à de tels enchaînements si un issue désirée ou crainte est posée et si cette issue n'est pas atteinte immédiatement, autrement dit si des événements intermédiaires constituent une péripétie qui rapproche ou éloigne le héros de son but. Dans le rêve ci-dessus, seul l'épisode du mariage, où le sujet cherche à se vêtir, est de caractère narratif. Une analyse détaillée de l'enchaînement de contenus de rêves sera présentée au chapitre 4 de ce livre. Elle montre que les épisodes narratifs ne constituent qu'une minorité des contenus oniriques. Au total, même si l'on ne peut s'attendre à ce qu'un songe d'une certaine longueur soit organisé comme une histoire, il n'en reste pas moins que les productions oniriques s'apparentent à des histoires, puisqu'elles constituent un déroulement d'événements. On peut donc convenir que rêver, c'est se raconter des histoires au cours de la nuit et les prendre pour vraies. Pourquoi et comment le faisons-nous ? C'est ce que voudrait éclairer le reste de cet ouvrage.

Pour le moment nous noterons deux choses. Premièrement, le manque de continuité dans les événements d'un même rêve révèle une particularité de la pensée pendant le sommeil : la relative absence de contrôle. La pensée vagabonde librement, sans contrôler la séquence de ses contenus, c'est-à-dire sans chercher à maintenir une cohérence immédiatement apparente des représentations successives. Au vu de cette absence de continuité, je suis tenté de postuler que les éléments successifs des rêves se suivent selon un enchaînement markovien : chaque temps du rêve est en principe déterminé par le temps précédent seulement. D'autres auteurs pensent de même (par exemple, Seligman & Yellen, 1987). Par exemple, dans le rêve résumé ci-dessus, l'événement « partir sans payer » serait relié à l'événement précédent (manger), mais n'aurait pas été planifié lors de la représentation de l'arrivée au restaurant. Un seul temps de ce rêve contredit ce postulat : après avoir manipulé des appareils, le sujet repense à ce qui est arrivé nettement plus tôt et se trouve pris de remords. Ceci est un des très rares exemples que nous avons obtenus de lien entre un contenu et ce qui le précède de plusieurs temps.

En ce qui concerne les relations entre deux éléments qui se suivent, mais sans lien apparent, une recherche de Rittenhouse, Stickgold et Hobson (1994) donne des arguments en faveur d'une certaine continuité. Lors de transformations surprenantes des personnages et des objets (15 transformations de personnes et 20 d'objets observées dans 200 rêves d'étudiants), ces transformations semblent obéir à certaines règles. La catégorie générale est maintenue, les personnes restent des personnes et les objets des objets, et il y a des points communs entre un élément et celui qui suit après transformation. En revanche, pour les lieux qui se succèdent après transformation, ces chercheurs n'observent pas de points communs entre eux.

La deuxième et dernière remarque à propos de l'enchaînement des contenus de rêves concerne la raison pour laquelle les scènes oniriques ont un aspect dynamique et ne se limitent pratiquement jamais à une image statique. Pourquoi ne se bornerait-on pas en rêve à contempler longuement un beau paysage ou une personne attrayante? Parce que le rêve est la simulation d'un milieu ambiant auquel il faut s'adapter et aussi parce que la pensée humaine aime le changement. Peut-être est-elle faite pour réagir aux changements et c'est pourquoi elle les crée quand il ne s'en produit pas. La psychologie du nourrisson a mis en évidence le phénomène d'habituation : le bébé est vivement intéressé par toute nouvelle stimulation, mais il s'en lasse vite si elle ne change pas. Et, de ce point de vue, un nourrisson subsiste toujours en nous. L'aspect narratif et changeant des rêves appelle irrésistiblement un parallèle avec les spectacles dramatiques : pièces de théâtre et films de cinéma. Pour captiver l'attention, ces spectacles doivent constamment introduire des événements nouveaux. Les rêves seraient-ils donc faits pour captiver l'attention?

Originalité des contenus

Le contenu des rêves a fait pour la première fois l'objet d'une étude systématique et quantifiée au cours des années soixante (Hall et van de Castle, 1966). Ces auteurs, ayant analysé 1 000 rêves, donnent la fréquence de leurs contenus. L'intérêt principal de cette étude porte sur la catégorisation que Hall et Van De Castle proposent. De nos jours encore, bien des chercheurs américains se réfèrent à ce travail comme à un étalon en ce qui concerne la fréquence de certaines catégories d'objets, événements et personnes, ou certaines formes de bizarreries (voir par exemple *Consciousness and Cognition*, 1994, vol. 3, n° 1). L'analyse du contenu des rêves est un peu trompeuse, dans la mesure où les contenus les plus fréquents dans un ensemble de rêves ne sont pas les contenus les plus présents dans chaque rêve. Par exemple, les objets les plus fréquemment représentés, d'après Hall & Van de Castle, sont les maisons, les rues et les automobiles. Il n'en reste pas moins que l'écrasante majorité des rêves ne contient pas de voitures, par exemple (présentes seulement dans 149 rêves sur 1 000). Une analyse qualitative sur ces résultats pourrait avoir quelque intérêt. Ainsi, on voit que, dans les intérieurs de bâtiments représentés en rêve, les éléments qui apparaissent le plus fréquemment, à l'exception des pièces elles-mêmes, sont les portes, puis les escaliers. Cela laisse supposer que nous sélectionnons en rêve ce qui est lié au changement et au mouvement et qui peut tenir un rôle symbolique (représentation concrète des idées de donner accès ou barrer accès à, ou d'atteindre une position plus élevée ou plus basse). Mais on remarque que l'analyse de contenus de rêves atomise ces représentations et n'aide guère à comprendre comment les rêves s'élaborent, ni pourquoi ils ont tel ou tel contenu.

Cependant, une étude de la fréquence de certaines caractéristiques des contenus nous est utile pour comprendre un aspect essentiel du rêve : son originalité. Les représentations oniriques se contentent rarement de reproduire le connu, c'est-à-dire les scènes de notre vie telles qu'elles ont été vécues ou les événements les plus fréquemment observés. Elles ne reviennent pas non plus à anticiper ce qui est le plus probable de se produire dans un proche avenir. La statistique de Strauch & Meier (1992) est à ce point de vue parlante. Dans les 500 rêves analysés, seuls un quart des lieux représentés sont familiers. Les autres «décors» de rêves sont soit totalement inconnus (cela représente 44% des lieux représentés), soit indéfinis, soit encore très transformés par rapport à ce qu'ils sont censés représenter. Quant aux personnages, moins de la moitié sont des personnes connues. Nos rêves sont donc peuplés pour moitié environ de personnages créés par notre imagination. Et les personnes avec lesquelles nous sommes le plus souvent en contact, c'est-à-dire les membres de la famille, ne constituent que 11% des individus représentés en rêve. D'une manière plus globale, seuls 28% des rêves obtenus par ces auteurs sont réalistes et pourraient donc correspondre à des scènes vécues ou anticipées. Dans la grande majorité des cas, les rêves comportent des éléments de pure imagination.

Quant à l'enchaînement des actions, une étude détaillée menée dans notre équipe (Reis, Montangero & Pons, à paraître), sur laquelle je reviendrai, montre que les temps successifs d'un rêve se suivent le plus souvent de manière plausible mais non prévisible. En d'autres termes, la majorité des contenus successifs d'un rêve est compatible avec ce qui précède, mais elle est inattendue. Cela montre bien que l'agencement de nos histoires nocturnes n'est pas aléatoire (puisqu'il y a plausibilité), mais qu'il ne se borne pas à reproduire le connu ou le plus probable.

Le caractère original d'une partie importante des lieux, personnes, objets et suites d'événements perçus en rêve attire notre attention sur un aspect à mes yeux très important de l'activité onirique : un rêve n'est pas une reproduction, c'est une construction, une sorte de création. Comment cela est-il possible ? Encore une question fondamentale qui trouvera des réponses au cours de ce livre.

Bizarreries

Un des aspects les plus spécifiques du rêve, c'est de contenir des éléments surprenants si on les compare à ce qui peut s'observer dans la vie éveillée. Ces bizarreries, qui ont été étudiées par de nombreux auteurs (par exemple Dorus, Dorus & Rechtschaffen, 1971 ; Hunt, Ogilvie, Belicki, Belicki & Atalick, 1982 ; Hobson, 1992) peuvent être de plusieurs degrés et de plusieurs types. On trouve tout d'abord des impossibilités, logiques, matérielles ou spatio-temporelle. L'impossibilité logique concerne l'identité des éléments du rêve, qui peut être multiple ou incertaine. Ce personnage est à la fois ma sœur et ma cousine ; cet objet est une fleur ou peut-être un appareil. Parfois, l'élément est même défini comme une chose et son contraire. Un autre type d'impossibilité logique consiste en violations des règles de la logique dans les enchaînements de pensées. C'est ainsi qu'on peut tenir en rêve des raisonnements qui, au réveil, se révèlent absurdes. L'impossibilité matérielle viole les lois de la physique ou de la biologie. De lourds bateaux peuvent flotter dans l'air, un ticket de bus montre des images comme un écran de télévision, ou un être humain peut respirer dans l'eau. Les transformations impossibles peuvent rentrer dans cette catégorie. Un chapeau mou se mue subitement en casquette, une jeune mariée devient statue, tandis qu'une larve se transforme en oiseau. Les impossibilités spatio-temporelles ne respectent pas les chronologies ou les distributions dans l'espace. Mon fils converse avec mon grand-père, pourtant mort des décennies avant sa naissance, ou la ville de New York contient des maisons semblables à celles que l'on voit à Londres, etc.

La deuxième grande catégorie de bizarreries est celle des improbabilités. Celles-ci peuvent tenir d'abord à la présence simultanée d'éléments qu'il est très peu probable d'observer ensemble dans la vie réelle. Par exemple, un éléphant surgit à l'orée d'une forêt de sapins, ou une femme de ménage part en vacances au volant d'une voiture de luxe. L'improbabilité peut aussi provenir d'une caractéristique des éléments présents (un peintre est habillé comme un arlequin ou une voiture de sport possède un volant de camion, grand et plat) ou à leur comportement (un homme se tient sur sa tête en faisant des gesticulations grotesques). Enfin, on classe souvent les lacunes d'enchaînement parmi les bizarreries. Or, la plupart des rêves se signalent par l'absence de transition entre les événements. Par exemple, on observe une poursuite depuis un avion, puis on se trouve subitement au sol, mêlé à cette poursuite. Les ruptures complètes dans la séquence des scènes oniriques sont un autre cas de bizarreries dans l'enchaînement. La scène du rêve change du tout au tout, comme on l'a vu dans le rêve résumé plus haut : du restaurant, le sujet se

> **Résumé des divers types de bizarreries**
>
> *Impossibilités*
> - logiques (identité incertaine, raisonnement absurde)
> - matérielles (violation de lois physiques ou biologiques)
> - spatio-temporelles
>
> *Improbabilités*
> Coexistence inattendue d'éléments
> Caractéristiques ou comportement incongrus d'un élément
>
> *Discontinuités*
> Absence de lien entre deux scènes successives

retrouve brusquement dans un appartement, puis tout aussi soudainement à un mariage, etc. Pour la personne qui rêve, cependant, cela se suit indiscutablement et forme bien un seul songe. Cela pose au psychologue la question de la raison de cette impression de totalité donnée par un rêve.

La fréquence des bizarreries varie selon les auteurs en fonction des critères choisis... et peut-être aussi en fonction des conceptions du rêve qu'ont les chercheurs. Hobson et son équipe (Resnick, Stickgold, Rittenhouse & Hobson, 1994) — pour qui les rêves ont une origine plutôt chaotique — trouvent que les rêves d'enfants comme ceux d'adultes contiennent beaucoup de bizarreries. En revanche, Snyder (1970) et Foulkes (1985), qui insistent sur la parenté du rêve et de la pensée éveillée, en observent relativement peu. Pour Strauch & Meier (1992), les trois quarts de 117 rêves recueillis après réveil en sommeil paradoxal contiennent une ou des bizarreries. Une recherche sur ce thème faite dans notre équipe (Willequet, 1998) montre que l'écrasante majorité des récits de rêve analysés (environ 90%) contient au moins une bizarrerie. Mais il ne faut pas en déduire que la majorité des contenus de rêves est étrange. Par rapport à la totalité des éléments représentés dans ces rêves, seul un quart environ des éléments est bizarre.

La présence fréquente de contenus incongrus dans les représentations oniriques révèle premièrement que la pensée pendant le sommeil est apte à élaborer des représentations qui ne reproduisent en rien ce qui a été observé la veille. Voilà un argument de plus en faveur de l'aspect constructif et créatif de la pensée du rêve. Deuxièmement, la présence de bizarreries montre que cette pensée ne fonctionne pas exactement selon les mêmes règles que la pensée éveillée.

Emotions

Souvent, le rêve est considéré comme un phénomène émotionnel. N'avons-nous pas tous fait l'expérience de peurs intenses ou de joies vives pendant que nous rêvions ? Et, comme le remarque Hunt, n'est-ce pas au cours de rêves que la plupart d'entre nous ont ressenti leurs émotions les plus fortes ? De plus, les conceptions psychanalytiques, qui se sont largement répandues au cours du XXe siècle, établissent un lien étroit entre rêve et désirs. Pourtant, Freud lui-même estimait que les processus d'élaboration des rêves supprimaient l'affect liés aux désirs représentés. Les analyses de contenu faite depuis les années soixante démontrent qu'un rêve n'est pas nécessairement accompagné d'émotions. Dans leur analyse de 500 rêves, par exemple, Strauch & Meier (1992) trouvent un quart de rêves totalement dénués d'émotions, et un autre quart accompagnés d'un vague sentiment de bien-être. Les émotions définies (comme la joie, la peur ou le chagrin) n'apparaissent que dans la moitié environ des descriptions que ces auteurs ont recueillies. Cela ne signifie pas nécessairement que, pour cette moitié de leur échantillon, les rêves aient été chargés d'émotion du début à la fin. Une enquête auprès de 1 000 Autrichiens (Holzinger *et al.*, 1996) donne des résultats voisins pour ce qui est de la proportion de rêves neutres.

Comme il existe aussi des cas de descriptions d'émotions, le psychologue peut choisir ce qu'il veut mettre en relief, à la manière du verre à demi rempli, que l'on peut décrire comme à demi vide ou à demi plein. Nielsen et Kuiken (1986) notent que l'émotivité est presque absente après réveil, pendant que les sujets décrivent leur rêve. L'équipe de Hobson au contraire (Merritt, Stickgold, Pace-Schott, Williams & Hobson, 1994) souligne le fait qu'en centrant les questions sur leur présence, on obtient dix fois plus d'émotions que chez Hall & Van de Castle. Ces auteurs proposent une explication d'ordre neurophysiologique. Les ondes d'excitation subcorticales qui, selon eux, sont à l'origine du rêve, activent l'amygdale, une partie du cerveau liée à la production d'émotions négatives lorsqu'elle est stimulée. Une récente expérience de tomographie par émission de positons (Maquet *et al.*, 1996) confirme cette activation de l'amygdale, déjà mise en évidence par d'autres moyens.

Au niveau de la qualité des émotions présentes, les sentiments négatifs (peur, anxiété, etc.) prédominent sur les sentiments positifs, selon plusieurs recherches. De plus, Merrit *et al.* (1994) notent qu'au cours du déroulement d'un rêve, les émotions tendent à devenir plus négatives. Certains rêves, les cauchemars, engendrent des sentiments de peur très vifs et Hartmann (1984) estime que cela arrive en moyenne une à deux fois par an chez l'adulte. Il n'empêche que toutes les recherches mettent aussi en évidence la présence de sentiments de joie, d'affection et d'attraction positive et que la prédominance des émotions négatives est contestée par une recherche récente (Schredl & Doll, 1998).

Dans la plupart des cas, les sentiments, qu'ils soient positifs ou négatifs, sont cohérents avec le contenu du rêve et le seul problème qui reste ouvert est de savoir si c'est l'émotion ressentie qui est à l'origine du contenu ou si au contraire le contenu représenté peut susciter des émotions. L'absence de tout affect pour une partie des contenus onirique demande aussi à être expliquée. On peut tenter une explication en recourant à la notion psychanalytique de projection. Au moment où nous rêvons, au lieu de garder en nous les thèmes qui nous préoccupent, nous les projetons apparemment hors de nous, dans des scènes oniriques qui concrétisent et mettent en scène ces préoccupations. Quand cette projection est bien réussie, elle pourrait décharger l'affect lié à ces thèmes.

Puisque les rêves peuvent être dénués d'émotion, il est possible de les étudier comme des manifestations de la pensée, sans passer par une théorie de l'affectivité. Cela n'empêche aucunement de reconnaître que les rêves expriment toute la personne, y compris ses affects, et qu'ils laissent rarement indifférent celui qui les considère. Surprise, plaisir esthétique, malaise ou curiosité sont provoqués par l'aspect créatif et signifiant du langage onirique

Faut-il distinguer différents types de rêves?

Certains auteurs, comme Hunt (1989) ou Businck & Kuiken (1996) insistent sur la diversité des rêves et distinguent plusieurs catégories, comme les rêves réalistes et prosaïques, les rêves lucides, les cauchemars, les rêves archétypiques ou existentiels. Ces derniers consistent en représentations étranges et inquiétantes, emplies de symboles que l'on trouve dans les mythes et accompagnées du sentiment de faire une expérience importante. Businck & Kuiken (1996) mettent en relief les rêves impressionnants (« impactful dreams ») qui laissent une trace consciente dans la vie éveillée. La question de savoir pourquoi certains rêves seulement nous apparaissent comme des expériences importantes et restent présents à notre mémoire après le réveil est certes intrigante. Mais le fait d'établir des catégories distinctes permet surtout à ces auteurs d'établir une sorte de hiérarchie de rêves, certains types étant supposés plus importants ou essentiellement différents des autres. Ceci n'est absolument pas compatible avec le but du présent ouvrage, qui est de comprendre comment s'élaborent les rêves et quelles peuvent être leurs fonctions possibles. Les principaux processus de production de rêves doivent se retrouver dans tous les types de songe. D'ailleurs, il y a fort à parier que les rêves extraordinaires (« archétypiques » ou lucides, par exemple) ne sont que des épisodes au sein d'un enchaînement de scènes oniriques où ils sont précédés ou suivis de scènes plus banales ou en tout cas d'un autre type.

LES VARIATIONS DE CONTENU DE RÊVES EN FONCTION DES PHASES DU SOMMEIL

Les phases du sommeil

Depuis l'aube de l'humanité jusqu'au milieu du vingtième siècle, on a considéré le sommeil comme un phénomène homogène. Dans cette perspective, il existe deux états de vigilance : l'éveil ou le sommeil. La découverte faite par Aserinsky & Kleitman en 1953 dans leur laboratoire de Chicago (qui est certes l'aboutissement de diverses découvertes successives) a complètement bouleversé cette conception. Le sommeil, chez l'être humain comme chez beaucoup d'espèces animales, comporte des phases différentes dont la succession se répète plusieurs fois au cours de la nuit pour former une suite de cycles. Chaque phase est caractérisée par un certain degré d'activité du cerveau mesurable par sa production d'électricité. Les cellules nerveuses sont en effet à la fois conductrices et productrices d'électricité. On colle des électrodes sur le cuir chevelu et, grâce à un amplificateur, elles transmettent le faible courant produit par les neurones à un polygraphe (enregistreurs à plusieurs canaux) qui effectue un tracé sur papier ou sur écran d'ordinateur. Il est ainsi possible de constater la fréquence plus ou moins grande des ondes électriques et leur amplitude. C'est ce qui permet de différencier les différents stades du sommeil.

Les impulsions électriques ne sont pas les seules responsables de la transmission des messages dans les cellules du cerveau. La propagation se fait aussi par voie chimique grâce à des substances libérées appelées neurotransmetteurs. On a récemment découvert que les différents états successifs de sommeil se caractérisaient aussi par le fait que certains ensembles de cellules nerveuses seulement — réagissant à un type défini de neurotransmetteur — étaient en activité (Hartman, 1982; Hobson, 1992). Dans la brève description des stades du sommeil qui suit, je m'en tiendrai aux caractéristiques de l'activité électrique et à quelques autres manifestations physiologiques. Ce sont toujours ces données (Rechtschaffen & Kales, 1968) qui servent à distinguer les phases successives du sommeil dans les laboratoires d'étude du sommeil.

Pendant l'éveil, les cellules du cerveau ont une activité électrique variable, qui dépasse 12 cycles d'ondes par seconde, sauf en cas de relaxation, généralement les yeux fermés, où apparaissent des ondes alpha plus lentes (8 à 12 cycles par seconde). Dès que l'on s'endort apparaît le stade 1 du sommeil, qui dure peu de temps (une à quatre minutes le plus souvent) et se remarque à un ralentissement, non constant, des ondes cérébrales. Puis survient le stade 2, dans lequel nous passons les plus longues périodes de la nuit. A ce stade, l'activité électrique des cellules nerveuses se réduit (ondes thêta d'environ 4 à 8 cycles par seconde) et elle est entrecoupée d'ondes plus rapides formant un tracé en fuseau. Nous sommes déjà dans le sommeil lent. La première phase de sommeil de stade 2 de la nuit peut être brève ou plus longue. Elle est suivie — pour le moins chez les jeunes adultes — par deux autres stades pendant lesquels l'activité électrique du cerveau se ralentit encore : les stades 3 puis 4 avec des rythmes delta de 1 à 4 cycles par seconde.

Le cerveau va-t-il ralentir encore plus son activité au cours de la nuit ou pour le moins maintenir cet état de faible activité? En aucun cas. Après environ une heure et demie (durée très variable en fonction de divers facteurs) apparaît le cinquième et dernier stade d'un cycle de sommeil : le sommeil paradoxal ou à mouvements oculaires rapides. Après une brève remontée en stade 2, l'activité des cellules augmente et se rapproche de celle du cerveau en éveil. Mais paradoxalement — ce qui a valu son qualificatif à ce stade —, l'activité musculaire est neutralisée. Les muscles qui gardaient un certain tonus, comme ceux du cou, perdent leur tonus, d'où une inhibition motrice (on suppose que s'il n'y avait pas cette inhibition, l'activité du cerveau pourrait produire des mouvements susceptibles de gêner le sommeil). D'autre part, le seuil d'éveil s'élève, c'est-à-dire qu'il faut une stimulation externe particulièrement forte pour réveiller le sujet. Le stade paradoxal est caractérisé aussi par des bouffées de mouvements rapides et importants des yeux, qui durent brièvement et se répètent à intervalles plus ou moins réguliers. Cette activité oculaire est le signe extérieur le plus marquant de ce stade de sommeil. D'autres manifestations physiologiques peuvent s'observer : l'érection du pénis chez l'homme et le gonflement du clitoris chez la femme — une manifestation physiologique sans aucun rapport avec le contenu des rêves — et une tendance à l'irrégularité des battements du cœur et de la respiration. Par ailleurs, on observe des changements au niveau de la régulation thermique du corps.

La première phase de sommeil paradoxal ne dure que quelques minutes. Puis un nouveau cycle commence, à l'exception du stade 1. Au total, on observe généralement quatre à cinq cycles de sommeil en une nuit chez l'être humain. Au fur et à mesure que les cycles se répètent, les phases de sommeil le plus lent (stades 3 et 4) disparaissent, tandis que la durée des phases paradoxales tend à s'allonger. Cette durée est d'environ un quart d'heure au milieu de la nuit et elle peut atteindre jusqu'à une heure à la fin de la nuit. La figure 1 montre un hypnogramme qui symbolise les stades et cycles du sommeil pendant une nuit et récapitule de manière imagée ce qui vient d'être décrit.

Les représentations oniriques pendant les diverses phases du sommeil

Dès qu'ils eurent découvert les différentes phase du sommeil, Aserinsky et Kleitman firent l'hypothèse que les phases paradoxales avaient un lien privilégié avec le rêve. Cette corrélation fut effectivement vérifiée par le psychologue Dement qui travaillait dans leur laboratoire. Quand il réveillait les sujets pendant une phase paradoxale, il obtenait plus fréquemment des comptes rendus de rêves qu'après réveil en sommeil lent (stades 2, 3 ou 4), et ces comptes rendus étaient particulièrement précis et riches en descriptions d'impressions perceptives. Par la suite, on exagéra beaucoup ces relations, laissant penser que les rêves n'apparaissaient normalement qu'en stade paradoxal. Un chercheur comme le physiologiste Jouvet, de Lyon, attribua le nom de «rêves» aux phases paradoxales, comme si l'on pouvait nommer un état physiologique par le terme désignant un phénomène psychologique (un ensemble de représentations). Aujourd'hui encore, Jouvet (1992) et d'autres auteurs, y compris des psychologues, estiment que la présence de récits de rêve après réveil en sommeil lent serait due à la persistance de souvenirs de rêves faits en sommeil paradoxal, ou au fait que les sujets racontent un rêve pour faire plaisir à l'expérimentateur, ou encore qu'il s'agit de «réactions défensives» (Hunt, 1989).

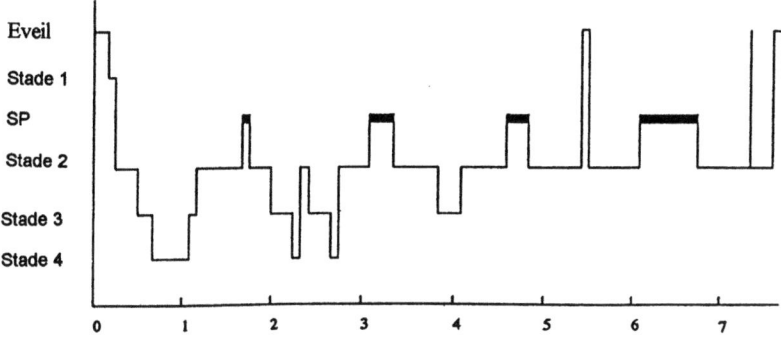

Fig. 1 — Hypnogramme. Une nuit de sommeil.
Les chiffres sur l'axe horizontal indiquent, en nombre d'heures, la durée écoulée depuis le coucher. Sur l'axe vertical figurent les stades de vigilance. SP = sommeil paradoxal.
Reproduit de Cavallero & Cicogna (1993) avec l'aimable permission des auteurs.

Nous sommes là devant un phénomène intéressant du point de vue épistémologique : le refoulement des faits observés au profit d'une idée à laquelle on tient pour des raisons plus ou moins claires. La plupart des neurophysiologistes trouvent satisfaisante l'idée qu'à un état physiologique particulier — en l'occurrence le sommeil paradoxal — corresponde un phénomène psychique particulier. Quant aux psychologues qui veulent faire du rêve une manifestation exceptionnelle par ses caractéristiques et son impact psychologique, il semble leur convenir de restreindre le rêve à des périodes particulières du sommeil. Les faits sont tout autres. Peu d'années après la découverte du sommeil paradoxal, on eut des exemples de contenus oniriques recueillis après réveil en sommeil lent (Foulkes, 1962). Bien des années plus tard, plusieurs laboratoires s'intéressèrent aux contenus des rêves faits pendant le sommeil lent. On n'eut pas de difficulté majeure à en obtenir. Par exemple, Cavallero, Cicogna, Natale, Occhionero & Zito (1992), réveillant leurs sujets pendant les stades les plus lents, 3 et 4, obtiennent dans 77 % des cas des relations de rêves, une fréquence plus élevée que celles qu'on cite généralement. Les faits qui attestent la présence de rêves indépendamment du sommeil paradoxal se trouvent non seulement au niveau psychologique, avec la présence de nombreuses descriptions de rêves en stades 2, 3 et 4 du sommeil. Au niveau neurobiologique également, Solms (1997) montre que, dans les cas où des personnes ne rêvent plus à la suite d'une atteinte cérébrale, ce ne sont pas les régions du tronc cérébral responsables du sommeil paradoxal qui sont touchées. De plus, l'absence de mouvements oculaires rapides ne va pas de pair avec la cessation de rêves.

Les investigations faites à propos de ces phases non paradoxales ont permis de préciser ce que les contenus de rêves avaient de particulier par rapport aux rêves en phase paradoxale. Une de ces particularités est que les contenus sont moins riches : les récits sont moins longs et ils ont une moins grande densité d'événements. Partant de cette observation, Antrobus (1983) fit l'hypothèse que les différences observées entre rêves en sommeil paradoxal ou lent étaient dues à des difficultés de mémoire pendant le sommeil lent. Ce thème de la difficulté de remémoration des rêves sera repris dans un chapitre ultérieur. Notons pour l'instant que ce n'est pas seulement la quantité de contenus, mais aussi leur nature qui semble quelque peu différente lorsque le rêve est effectué pendant le sommeil lent. Nous allons maintenant résumer les particularités des représentations pendant le sommeil, observées par divers chercheurs, en fonction du stade de sommeil où le réveil du sujet a été effectué.

Endormissement (stade 1)

Il est difficile d'expérimenter pendant cette phase, car elle est très brève et n'a pas de signes très caractéristiques qui permettent de faire la démarcation entre la veille et le sommeil. On possède toutefois des indications sur les représentations qui apparaissent pendant ce stade, sans toujours savoir s'il s'agit de représentations pendant le sommeil ou pendant une phase de transition entre veille et sommeil. Ces images étaient appelées autrefois les images hypnagogiques. Au niveau de la fréquence de remémoration, ce sont des contenus très facilement rappelés en cas de réveil immédiat. Pour qu'ils surviennent, il faut que l'on perde le contrôle du cours de ses propres pensées et que l'on perde aussi conscience du milieu qui nous entoure. Mais il s'agit là d'un phénomène circulaire, car c'est parce que des images se présentent à notre esprit que nous perdons ces manifestations de la conscience.

Les contenus de l'endormissement sont décrits comme des images assez discontinues. On voit d'ailleurs mal comment un enchaînement narratif pourrait être produit à ce moment là, étant donné la brièveté de cette période d'endormissement. Foulkes & Vogel (1965) décrivent cette période en termes de désorganisation de la pensée, période qui sera suivie d'une réorganisation relative permettant la production de rêves véritables. Les images de l'endormissement traduisent parfois, en un premier temps, les contenus de pensée du sujet qui s'endort (Silberer, 1909, confirmé par des recherches plus récentes). Dans l'ensemble, ces images contiennent moins de mouvements et d'actions que les rêves effectués plus tard pendant le sommeil et consistent parfois en formes géométriques plus ou moins mouvantes. Les contenus de ces images peuvent être étranges, comme dans l'exemple suivant, communiqué par Pierre Willequet. Il s'agit d'images hypnagogiques survenues lors du début d'une sieste. Un homme de 33 ans, très fatigué physiquement, voit un torse, nu, allongé, et sous l'effet du repos, chaque muscle du torse semble se détacher et tomber. Derrière cette vision, il aperçoit un fond lumineux composé de raies blanches (larges) et noires (plus minces). Foulkes (1985) estime que ce type de représentations qui surgissent à l'endormissement ressemblent plus aux rêves du sommeil paradoxal qu'à ceux du sommeil lent (stade 2 à 4).

Début du sommeil en stade 2

Un certain nombre de recherches ont été faites sur les contenus oniriques lorsque des signes indiscutables de sommeil sont apparus (il s'agit du premier fuseau du stade 2, lors du premier cycle de sommeil). Nous sommes donc déjà dans le sommeil lent, mais seulement quelques minutes après le début du sommeil, les sujets étant réveillés trois minutes après le premier fuseau observé sur l'électroencéphalogramme. Les contenus représentés ont des caractéristiques quelque peu distinctes de celles observées plus tard dans le stade 2. En fait, il serait trompeur d'établir une moyenne des caractéristiques propres aux comptes rendus obtenus à ce moment là (les moyennes sont d'ailleurs souvent trompeuses!). En effet, il y a en réalité deux types différents de contenus. D'une part, des images discontinues très semblables à ce qui s'observe à l'endormissement, d'autre part, des récits qui correspondent plus à des rêves. Ces récits sont plus courts, ont plus de continuité et moins de bizarreries que ceux que l'on obtient plus tard dans la nuit, y compris dans le stade 2.

Relisant aux sujets d'expérience dans le laboratoire la relation qu'ils viennent de donner, événement par événement, puis leur demandant de dire ce qui leur passe par la tête à propos de ces contenus (méthode de l'association libre), Cicogna, Cavallero & Bosinelli (1991) observent le fait suivant : les sujets trouvent un nombre particulièrement élevé de relations entre les contenus de ces rêves et des souvenirs d'événements vécus pendant la journée qui précède l'expérience. En revanche, ces chercheurs ne trouvent pas de différence, en termes des personnages et des lieux représentés, entre ces rêves et ceux racontés plus tard dans la nuit.

Particularités des représentations dans l'ensemble du sommeil lent

Les rêves produits pendant diverses phases du sommeil lent (stade 2, 3 ou 4) ont été comparés par plusieurs chercheurs aux représentations obtenues après réveil en sommeil paradoxal. Tout d'abord, comme cela a déjà été signalé, les rappels de rêves sont moins fréquents. Si, dans certaines expériences, le taux de rappel avoisine 80 %, ce qui ne diffère guère de ce qu'on obtient après réveil en sommeil paradoxal, on mentionne souvent (par exemple, Hobson, 1992) un taux d'environ 50 %, c'est-à-dire une moyenne d'un rappel de rêve sur deux réveils. Les relations de rêves qui sont faites alors diffèrent par rapport aux rêves du sommeil paradoxal par leur longueur. Ils contiennent moins d'unités temporelles, en d'autres termes d'événements, même lorsqu'on prend soin d'égaliser la durée de sommeil qui les a précédés. On s'accorde aussi à leur trouver moins d'images visuelles, de bizarreries et d'aspect narratif. Une recherche récente comparant les contenus oniriques des stades 2 et de la phase paradoxale suivante pour chaque cycle de la nuit (Guimaraes & Paiva, 1996) confirme la différence de longueur et le nombre moins élevé d'activités sensorielles dans les rêves de sommeil lent. Cela dit, ces rêves ne sont pas nécessairement très différents, à première vue, de ce que l'on peut obtenir en réveillant le sujet en phase paradoxale. Voici un exemple de récit après réveil en stade 4 du sommeil tiré de la banque de données du laboratoire de psychophysiologie du sommeil de l'Université de Bologne. Il faut préciser qu'il s'agit du stade 4 du premier cycle de sommeil de la nuit, donc avant la première phase de sommeil paradoxal.

Je me souviens que c'était les vendanges et je vendangeais à la campagne ; il faisait un peu mauvais temps, il pleuvait presque, il pleuvinait ; je sais qu'il fallait se dépêcher : je me souviens que nous avons couru à la cave avec toutes les caisses de raisin et nous l'avons mis dans la machine pour le presser et que de la machine il sortait un liquide vert, qui en somme n'était pas de la couleur du raisin, du genre herbe, quelque chose de la sorte ; alors tous me regardaient, tous les parents, etc., et ils m'accusaient, ils me disaient : « Comment se fait-il que tu as pris de l'herbe et que tu n'as pas pris le raisin ? », quelque chose du genre. La dernière chose que j'ai pensée, je pensais à ce que je pourrais leur dire parce que je me sentais un peu coupable mais je ne savais pas quoi répondre, je ne connaissais pas le motif ; et puis je ne sais pas s'il y avait quelque chose avant, ça c'est certainement la dernière chose.

On trouve dans la banque de données de l'Université de Bologne bien d'autres exemples de rêves du stade 4 contenant des bizarreries et de l'émotion, par exemple l'apparition d'un monstre de la taille d'un chien, avec des dents et des griffes énormes et une carapace de crustacé, qui fait très peur au rêveur, bien que celui-ci soit persuadé que le monstre est gentil. Certains de ces rêves révèlent des visualisations et des sensations précises, comme celui où le sujet se voit de dos et ressent par ailleurs un courant d'air qui lui refroidit le dos et les bras. A côté de cela, on trouve des contenus plus vagues et plus banals, comme le suivant.

Le sujet se voit couché dans la salle du laboratoire du sommeil. Pendant son sommeil, sa mère lui fixe des électrodes et s'occupe d'autres choses dont le sujet ne se souvient pas. « Et puis je l'ai vu sortir de la chambre et il y avait toi (l'expérimentateur), en tout cas un homme. Et après la scène a changé, ce n'était plus cet institut, cette chambre, mais un auditoire où je suivais un cours. »

Au total, quelle que soit la diversité des contenus représentés pendant le sommeil lent (stades 2, 3 ou 4), ce sont aussi des rêves, puisqu'il s'agit de représentations prises pour des réalités, avec succession d'événements et élaboration de contenus originaux.

Les représentations oniriques pendant le sommeil paradoxal

Lorsqu'une personne est en sommeil paradoxal et qu'on la réveille, on obtient, dans plus de 80 % des cas, un compte rendu de rêve. C'est un taux de rappel plus élevé qu'en sommeil lent, mais cela signifie aussi que les chercheurs sont tout de même confrontés à des échecs. Après avoir veillé plusieurs heures pendant la nuit, observé sur le polygraphe les tracés bien caractéristique du sommeil paradoxal et attendu plusieurs minutes avant de réveiller le sujet pour laisser au rêve le temps de se développer, il arrive qu'on n'obtienne rien. Le sujet réveillé affirme qu'il ne se souvient d'aucun rêve, ou alors qu'il se rappelle avoir rêvé, mais que le contenu ne lui revient pas à la mémoire.

Les caractéristiques particulières des récits de rêve obtenus après réveil dans cet état du sommeil ressortent déjà du paragraphe précédent, par contraste avec ce qui s'observe pendant le sommeil lent. Les rêves en sommeil paradoxal se distinguent par une longueur plus grande, due essentiellement à une plus grande densité d'événements, et aussi par le nombre relativement élevé et l'aspect souvent intense des activités ou impressions sensorielles (voir, entendre, ressentir des impressions corporelles). C'est également dans ces phases que l'on peut s'attendre à trouver un maximum de bizarreries — mais, on l'a vu, elles ne représentent, toutes catégories confondues, guère plus d'un quart des éléments évoqués en rêves. Enfin, le caractère narratif est souvent plus frappant que dans les rêves du sommeil lent. Certains auteurs signalent aussi une plus grande quantité de personnages et d'émotions. C'est en outre pendant le sommeil paradoxal qu'on a surtout observé les épisodes de lucidité. Ceux-ci surviennent soit lors de périodes phasiques, c'est-à-dire lorsque l'activation est la plus intense et qu'on observe des mouvements oculaires rapides, soit à d'autres moments, juste après que le rêveur a eu un bref réveil (LaBerge, 1996). Je ne donnerai pas ici d'exemple de contenus oniriques propres au stade paradoxal, parce que tous les exemples qu'on pourra lire dans la suite de ce livre sont de cette catégorie.

Il serait faux de croire que tous les rêves recueillis pendant ce type de sommeil présentent les mêmes caractéristiques. Des variations frappantes apparaissent. Tout d'abord, certains chercheurs ont signalé que, pendant les périodes phasiques, c'est-à-dire au moment où ont lieu des mouvements oculaires rapides, les représentations sont plus intenses (Molinari & Foulkes, 1969 — mais, plus tard, Foulkes (1985) n'a pas confirmé ce résultat). D'autre part, la quantité de représentations de soi est plus élevée à ces moments phasiques (Cicogna, 1982). De plus, la quantité et la qualité des contenus de rêves varie en fonction du cycle du sommeil où a lieu la phase paradoxale. Voyons en premier lieu la question de la longueur des descriptions de rêves (que nous nommerons désormais, selon l'usage courant de la langue française, «récits de rêve», bien qu'il ne s'agisse pas d'une narration en soi, mais d'une tentative de description de l'expérience mentale pendant le sommeil). On savait depuis longtemps que la première phase de sommeil paradoxal, celle qui termine le premier cycle de sommeil, donne moins de rappels de rêves et des récits souvent courts. Cavallero, Natale & Zito (1996) trouvent que la longueur des récits, en termes d'unités temporelles, progresse à chaque cycle au cours de la nuit, jusqu'au troisième cycle, puis diminue lors de la quatrième phase paradoxale. Sur le plan de la nature des contenus, on s'accorde à affirmer que plus on approche du matin, plus les rêves peuvent contenir de bizarreries, de visualisations frappantes et d'aspects narratifs.

Le problème des relations entre manifestations physiologiques et psychologiques

Les correspondances établies entre les états du sommeil et le contenu des rêves soulèvent la très ancienne question philosophique des relations entre l'organisme et l'esprit. A dire vrai, cette question n'a toujours pas de réponse satisfaisante. On ne sait pas comment les décharges électriques et chimiques des neurones peuvent agir sur les représentations mentales, ni comment les pensées, par définition immatérielles et naturellement dépourvues de masse, de charge électrique ou de contenu chimique, peuvent influencer le fonctionnement du cerveau. Pourtant, des interactions dans les deux sens ont lieu indubitablement. Par exemple Penfield et Perot (1963) ont provoqué, en stimulant électriquement des régions proche de l'hippocampe, la reviviscence imagée de souvenirs (de même que de la confusion mentale). Par ailleurs, on sait bien que des déficits psychologiques s'observent à la suite de lésions de parties du cerveau. A cette causalité du physiologique sur le psychologique s'ajoute la réciproque : la causalité de phénomènes psychologiques sur le fonctionnement physiologique. Ainsi, une signification (idée, évocation de personne ou d'objets, etc.) transmise verbalement à quelqu'un peut déclencher chez cette personne un raisonnement ou un calcul, une émotion ou des verbalisations et donc les activités neurophysiologiques qui accompagnent ces manifestations psychologiques. De plus, dans les activités perceptives, que l'on pourrait croire surtout dépendantes de facteurs physiologiques, un facteur psychologique, l'intérêt pour ce qu'on examine, détermine la finesse de la discrimination du perçu.

Depuis toujours, deux grandes perspectives s'offrent à nous pour traiter ce problème. D'une part la solution moniste, en affirmant haut et fort que cerveau et esprit ne sont qu'un, permet d'éviter le problème épineux des interactions entre deux types de phénomènes très différents. Mais cette solution ne rend pas compte du caractère *sui generis* des activités psychologiques. Une idée ou une opération mentale sont d'une autre nature qu'un neurone ou un ensemble de neurones. D'autre part, les solutions dualistes, en affirmant l'hétérogénéité du corps et de l'esprit, respectent les propriétés particulières des contenus de l'esprit et de ses activités. Un concept, comme celui de temps par exemple, ne peut se définir par des attributs tels que l'étendue spatiale, le poids, la charge électrique, etc. Il se définit par un ensemble de significations. Une signification peut en entraîner une autre (par exemple, à vitesse égale, « beaucoup de temps » entraîne « beaucoup d'espace parcouru »), mais elle le fait sans qu'il y ait causalité physique ou biologique. La première idée n'entraîne pas la deuxième par un choc, une décharge électrique ou un mélange de substances. Elle se lie à l'idée suivante par implication, comme l'affirmait Piaget (1963). La position dualiste respecte cette particularité, mais elle rend incompréhensible l'étroite union et les interactions nombreuses entre le corps et l'esprit.

Au vu de tout cela, on devrait se contenter de constater des correspondances entre ce qui se passe au niveau de l'organisme et au niveau psychologique, sans vouloir réduire un des plans à l'autre, ni postuler une relation trop précise et rigide entre les deux. Ce que nous venons de voir au sujet des contenus de rêves est à ce propos exemplaire. D'une part, à manifestations physiologiques différentes, on peut avoir des représentations mentales très voisines. Ainsi, certains rêves en sommeil lent se distinguent mal des rêves du sommeil paradoxal. De même, pendant l'éveil, certains aspects propres aux représentations oniriques peuvent se manifester. Foulkes & Fleisher (1975) ont trouvé que lorsque les sujets sont en état de relaxation, mais restent éveillés, la majorité de leurs représentations est de nature imagée, et 19 % d'entre elles ont un caractère hallucinatoire, tandis que 25 % des représentations contiennent des bizarreries.

D'autre part, dans un même état physiologique, on peut observer des contenus mentaux de nature différente. Par exemple, la densité des événements représentés en rêve et leur nature changent pendant le sommeil paradoxal au cours de différents cycles de la même nuit. Nous avons vu également que les contenus rapportés en stade 2 au début du sommeil se distinguent de ceux que l'on obtient dans le même stade plus tard dans la nuit.

Au total, si j'estime que psychologues et neurophysiologistes doivent travailler la main dans la main pour mieux connaître les correspondances entre cerveau et représentations oniriques, je pense que l'explication des phénomènes doit se faire dans les termes de chacun des deux plans. Que penserait-on d'un neurophysiologiste qui expliquerait ce qui se passe au niveau du cerveau en termes psychologiques, en affirmant par exemple qu'un neurone est activé parce qu'il est en colère, ou amoureux d'un autre neurone, ou parce qu'il réfléchit plus vite ? Ce serait ridicule. Il est tout aussi ridicule de vouloir expliquer un raisonnement ou un rêve en termes de connexions synaptiques et de neurotransmetteurs. Pour employer une métaphore, l'analyse du flux d'électrons dans le tube cathodique d'un téléviseur ne peut en rien expliquer pourquoi le film transmis à la télévision est comique, ni quelles étaient les idées et les stratégies du réalisateur. Comme tout phénomène psychologique complexe, le rêve doit être expliqué par l'organisation et les lois de fonctionnement des significations et des signifiants (mots ou images mentales) qui les véhiculent.

CHEZ QUI LE RÊVE SE PRODUIT-IL?

Apparition du rêve au cours de l'évolution des espèces (phylogenèse)

En ce qui concerne le sommeil paradoxal, on l'observe chez tous les animaux à sang chaud. Les oiseaux passent, semble-t-il, de très brèves périodes dans cet état du sommeil. Chez les mammifères — à l'exception des dauphins — les phases paradoxales sont plus fréquemment et plus longuement observées. Pouvons-nous en conclure que ces animaux rêvent? Tout propriétaire de chien qui a vu son compagnon à poils grogner, vibrer de ses quatre pattes ou remuer la queue pendant le sommeil est persuadé que les chiens rêvent. Jouvet (1992), ayant supprimé chez des chats, par une intervention chirurgicale au cerveau, l'inhibition motrice qui survient normalement pendant le sommeil paradoxal, a pu montrer que ces chats avaient, pendant ces phases de sommeil, des comportements proches des conduites de chasse ou de toilettage. Fort de ces observations, Jouvet affirme que les chats miment leurs rêves.

Piaget (1945) mettait en doute la présence de rêves chez les animaux, affirmant qu'il pouvait y avoir de simples décharges motrices, non accompagnées de représentations semblables à celles que nous avons. Nous ne saurons jamais ce qui se passe exactement dans la tête d'un animal pendant le sommeil, mais il faut noter — comme Foulkes (1985) le fait très justement — que rêver suppose de traiter les nombreuses connaissances que nous possédons. Dans nos souvenirs et l'ensemble de nos connaissances, nous sélectionnons des éléments, nous les réagençons, nous en organisons la séquence sous la forme de bribes de scénarios connus. Or, personne ne niera que les connaissances d'un chien, d'un chat ou d'une vache ne sont pas comparables à celles des humains. Leurs souvenirs sont plus limités, leur répertoire de concepts et de connaissances spécifiques est pauvre et ces animaux n'ont guère de familiarité avec les contes de fées et les scénarios de films. De plus, leurs capacités d'organiser les connaissances, sous la forme d'enchaînements de raisonnements ou de stratégies complexes, ne sont également pas comparables à ce qu'on observe chez l'être humain. Enfin, la fonction de représentation au sens strict, telle qu'elle a été définie au début de ce chapitre, n'a pas de manifestation claire chez les animaux (à l'exception des singes anthropoïdes).

Pour toutes ces raisons, un rêve d'animal doit être très différent de l'élaboration d'images complexes et de l'enchaînement de significations qui caractérisent ce que nous appelons un rêve. J'imagine qu'un chien ou un chat peut avoir, pendant le sommeil, des impressions de mouvement et le sentiment global d'être dans une situation de chasse ou de défense ou de jeu. Cela ne signifie en rien que des images visuelles précises soient produites et encore moins qu'elles aient une trame narrative et très variée.

Ontogenèse : le développement du rêve pendant l'enfance

Pour les raisons mêmes qui viennent d'être exposées, il paraît impossible qu'un bébé ait des rêves semblables à ceux des adultes ou des enfants plus âgés. Les matériaux de base pour élaborer de tels rêves (souvenirs nombreux impliquant l'activité du sujet, connaissances concernant l'apparence et les réactions des objets et des personnes) font défaut, de même que la capacité de relier en un enchaînement complexe des actes, des images et des idées. Enfin, la fonction de représentation supposant l'évocation de signifiants en l'absence de référents n'apparaît avec évidence qu'au cours de la deuxième année de vie chez l'enfant. On ne peut donc affirmer, comme l'ont fait certains auteurs, que le nourrisson passe de très nombreuses heures de la journée à rêver, sous prétexte qu'on observe, pendant les premiers mois de vie, des phases particulièrement longues d'un sommeil très semblable au sommeil paradoxal.

Piaget (1945) a noté des descriptions de rêves chez ses enfants peu après l'apparition du langage, vers l'âge de deux ans. Vers l'âge de trois ans et demi, une de ses filles rêvait qu'il y avait du bois sous des lits et que son petit chat s'y mettait ou encore que sa maison disparaissait sous la terre. Les recherches les plus approfondies au sujet des rêves d'enfants ont été faites par David Foulkes. Ce psychologue a d'abord mené une longue enquête longitudinale, en suivant les mêmes sujets pendant cinq ans (Foulkes, 1982). Il a étudié les rêves de deux groupes d'enfants, âgés au départ de 3 à 4 ans et de 9 à 10 ans. Ses observations recouvrent donc la période qui va de l'âge de 3 ans à celui de 15 ans (atteint par son groupe d'enfants plus âgés à la fin des cinq années de recherche). Chaque enfant passait neuf nuits par an au laboratoire d'étude du rêve et était réveillé trois fois par nuit. Il était soumis à divers tests et observations dans la soirée avant de se coucher. Plus tard, Foulkes (1993) a mené une recherche avec la méthode transversale (reconstitution du développement qui a lieu avec l'âge chez un enfant en comparant les conduites de groupes d'enfants d'âges différents). Cette recherche a confirmé la plupart des résultats de la longitudinale, mais pas la totalité.

Dans l'ensemble, on peut résumer les découvertes de Foulkes de la manière suivante.

Entre 3 et 5 ans, les rêves sont rares, ils sont dénués d'aspect narratif, contiennent rarement des bizarreries et montrent peu de participation active de la part du sujet. Par exemple, un enfant rêve qu'il dort dans une baignoire (rappelons-nous toutefois les exemples plus dynamiques proposés par Piaget). Entre 5 et 7 ans, les rappels de rêves sont un peu plus fréquents et on peut observer des rudiments de séquentialité, mais l'enfant ne se trouve toujours pas au centre de l'action. Dans le groupe d'enfants de 7 à 9 ans, la fréquence de rappels de rêve est plus élevée et les contenus ont une structure narrative déjà complexe. De plus, l'enfant se représente en train de prendre une part active aux événements du rêve. Foulkes insiste sur ce point comme critère de développement du rêve. Il met en parallèle cette capacité de conscience de soi et l'entrée dans un nouveau stade de la logique d'après les résultats à des épreuves piagétiennes.

Vers 10 ans, Foulkes observe un maximum de structuration narrative : le déroulement du rêve est d'une grande continuité. Enfin, à l'adolescence, les représentations imagées sont plus riches (avec par exemple des effets de zoom) et plus bizarres aussi. On pourrait objecter à ce chercheur que les progrès du rêve qu'il signale sont en fait des progrès de la mémoire ou des capacités de verbalisation de l'enfant. Foulkes rejette cette hypothèse par divers arguments. En particulier, le nombre et la longueur des rêves, de même que leur qualité (en termes de structuration narrative ou spatiale et de représentation de soi) est en forte corrélation avec le niveau logique du sujet et surtout avec un test d'intelligence visuo-spatiale, les cubes de Kohs, et non avec des tests de mémoire ou de capacité verbale. Pour obtenir des résultats satisfaisants aux cubes de Kohs, il faut avoir de bonnes capacité d'images mentales (anticiper les configurations obtenues en combinant ces cubes dont la face supérieure est soit d'une seule couleur, soit composée de deux couleurs séparées par une diagonale). Avoir des rêves «évolués» dépend donc du niveau intellectuel du sujet et de ses capacités dans le domaine de l'image mentale.

L'équipe de Hobson (Resnick, Stickgold, Rittenhouse & Hobson, 1994) contredit les résultats de Foulkes en affirmant que déjà les jeunes enfants de 4 à 5 ans ont des représentations actives de soi dans leurs rêves. Leur méthode de recueil de données n'est pas comparable à celle de Foulkes puisqu'ils se fondent sur des rêves faits à la maison, et décrits (pour la plupart) le lendemain et toujours en réponse à des questions posées par les parents des enfants et non par des psychologues. Ces auteurs signalent aussi la présence de bizarreries dans les rêves d'enfants (dans 34 % des récits de rêve du groupe de 4-5 ans et 49 % de celui de 8 à 10 ans). Le pourcentage relativement faible de rêves contenant des bizarreries chez les plus jeunes correspond au résultats d'autres auteurs (Colace & Tuci, 1996) et me semble confirmer que les rêves des jeunes enfants sont moins étranges que ceux des enfants plus âgés et des adultes, ce qui est la thèse de Foulkes. En revanche, sa découverte de l'absence de participation active du moi avant 7-8 ans est contredite par Stickgold et ses collègues et demande à être encore étudiée.

Les chercheurs de l'équipe de Hobson trouvent plusieurs changements entre les âges de 4-5 ans et 8-10 ans. Non seulement le pourcentage de bizarreries, mais encore et surtout le type de bizarreries (les incertitudes ne commencent à apparaître que dans le groupe de 8 à 10 ans) et l'aspect non familier des personnages (le nombre de personnes inconnues augmente nettement dans les rêves des enfants plus âgés). Toutefois, Resnick et ses collègues minimisent l'importance de ces différences car ils sont convaincus que les rêves d'enfants diffèrent peu de ceux des adultes. Cette position découle d'une tendance au réductionnisme psychophysiologique, c'est-à-dire à expliquer un phénomène psychologique par le fonctionnement du cerveau. Pour ces auteurs, le contenu et la forme des rêves dépend des particularités de l'état physiologique du sujet, c'est-à-dire du fait qu'il se trouve en sommeil paradoxal plutôt que de son niveau cognitif.

Fréquence des rêves chez l'adulte

Depuis que sont effectuées des études expérimentales du rêve par les psychologues, en réveillant les sujets au cours de la nuit, on sait que les adultes passent environ une heure et demie chaque nuit à avoir des rêves riches en aspect narratif et impressions sensorielles (les rêves du stade paradoxal de sommeil). A cela s'ajoutent les rêves faits pendant le sommeil lent. Personnellement, je fais l'hypothèse que nous rêvons toute la nuit car, pour dormir et donc perdre conscience du milieu ambiant, il faut que l'esprit soit occupé par des contenus qui l'absorbent entièrement. Dans cette perspective, le fait que les personnes réveillées en sommeil lent ne donnent un récit de rêve que dans un cas sur deux en général découlerait de difficultés de remémoration des rêves et non de l'absence de représentations pendant ce type de sommeil. Souvenons-nous que même pendant les périodes de sommeil paradoxal, il arrive que les personnes réveillées ne se rappellent pas leur rêve. On n'en conclut généralement pas que ces personnes n'étaient pas en train de rêver.

Si tout le monde rêve — à part certains cas pathologiques de personnes ayant des lacunes dans la représentation spatiale et l'imagerie mentale —, il y a en revanche de grandes variations dans la fréquence des rappels spontanés des rêves faits pendant la nuit. Une enquête menée en Suisse auprès de mille personnes (Borbély, 1984) révèle qu'un tiers de la population affirme rêver rarement (24 %) ou jamais (6 %), un autre tiers se souvient des rêves de temps à autre, tandis que le troisième tiers a de fréquents rappels. Parmi ces derniers se trouvent des individus (13 % de la population totale) qui se souviennent chaque jour d'avoir rêvé. On sait évidemment que les personnes qui ne se rappellent guère leurs rêves n'en rêvent pas moins, comme cela est possible de le vérifier lorsqu'on les réveille pendant une phase paradoxale. Cependant, même dans ces conditions, il y a des différences dans la fréquence des rêves remémorés selon les individus.

La fréquence de rappel des rêves varie avec certains traits de personnalité ou certaines capacités d'intelligence visuelle. Les personnes qui sont tournées vers leur vie intérieure et ressentent vivement les impressions — les introvertis selon la terminologie de Jung — se souviennent naturellement plus de leurs rêves que les personnes extraverties qui, sans cesse, s'exteriorisent et cherchent le contact social et les stimulations externes. La fréquence des rêves spontanément remémorés — qui semble presque toujours aller de pair avec l'intensité et la précisions des rêves — est également plus élevée chez les personnes créatives. Enfin, il y a une corrélation entre l'obtention de bons résultats à des épreuves de discrimination spatiale (figures emboîtées) et de représentation imagée (cubes de Kohs et rotations mentales) et la fréquence des rappels de rêves.

Ce rappel dépend aussi de la durée du sommeil et de la possibilité de penser aux contenus mentaux de la nuit avant de se lever et c'est pourquoi les week-ends et les périodes de vacances sont particulièrement propices à la remémoration des rêves. Enfin, le taux de rappel dépend de l'intérêt qu'on porte aux rêves, et varie donc en fonction de différences culturelles. De plus, le fait de participer à un séminaire sur le rêve ou de fréquenter un chercheur dans ce domaine tend à augmenter les souvenirs de rêves. C'est dire que cette capacité mnésique est sujette à entraînement.

RÉSUMÉ ET CONCLUSIONS

D'une manière générale, les rêves apparaissent comme la simulation d'un milieu ambiant, en l'absence de données perceptives sur notre environnement réel. Ces données font défaut tant que nous dormons, et c'est pourquoi je tends à penser que nous rêvons toute la nuit. Cette idée trouve un fondement empirique dans l'existence de rappels de rêves au cours de toutes les phases du sommeil. La simulation onirique du milieu ambiant comporte le plus souvent des constructions originales, ce qui ne l'empêche pas d'avoir en général un aspect tout à fait réaliste. Comme toute simulation, elle peut aussi être schématique. Les rêves offrent tous les degrés qui vont de la précision réaliste la plus grande au flou le plus total. Tantôt, le rêve simule les stimuli extérieurs, ceux qui, dans la vie réelle, engendrent les perceptions et impressions : les personnages, objets, lieux, activités ainsi que les effets de lumière et les sons. Tantôt, seules sont simulées les impressions reçues, sans figurer clairement leurs sources.

Dans les deux cas, nous avons l'impression de vivre les événements représentés, ce qui donne au rêve valeur d'une véritable expérience. Comme ces expériences ne sont en principe ni contrôlées ni remémorées, elles ne peuvent avoir, sur le comportement vigile, le même effet que certains apprentissages effectués pendant la journée. Cependant, les représentations que nous avons chaque nuit, pendant de longues périodes, peuvent en principe avoir le même impact que les événements subis sans réflexion particulière ni rappel ultérieur, pendant le jour. Le rêve fait donc partie intégrante de nos expériences vécues, et le psychologue ne peut s'en désintéresser.

Le fait qu'une partie importante des contenus oniriques se présentent comme s'ils étaient perçus pose la question de leur lien avec nos connaissances perceptives. S'agit-il de résidus de perception ? Mais, en ce cas, comment expliquer l'originalité des contenus de rêves ? C'est ce que nous tenterons d'expliquer plus avant dans cet ouvrage. Notons pour l'instant que cette originalité, qui va jusqu'à produire des contenus bizarres, prouve que rêver, c'est construire du nouveau, en d'autres termes c'est faire un acte de création. Il faut aussi constater l'effet de cette originalité. Tout dans le rêve semble fait pour captiver notre attention. Les éléments représentés se meuvent ou agissent, les contenu changent sans cesse. Dans cette optique, si les rêves reproduisaient ce que nous percevons et éprouvons dans la journée et mettaient en scène ce qui nous est le plus familier, leur contenu serait beaucoup plus lassant. L'originalité des productions oniriques apparaît donc comme un des moyens pour absorber l'attention du dormeur.

Cette attention représente-t-elle toute la capacité consciente de l'individu ? Certainement pas. L'existence de rêves lucides nous montre qu'à côté de ce niveau élémentaire de conscience en jeu dans la contemplation des contenus du rêve, il existe d'autres niveaux de conscience, pouvant réfléchir sur le premier niveau. Incidemment, les épisodes de lucidité et les manipulations de contenu qu'ils permettent montrent que les images mentales du rêve dépendent de processus psychologiques et ne sont pas essentiellement déterminées par l'état physiologique dans lequel se trouve le sujet. Certes, les contenus oniriques ont des caractères particuliers pendant le sommeil paradoxal : une grande densité d'événements représentés et la vivacité des impressions de nature perceptive. Il existe cependant des variations importantes dans la quantité et la qualité des représentations pendant les phases paradoxales, selon qu'elles apparaissent en début de nuit ou plus tard. La plus grande prudence s'impose donc dans l'établissement de correspondances entre les phénomènes neurophysiologiques (degré d'activité neuronale et localisation de cette activité) et le phénomène psychologique constitué par les représentations mentales pendant le sommeil. En ce qui nous concerne, c'est au niveau psychologique que nous essayerons de comprendre le pourquoi et le comment du rêve.

Malgré la désorganisation relative de la pensée pendant le sommeil, rêver implique un certain degré de développement du niveau intellectuel. Il faut pour le moins posséder la fonction de représentation, au sens strict de Piaget, qui apparaît peu avant l'âge de deux ans. Dans les années qui suivent, la complexité narrative, la richesse et l'originalité des contenus de rêves ne font qu'augmenter. Cela démontre l'existence de liens entre les productions oniriques et les capacités cognitives de l'individu. Pour élaborer ces productions, nous devons par nécessité puiser dans notre stock de connaissances et utiliser les processus d'organisation du savoir à notre disposition. Etudier le rêve, c'est donc étudier la connaissance, et cela justifie les chapitres de ce livre qui seront consacrés aux manifestations, dans le rêve, de différentes fonctions cognitives. Mais si nous retrouvons, dans les représentations nocturnes, les fonctions en jeu dans la pensée vigile, il est clair que le mode de fonctionnement de notre pensée n'est pas identique dans les deux cas. La pensée contrôle moins ses productions au cours des rêves, d'où les brusques passages d'un contenu à un autre. De plus, la présence de bizarreries, le phénomène d'hallucination, la richesse de l'imagination dans nos représentations nocturnes sont autant de révélateurs de ce fonctionnement particulier. Pouvoir définir cette particularité est un des buts de ce livre.

Mais pourquoi se pencher avec curiosité sur des représentations que nous oublions la plupart du temps ? Parce que le rêve occupe une partie importante de la vie de chacun — plus précisément, environ une heure et demie de représentations très animées et vives et de nombreuses heures de rêves moins denses et moins intenses au cours de chaque nuit. La psychologie ne peut ignorer cet aspect des productions mentales, cette «fenêtre ouverte» — pour reprendre l'expression de Freud — sur nos représentations spontanées. Le rêve est un révélateur des procédés de la conscience humaine lorsqu'elle tourne en quelque sorte en roue libre. C'est aussi une énigme du point de vue des capacités d'imagination humaines. Comment se fait-il que chacun de nous, une fois endormi, puisse être un scénariste, un metteur en scène, le cameraman et sa caméra et, de plus, l'acteur d'un scénario original ? Pour donner des éléments de réponses à ces questions et aux autres interrogations rappelées dans cette conclusion de chapitre, on doit se tourner vers une approche scientifique du rêve, qui implique observation rigoureuse, comparaisons et construction de modèles explicatifs. Loin d'affadir le phénomène étudié, une telle analyse méthodique permet de mieux cerner ses propriétés étonnantes.

Chapitre 2
Conceptions du rêve
au cours des siècles

On ne peut aborder l'étude d'un sujet en ignorant les thèses qui ont été développées à son propos au cours de l'histoire des idées. La psychologie du rêve est certes une discipline récente, mais des théories sur ce phénomène et son utilisation pratique ont existé depuis l'aube des civilisations. Nous allons procéder à un survol des conceptions du rêve dans la pensée occidentale afin de rappeler les propositions de réponses qui ont été faites aux questions soulevées dans le chapitre précédent. Ce tour d'horizon sera aussi l'occasion de poser quelques questions nouvelles plus précises. Je commencerai par souligner quelques thèses, tantôt opposées, tantôt complémentaires, et que l'on retrouve de manière récurrente au cours de l'histoire des idées en Occident. Puis je résumerai très brièvement des conceptions du rêve diffusées au XXe siècle, en commençant par les thèses de la psychanalyse et en terminant avec les théories résultant de la recherche expérimentale sur le rêve au cours de la seconde moitié du siècle.

QUELQUES CONSTANTES AU COURS DES ÂGES

Un message à décoder

Lorsque l'humanité a peu de compréhension des phénomènes naturels et peu de prise sur eux, elle tend à peupler l'univers de dieux dont on peut implorer la toute puissance afin d'éviter les malheurs et de réaliser les désirs. Dans une telle perspective, un phénomène difficilement explicable comme le rêve ne peut qu'être associé au surnaturel. Dans l'Antiquité égyptienne, grecque et romaine, la conception la plus répandue présentait les rêves comme des messages des dieux. Les songes «ordinaires» étaient jugés sans intérêt, mais on estimait que les rêves «vrais», ceux qui laissent une impression profonde au dormeur et qui ont un contenu étrange, résultaient de la visite d'une divinité. Ils demandaient à être interprétés, car ils permettaient de prévoir l'avenir. On retrouve cette conception dans la tradition juive comme dans l'Islam. Le Dieu des Juifs annonce qu'il parlera aux prophètes dans leurs songes, et Mahomet fait des rêves extatiques dans la période qui précède la révélation du Coran.

Pour décoder le message des dieux, il faut l'aide de spécialistes, prêtres ou oniromanciens de toute sorte. Celui d'entre eux que nous connaissons le mieux est Artémidore de Daldis, un Grec du IIe siècle après Jésus-Christ qui a laissé une volumineuse étude, *L'Onirocritique*. Celle-ci est fondée à la fois sur une longue tradition d'interprétation en termes de présages heureux ou funestes et sur l'observation de milliers de rêves. Artémidore annonce la psychologie moderne par quelques remarques sur les rêves ordinaires, liés selon lui à l'état psychique et physique du dormeur et traduisant ses peurs et ses désirs, quelquefois de manière déguisée. Mais pour l'essentiel, son œuvre est une clé des songes qui se situe dans la tradition de la conception populaire et religieuse du rêve et qui va pour longtemps encore alimenter l'oniromancie, passe-temps ou gagne-pain prisé au cours des siècles. Dans le dernier quart du XVIIIe siècle par exemple, en pleine période des Lumières où était censée triompher la raison, on trouve à Genève un petit libraire «explicateur de songes», qui utilise ses rêves (et prodigue ses interprétations à d'autres personnes) pour anticiper les numéros gagnants à la loterie (Porret, 1990). Un siècle et demi auparavant, le jeune René Descartes, qui sera le père du mouvement rationaliste et donnera sur le tard une explication mécaniste des songes, semble penser qu'un rêve peut être d'origine surnaturelle et présager l'avenir. S'étant réveillé après un rêve pénible où il a beaucoup de peine à se tenir debout, Descartes fit, d'après son biographe, «une prière à Dieu pour être garanti des mauvais effets de son songe» (cité par Pasche, 1985, p. 16).

De nos jours, la conception surnaturelle et prophétique des rêves trouve d'abord un prolongement en la croyance dans les rêves prémonitoires, encore survivante parmi d'autres superstitions populaires et accréditée aussi dans des milieux plus cultivés par les croyances de Jung et de certains de ses disciples. Mais c'est surtout la conception du rêve comme un message important à décoder qui a trouvé un énorme regain d'intérêt au XXe siècle grâce aux thèses et pratiques de la psychanalyse. Cependant, un renversement complet s'est opéré par rapport à la conception du rêve comme un message des dieux, tourné vers l'avenir (Gollut, 1993). L'interprétation freudienne révèle un message non pas transcendant, mais immanent. Il vient du plus profond du rêveur, de son inconscient et il est surtout révélateur du passé. En dépit de ce renversement, le rêve reste, dans la perspective psychanalytique comme dans les conceptions antiques, un moyen de connaître l'inconnaissable grâce à l'aide de spécialistes de l'interprétation.

La recherche d'une explication rationnelle du rêve : le rôle des souvenirs et des sensations

De tous temps, certains individus ont cherché à comprendre les phénomènes avec curiosité, un sens aigu de l'observation et une intelligence critique. Ceux-là ne pouvaient se satisfaire d'une explication surnaturelle des rêves. Dans l'Antiquité déjà, Aristote (1995) prend le contre-pied des théories populaires et énonce une série d'arguments montrant que les rêves ne viennent pas des dieux car, en ce cas, ils seraient l'apanage des hommes sages et vertueux seulement. Aristote critique aussi la notion de rêves prémonitoires. La correspondance entre contenu de rêve et événement subséquent est l'effet d'une coïncidence qui, d'ailleurs, se produit rarement. Il est vrai que nos rêves anticipent parfois le comportement futur de nos amis, parce que nous connaissons bien ces personnes et que, pendant le sommeil, nous avons une perception plus fine de ce qui a été vu et expérimenté pendant le jour. Un rêve peut aussi anticiper le comportement futur du dormeur car les actions imaginées pendant le sommeil sont souvent à l'origine des activités effectuées pendant le jour suivant. L'idée d'une perception plus subtile des choses pendant le sommeil, due à l'absence de données sensorielles (les « mouvements des sens », dans le langage d'Aristote) pousse le philosophe à reprendre la théorie d'Hippocrate sur la valeur diagnostique des rêves. Devenu plus sensible aux « mouvements du corps », l'esprit du dormeur en tient compte dans ses représentations et cela permet, moyennant interprétation, de détecter le début d'une maladie d'après les contenus de rêves.

L'approche naturaliste des rêves n'a guère été pratiquée de l'Antiquité jusqu'au XIXe siècle. Au moyen-âge, la seule question soulevée sérieusement à propos des rêves concernait leur origine divine ou diabolique. Pour revenir aux tentatives d'explication naturelles, une revue faite par Hervey de Saint-Denys (1995/1867) ne cite qu'un auteur du XVIIe siècle (le cardinal Bona, qui, au détour d'un chapitre, pose la question du rôle et des relations de l'imagination et du raisonnement dans les rêves) et un ou deux auteurs au siècle suivant (par exemple, le médecin et philosophe Sprengel, qui cherche à effectuer une analyse psychologique du rêve). Dès le début du XIXe siècle, les essais d'explication naturaliste se multiplient. Le *Dictionnaire des sciences médicales*, publié en 1820 et largement cité par Hervey de Saint-Denys, contient déjà une amorce d'explication neurophysiologique et des explications psychologiques qui seront reprises par d'autres auteurs. On peut lire dans cet ouvrage, à l'entrée «sommeil», que le «fluide nerveux» réveille certaines séries d'idées : on croit voir quand le nerf optique est ébranlé et entendre quand c'est le nerf auditif. L'article sur le rêve accorde une grande importance à l'association d'idées qui explique l'enchaînement «automatique» des images du rêve et aux sensations qui rappellent des souvenirs et habitudes.

Avec l'avènement de l'esprit scientifique et un certain triomphe du positivisme vont apparaître les premières investigations systématiques du phénomène onirique. Deux auteurs français d'ouvrages sur le rêve à l'époque du Second Empire illustrent ce type d'investigation. Tous deux observent les rêves avec minutie et au besoin en se faisant réveiller dans ce but, tous deux établissent des liens entre le contenu des rêves et le comportement éveillé et cherchent des explications dans la mémoire du sujet et dans la théorie psychologique de l'association des idées. Mais là s'arrêtent les ressemblances. L'un, Alfred Maury, est un érudit, médecin aliéniste et spécialiste de plusieurs autres matières. Sujet à de fréquents maux de têtes, il se voit assailli à la moindre somnolence d'images hypnagogiques dont la parenté avec les délires de ses patients lui paraît évidente. Son explication des rêves est en partie physiologique. L'autre, Léon Hervey de Saint-Denys, est un aristocrate fin connaisseur, entre autres, de la littérature chinoise, qui se plonge avec délices dans le monde de ses rêves, cherche à en modifier le cours et les explique de manière purement psychologique.

Maury inaugure la psychologie expérimentale du rêve en se fondant sur une observation méthodique du contenu de ses images hypnagogiques et de ses rêves. Il obtient son matériau d'étude en se faisant réveiller par un aide. Procédant aux premières expérimentations dans ce domaine, il cherche à connaître l'influence de stimuli externes sur les contenus oniriques. Son aide approche un fer chaud de son visage, ouvre sous son nez un flacon d'eau de Cologne ou prononce certains mots avant de le réveiller. Dans son ouvrage intitulé *Le sommeil et les rêves* (Maury, 1862), l'auteur présente une analyse des fonctions intellectuelles de la pensée du rêve en établissant un parallèle avec des affaiblissements pathologiques de l'intelligence (comme chez les débiles ou les vieillards séniles, etc.). Il observe, en effet, dans les hallucinations du rêve des difficultés d'attention, des lacunes de mémoire, une volonté vacillante et un affaiblissement des perceptions sensorielles. Ces lacunes coexistent parfois avec des aspects intellectuellement remarquables comme la découverte de solutions nouvelles ou le retour de souvenirs effacés.

Quant au processus d'élaboration des rêves, Maury voit à son origine le plus souvent une stimulation sensorielle. Les stimulations externes ou les sensations organiques accompagnant l'endormissement provoquent des hallucinations en «éveillant» en quelque sorte des souvenirs du sujet et parfois des souvenirs «inscients» (qui persistent sans que le sujet en soit conscient dans l'état vigile). Ces contenus hypnagogiques sont les éléments formateurs des rêves qui suivent. La mémoire joue donc un rôle central dans la production des rêves. L'enchaînement des contenus se fait en fonction du processus d'association d'idées. Cette conception du rêve comme élaboration à partir d'une stimulation sensorielle se retrouvera tout au long du XIXe siècle. Elle est, par exemple, reprise par Wundt, le père de la psychologie expérimentale (cité par Hobson, 1992), qui y ajoute l'idée d'une compensation des fonctions : à l'altération de la volonté correspond une amplification de l'excitabilité des structures sensorielles.

Maury fait également des observations intéressantes sur l'aspect motivationnel des rêves. Il s'agit d'un fonctionnement par automatisme où la volonté est absente, comme dans la folie. Ce sont les penchants innés et les dispositions acquises par la première éducation qui s'expriment en rêve. Ils sont comme des ressorts qui nous font agir, sans intervention de la conscience morale qui devient «insciente» d'elle-même. En conséquence, ces incitations ne sont pas refoulées volontairement comme cela se produit pendant la veille.

Hervey de Saint-Denys s'intéresse à ses songes dans une perspective rationaliste et cependant très ouverte aux productions de l'imaginaire (Hervey de Saint-Denys, 1995/1867). Il décrit ses rêves (dont il pense qu'ils se produisent pendant toute la durée du sommeil) avec minutie et en recherche l'origine. Pour lui également, la mémoire joue un rôle fondamental : les rêves sont une évocation successive de réminiscences, car tout ce qui apparaît en rêve a été perçu précédemment. Le mécanisme de base de cet enchaînement est, comme chez Maury, celui de l'association d'idées, les images étant conçues comme la traduction d'idées. Mais, tandis que Maury croit observer un mauvais fonctionnement des associations qui se reflète dans l'incohérence des contenus de rêves, Hervey estime que les associations sont comparables à celles de l'état de veille et fournissent une explication logique des rêves les plus bizarres. Le passage d'un contenu à un autre s'explique non seulement par l'association d'idées, mais encore par l'imagination dirigée, qui engendre des suites cohérentes, semblables à celles qu'on imaginerait pendant l'état vigile. Deux processus principaux expliquent les bizarreries. D'une part, un contenu représenté persiste alors que se présente l'idée associée suivante. D'autre part, si un contenu évoque simultanément deux idées, celles-ci (ou plutôt les images correspondantes) peuvent se superposer. On a là le processus de condensation que décrira Freud trente ans plus tard. Au total, ce fonctionnement particulier explique la production de représentations originales à partir de ce qui est tiré de la mémoire. La créativité, l'invention en peinture ou littérature comme dans le rêve n'est autre que la combinaison nouvelle d'éléments fournis par les images de la mémoire.

Le livre d'Hervey de Saint-Denys est intitulé : *Les rêves et les moyens de les diriger*, car l'auteur y décrit et exploite la possibilité de lucidité en rêve, dont on fait si grand cas aujourd'hui. Voici une relation d'un de ses rêves. Il est à cheval. *« Voyons, me dis-je, ce cheval n'est qu'une illusion, cette campagne que je parcours, un décor ; mais si ce n'est point ma volonté qui a évoqué ces images, il me semble bien que j'ai sur elles un certain empire. Je veux galoper, je galope ; je veux m'arrêter, je m'arrête.* » *Voyant deux chemins devant lui, l'un menant à des ruines, l'autre à une forêt, il sent qu'il a la liberté de prendre l'un ou l'autre et par conséquent de décider lui-même s'il veut «faire naître des associations d'idées-images en rapport avec ces ruines ou avec ce bois». Ayant d'abord choisi le bois, il décide ensuite d'aller plutôt vers les ruines, car cela lui fournira au réveil plus de matériel pour comprendre quels sont les souvenirs à l'origine de son rêve* (Hervey de Saint-Denys, 1995/1867, p. 150). En effet, contrairement à certains de nos contemporains qui reproduisent des pratiques de sociétés dites primitives, Hervey ne recherche pas dans le rêve lucide l'impression que le monde imaginaire des rêves est aussi réel que le monde perçu en éveil. Il veut surtout démontrer que les productions déconcertantes de l'imaginaire peuvent obéir à sa volonté. En résumé, l'aspect chaotique des rêves résulte d'associations d'idées tout à fait explicables et le cours de l'imagination endormie peut être soumis à la volonté. C'est le triomphe de la raison sur l'irrationnel.

La recherche des mécanismes psychologiques sous-tendant les rêves sera poursuivie au siècle suivant par Freud et d'autres psychanalystes. Mais l'observation systématique de ce phénomène dans un esprit scientifique trouvera un frein dans l'essor même des thèses psychanalytiques. Il faudra attendre la seconde moitié du XXe siècle (un siècle environ après la publication des ouvrages de Maury et d'Hervey de Saint-Denys) pour que renaisse un courant de recherche visant à connaître le rêve pour lui-même, en dehors de situations thérapeutiques et grâce à des méthodes inspirées par l'esprit scientifique. Au total, malgré de longues périodes de mise en veilleuse, la perspective naturaliste et rationnelle traverse les siècles, d'Aristote aux chercheurs contemporains, en s'appuyant sur l'observation, la pensée critique et la recherche d'une explication du rêve dans les connaissances du sujet et en particulier dans sa mémoire.

Le rêve thérapeutique

L'utilisation des rêves dans un but thérapeutique, fréquente et durable au cours de l'Antiquité, subira, tout comme la perspective naturaliste, une longue éclipse au cours de l'histoire de la pensée occidentale. Les rêves ont été liés à la guérison de maladies de deux manières. D'une part, comme nous l'avons vu, Hippocrate puis Aristote préconisaient l'étude du contenu des rêves pour établir un diagnostic médical. Cette idée eut du succès jusqu'à Galien y compris, au IIIe siècle de notre ère. Elle resurgira avec une certaine force au XIXe siècle. Scherner (1861, cité par Freud 1967/1900) affirme que la source des images du rêve se trouve dans les sensations organiques. L'imagerie du rêve est en conséquence rapportée aux différents organes ou fonctions du corps. Par exemple, un serpent à sonnette est la traduction d'un tremblement dû à la fièvre. Quant aux couteaux et aux tours, cela représente les organes sexuels masculins. On retrouvera exactement le même symbolisme dans l'œuvre de Freud, qui va imposer l'idée d'un lien entre rêves et cures médicales. Certains psychologues étudiant le rêve dans la deuxième moitié du XXe siècle s'intéresseront de nouveau à leur utilisation en vue du diagnostic ou du pronostic de maladies organiques (par exemple, Levitan, cité par Hunt, 1989). Plusieurs auteurs affirment que les contenus oniriques reflètent des affections telles que maladies cardiaques, asthme, ulcères, etc., et que l'issue fatale de maladies graves peut être pronostiquée d'après ces contenus.

D'autre part, les rêves ont été utilisés dans l'Antiquité pour trouver un moyen de guérison adéquat. Dans le cadre du culte d'Isis de l'Egypte ancienne et du culte très répandu d'Esculape dans la Grèce antique — comme d'ailleurs à Rome —, on se servait des visions oniriques que les malades avaient grâce à l'incubation, en d'autres termes le sommeil en lieu saint (Hervey de Saint-Denys, 1995/1867; Parot, 1995). Le prêtre-médecin prescrivait les remèdes en fonction du contenu onirique, mais souvent, semble-t-il, les ordonnances étaient directement prescrites par un personnage divin apparu dans le rêve.

Ces pratiques liées aux cultes pré-chrétiens ont disparu des activités religieuses dès que le christianisme se fut répandu en Europe. Pendant plus d'un millénaire, à de très rares exception près, on n'a plus recouru aux rêves pour soigner les malades. C'est avec Freud, au moment où triomphait la civilisation technologique, fille des progrès scientifiques, que l'on se remit à utiliser les rêves dans un but thérapeutique, pour soigner les névroses. Le succès du freudisme fut tel que, pendant le XIXe siècle, l'étude du rêve sembla relever de droit de la psychologie clinique.

Le rêve, écume de la pensée ou perle de l'imagination?

Il est rare que l'activité onirique soit jugée de manière détachée. On trouve le plus souvent deux attitudes opposées, l'une consistant à dévaloriser les rêves, l'autre à leur attacher la plus grande valeur. Les individus tournés vers l'action pratique, l'adaptation et la réussite sociale tendent à ignorer leurs rêves, voire à les mépriser comme des errements de la pensée. Au cours des temps, une certaine méfiance face aux rêves se fit jour avec l'influence de la doctrine chrétienne. Dès le VIIe siècle, l'Eglise estimera qu'il vaut mieux ignorer ses rêves (Gollut, 1993). L'interprétation des rêves était trop liée aux pratiques païennes pour ne pas être suspecte. De plus, on comprend que les fantaisies nocturnes, parfois très inconvenantes, aient été regardées avec suspicion par ceux qui voulaient dicter des règles morales austères. Dans une tout autre perspective, les esprits rationalistes jugeaient souvent le monde des songes de manière négative. L'empiriste anglais Locke, parlant des contenus de rêves, écrit : «Y a-t-il rien de plus extravagant et de plus mal lié que la plupart de ces pensées?» (cité par Parot, 1995, p. 47). Une gravure de Goya exécutée au début du XIXe siècle illustre cette position en montrant un homme endormi à sa table de travail, tandis que des animaux inquiétants volent autour de lui. La gravure porte ce titre bien visible : «Le sommeil de la raison produit des monstruosités». Que le rêve soit à classer avec les hallucinations et autres manifestations pathologiques, telle fut l'idée la plus répandue dans le monde médical au XIXe siècle, comme on l'a vu par exemple avec Maury. Il en sera de même avec Freud et avec un auteur contemporain comme Hobson (1992) qui affirme : «Nous sommes psychotiques quand nous rêvons».

Vers la fin du XIXe siècle, un auteur allemand (Robert, 1886, cité par Freud, 1967/1900) proposa une théorie qui faisait du rêve à la fois un ensemble de représentations dénuées de sens et sans intérêt en soi et néanmoins dotées d'une valeur fonctionnelle. Robert affirmait en effet que l'esprit se débarrassait des idées incomplètes, donc inutiles, en rêvant, et que les rêves étaient en conséquent des « charognards de l'esprit » (Freud résume cette idée en disant que les rêves purgent l'esprit). Cette théorie, propre à détourner de toute tentative d'interprétation ou de recherche d'organisation dans le rêve, resurgira dans des habits neufs un siècle plus tard (Crick & Mitchison, 1986). Crick, le prix Nobel co-découvreur de la structure de l'ADN, utilise un langage influencé par la théorie de l'information et surtout inspiré par la simulation informatique à l'aide de réseaux neuronaux. Il affirme, avec Mitchison, que les réseaux neuronaux du cerveau ont une limite au-delà de laquelle ils sont surchargés. Le rêve a pour fonction de débarrasser ces réseaux neuronaux de l'information superflue, d'où les « intrusions bizarres » souvent construites à partir de souvenirs de la veille que l'on trouve dans les rêves. Rêver consiste donc en un désapprentissage (« reverse learning »). Les auteurs reconnaissent que leur théorie ne rend pas compte de l'aspect narratif des rêves, qui semble s'expliquer parce qu'une partie du cerveau essaie de faire sens des intrusions.

Ce mélange de contenus disparates et d'une certaine cohérence correspond à la théorie du rêve proposée par Hobson et MacCarley (1977) à laquelle Crick et Mitchison se réfèrent. Cette théorie de l'activation-synthèse, émanant de physiologistes, comme la précédente, fournit une explication en deux temps. Tout d'abord, l'origine du rêve est à chercher au niveau du tronc cérébral, d'où partent des signaux intenses (dont on peut voir les effets dans les mouvements oculaires rapides du sommeil paradoxal). Ces ondes activent diverses régions du cerveau, y compris le cortex. Jusqu'ici, nous avons affaire à une activation organique d'origine interne et tout à fait aléatoire. Dans un second temps, le cortex va traiter ces informations en faisant du mieux qu'il peut pour les rendre cohérentes, d'où l'aspect relativement organisé des rêves. Hobson (1992) précise que le phénomène d'hallucination et le déficit d'attention propre au rêve et dont nous reparlerons seraient dus à la mise hors circuit des neurones aminergiques qui, pendant l'éveil, ont une fonction d'inhibition et de modulation.

Pour certains des auteurs que j'ai cités — comme Maury ou plus près de nous Hobson —, le rêve n'est pas sans posséder des propriétés dignes d'intérêt. Mais, dans l'ensemble, depuis les moralistes chrétiens jusqu'aux neurophysiologistes contemporains en passant par les rationalistes des débuts de l'ère scientifique, le rêve est souvent conçu comme une sorte de raté de l'esprit auquel il ne faut attribuer aucun sens.

A cette dévalorisation, on peut opposer les conceptions qui font du rêve une production de la plus haute importance. C'est le cas des conceptions prophétiques du rêve, qui ont persisté dans la pensée populaire ou comme moyen littéraire que l'on retrouve de la chanson de geste à Rousseau en passant par la tragédie de Racine. Par ailleurs, le mouvement romantique, qui naît en Allemagne à la fin du XVIIIe siècle, va exalter la valeur du rêve, ses visions, son aspect irrationnel et son caractère poétique. Mais, comme le note Gollut, cet enthousiasme «s'applique moins à la réalité du vécu nocturne qu'à sa version sublimée par le mysticisme et la poésie» (Gollut, 1993, p. 29). Il en est de même au XXe siècle avec le mouvement surréaliste. En 1924, alors que la conception du rêve de Freud commence à pénétrer en France, André Breton propose, dans son *Manifeste du surréalisme*, de puiser l'inspiration artistique dans les forces de l'inconscient qui sont, d'après Freud, à l'origine du rêve. Il n'exclut pas de soumettre ces forces, s'il le faut, au contrôle de la raison.

D'autre part, à côté des conceptions qui présentent le rêve comme le fruit de capacités intellectuelles détériorées, on trouve, dès le XIXe siècle, des auteurs estimant que ces capacités restent intactes. C'est le cas de Delbœuf, cité par Maury et Freud et d'Hervey de Saint-Denys, pour qui la pensée du rêve est semblable à la pensée vigile lorsqu'elle vagabonde, sans faire attention aux données des sens. Plus encore, on a noté que le rêve exalte certaines propriétés positives. Scherner affirme que l'imagination grandit, qu'elle ne reproduit pas seulement, mais crée, ce qui trouve confirmation dans les cas de création artistique due à un rêve cités par Maury (Voltaire pour un chant de sa Henriade, Tartini pour sa sonate de violon). Hildebrandt estime que le rêve «a une poésie merveilleuse, d'excellentes allégories, un humour incomparable, une ironie délicieuse» (cité par Freud, 1967/1900, p. 62). De plus, l'accès à la mémoire est facilité, donnant lieu à des phénomènes d'hypermnésie. Maury, par exemple, cite une anecdote de Delbœuf qui entend en rêve le nom latin d'une plante, nom dont l'évocation ne lui rappelle rien au réveil. Quelque temps après, étant en visite chez un ami, il feuillette son herbier, qu'il avait regardé autrefois, et y redécouvre la plante et son nom latin. Maury lui-même prétend retrouver en rêve le nom d'un homme connu dans son enfance et qu'il avait totalement oublié. Hervey de Saint-Denis voit en rêve une jeune femme blonde qui lui est familière. Réveillé un instant, il ne se souvient pas l'avoir jamais vue. Il se rendort, reprend son rêve et, voyant la jeune femme, lui demande où il l'a rencontrée. La réponse obtenue, dont il se souvient à son second réveil, lui remet en mémoire le souvenir de cette jeune femme.

Le relativisme propre à notre époque a favorisé l'éclosion (ou l'affirmation au grand jour) de perspectives intuitives généralement faites de crédulité et d'irrationalité qui, souvent, font une place importante au rêve. Dans cette optique, on s'occupe des rêves parce qu'ils sont le lieu où l'illusion et la réalité se confondent, lieu chargé de potentialités magiques. En cela, ces points de vue ressemblent aux conceptions du rêve trouvées dans des sociétés dites archaïques comme dans la tradition des Indiens d'Amérique. Dans cet ordre d'idées, la société qui regroupe aux Etats-Unis les personnes intéressées par le rêve, l'Association for the Study of Dreams, consacre moins de place à l'étude expérimentale du rêve qu'à des séances matinales où l'on se raconte ses rêves et à des thèmes tels que *L'art de rêver, Le pouvoir de guérison des rêves* ou *Les rêves qui peuvent changer votre vie*.

Ce sont d'autres raisons qui motivent les chercheurs contemporains sur le rêve. Ils accordent de l'importance à ce phénomène parce qu'ils le considèrent comme un remarquable produit de la cognition humaine. Pour les uns, qui se situent comme Hunt dans la tradition romantique et jungienne, rêver libère un processus plus ou moins autonome d'intelligence imagée et métaphorique. Cette forme de pensée dépasse sur certains points la pensée logique vigile. Pour d'autres, comme Foulkes, la pensée du rêve utilise les mêmes processus que la pensée vigile et, s'il ne faut pas y chercher de message important, elle est remarquable quant à sa capacité de produire des éléments et des enchaînements narratifs à la fois originaux et crédibles. Cet auteur affirme que nous avons raison d'être fascinés par nos rêves car ils sont parmi les choses les plus impressionnantes et remarquables que nous faisons avec notre esprit (Foulkes, 1989).

Mais ce qui a redonné au rêve beaucoup d'importance au XXe siècle dans le grand public et les milieux psychologiques et médicaux, c'est l'œuvre de Freud et de ses disciples — parfois dissidents comme Jung. La psychanalyse a dessillé — ou prétendu le faire — le regard direct et innocent porté jusque-là sur les rêves. Désormais, ils sont censés révéler ce qui gît au plus profond de nous-mêmes. Cette nouvelle fonction de révélateurs de la face cachée de notre personnalité légitime à nouveau la quête palpitante de sens dans les visions énigmatiques de la nuit. Le rêve devient un objet d'étude de prime importance pour le psychologue parce que, par lui, «nous pénétrons dans l'être humain plus profond, plus vrai, plus général, plus durable...» (Jung, 1963, p. 76).

POINTS DE VUE DE LA PSYCHANALYSE

Sigmund Freud (1856-1939)

C'est en 1899 que Freud a publié *L'interprétation des rêves* (Die Traumdeutung), texte fondateur de la psychanalyse et à l'origine d'une orientation nouvelle de l'étude du rêve. Mais le médecin viennois voulut que son livre fût antidaté et portât la date de 1900, l'aube du nouveau siècle. Avec du recul, ce souhait paraît justifié par le fait que l'ouvrage inaugurait une conception et une utilisation nouvelles du rêve qui allaient avoir une grande influence au cours du XXe siècle. *L'interprétation des rêves* propose des vues très originales à la fois sur l'explication des rêves, sur celle des névroses, sur une pratique psychothérapeutique et sur le fonctionnement psychologique.

Le rêve est conçu par Freud comme un phénomène obéissant à un déterminisme psychologique : ses causes sont à chercher dans les affects et les souvenirs du sujet et dans les processus psychologiques qui les régissent. Freud renoue avec l'ancienne tradition herméneutique en postulant que les rêves ont un sens caché, et il propose une méthode pour les interpréter. Par ailleurs, il reprend l'idée que les représentations oniriques trouvent leur source dans la mémoire. Pour lui, elles sont même entièrement tournées vers le passé. Le rêve est une reviviscence de scènes de l'enfance. On y trouve aussi des éléments tirés du vécu récent, en particulier du jour précédant la nuit du rêve, parce que le rêveur y rattache les scènes passées. Cependant, les scènes anciennes ne sont pas reconnues.

Pour expliquer cela, Freud postule l'existence de sous-systèmes distincts dans la vie psychique. L'un d'eux, l'inconscient, est constitué de pulsions, de désirs en rapport avec la sexualité infantile, plus particulièrement le complexe d'Oedipe. Ces pulsions étant inacceptables pour le sujet, elles sont refoulées dans l'inconscient et peuvent motiver son comportement sans pour autant être accessibles à la conscience. Le rêve constitue « la voie royale vers la connaissance de l'inconscient », c'est-à-dire un mode d'accès détourné vers les contenus de l'inconscient. Ce qui apparaît au rêveur, que Freud nomme le contenu manifeste du rêve, est une expression métaphorique d'un ensemble de significations, le contenu latent, à l'origine du rêve. Ce contenu latent est fait de pensées en rapport avec les pulsion infantiles refoulées. La fonction qui assure le refoulement, la censure, est affaiblie pendant le sommeil, mais elle veille toujours. Elle n'admet la représentation des pulsions que si elle est déformée. C'est un ensemble de processus que Freud appelle le travail du rêve qui procède au déguisement des pulsions refoulées. Au total, le rêve a pour fonction principale l'accomplissement des désirs refoulés et, de ce fait, il est le gardien du sommeil, car les désirs inassouvis pourraient réveiller le sujet. D'autres fonctions signalées par des auteurs du XIXe siècle sont aussi remplies : soupape de sécurité, libre jeu (mise en vacances) de l'esprit et retour à une forme archaïque de vie psychique.

Les processus du rêve constituent une régression dans un triple sens. Tout d'abord, la direction habituelle du fonctionnement psychologique (de la stimulation perceptive à l'éveil de significations dont certaines sont liées aux désirs inconscients, à travers la voie d'associations parmi les souvenirs) est inversée : le rêve procède des significations en rapport avec les désirs inconscients vers des impressions perceptives, à travers des associations. Deuxièmement, dans le rêve, on régresse vers les souvenirs de la période de l'enfance et, troisièmement, on recule ainsi vers des modes de pensée plus archaïques qui nous rapprochent de l'homme primitif.

Ce qui nous intéresse le plus dans la théorie de Freud, c'est son analyse du « travail du rêve », un ensemble de processus cognitifs au service de l'inconscient. Le premier de ces mécanismes est la condensation. Un élément du contenu manifeste emprunte ses caractéristiques à plusieurs sources. Par exemple un personnage d'un rêve agit et parle comme le Docteur X, mais il a les traits et la maladie du frère du rêveur. Le contenu manifeste du rêve est donc polysémique, un élément renvoie à plusieurs significations. Un deuxième mécanisme est le déplacement. L'intensité ou l'intérêt d'un contenu latent se trouve déplacé vers des éléments du contenu manifeste originellement dépourvus d'intérêt. Freud justifie ainsi le fait que les contenus qui l'intéressent, et qui sont liés à la sexualité du sujet et à ses relations avec ses parents, sont parfois rattachés à un détail insignifiant du rêve. Un troisième processus à signaler est la figurabilité, c'est-à-dire la nécessité de représenter de manière imagée les contenus. Il y a donc une sélection et une transformation des pensées latentes pour les rendre aptes à être représentées surtout par des images visuelles. En quatrième lieu vient la dramatisation, qui consiste à organiser une narration avec les éléments du contenu manifeste. Enfin, nous trouvons l'élaboration secondaire. Des processus qui sont généralement à l'œuvre dans la pensée consciente et contrôlée interviennent dans le rêve pour le rendre plus cohérent. Lorsqu'au réveil le sujet raconte son rêve, l'élaboration secondaire intervient à nouveau. La censure peut aussi intervenir à nouveau pendant l'éveil, ce qui explique à la fois les modifications observées dans les récits de rêve et aussi l'oubli des rêves.

Les processus du « travail du rêve » sont complètement distincts du fonctionnement habituel de la pensée et on les retrouve dans les névroses. Il y a donc une parenté entre le rêve et les états pathologiques. Du point de vue intellectuel, on y trouve des associations plus lâches et même la tolérance de contradictions (un élément peut être la condensation de deux idées contradictoires). Pour trouver le sens des rêves, il faut les interpréter par la méthode de l'association libre. Le sujet doit dire tout ce qui lui vient à l'esprit, en partant d'éléments isolés du rêve. Il est censé suivre alors (à rebours) le chemin des associations qui se sont produites lors de l'élaboration du rêve. Freud a la certitude que les associations arrivent à leur source, les pensées latentes, si elles aboutissent à des idées en rapport avec la sexualité et des scènes infantiles. Il propose aussi des clés qui relèvent toutes d'un symbolisme sexuel : « Tous les objets allongés : bâtons, troncs d'arbres, parapluies (à cause du déploiement comparable à celui de l'érection), toutes les armes longues et aiguës [...] représentent le membre viril. Les boîtes, les coffrets, les caisses, les armoires, les poêles représentent le corps de la femme » (Freud, 1967/1900, p. 304). Ces affirmations, de même que toute la conception freudienne du rêve, appellent des commentaires que je ferai dans les conclusions de ce chapitre.

Herbert Silberer (1882-1923)

Riche sportif amateur, le jeune Silberer ne tarda pas à se tourner vers la philosophie puis la psychanalyse et produisit de nombreux écrits où il propose des idées originales concernant le rêve. Freud faisait assez grand cas de ces idées, soit pour en souligner l'intérêt, soit pour les combattre. En ce qui concerne l'interprétation des rêves, Silberer estime qu'elle peut se faire à un autre niveau que celui proposé par Freud. Un même symbole peut renvoyer à un contenu sexuel mais aussi à des idées abstraites et l'on peut ajouter à l'interprétation régressive de type freudien une interprétation de type plus « élevé », de nature spiritualiste, en termes d'amour de l'idéal, de renaissance spirituelle, etc.

Du point de vue de la psychologie cognitive du rêve, deux idées de Silberer me paraissent particulièrement intéressantes. La première est sa conception de la pensée symbolique. Pour lui, elle est une forme plus primitive et aussi plus facile de pensée. C'est une sorte de prélangage qui réapparaît soit dans des états régressifs comme le rêve ou la névrose, soit à l'état de veille lorsqu'une idée n'est pas maîtrisée par la pensée rationnelle. Par ailleurs, Silberer a étudié le contenu de ses images hypnagogiques comme Maury le faisait, en le comparant à ce qui précédait sa survenue (Silberer, 1909). Cela lui a fait découvrir une forme de transposition imagée qu'il appelle symbolisme fonctionnel. Dans ce cas, les images hypnagogiques reflètent non pas le contenu de la pensée, mais son fonctionnement même. L'état de conscience qui est expérimenté au moment de l'endormissement est représenté de manière immédiate par des images. Presque toujours, chez cet intellectuel qui s'efforçait de penser à des sujets abstraits et difficiles, l'état de conscience est celui d'une lutte entre la somnolence et la volonté de poursuivre le fil de la pensée. Ainsi, Silberer, après un repas, cherche à comparer les conceptions du temps de Kant et de Schopenhauer. Essayant vainement de retrouver les idées de Kant après avoir pensé à celles de Schopenhauer, il se voit soudain en train de demander un renseignement à un secrétaire renfrogné qui refuse de lui répondre, en d'autres termes, selon l'interprétation de Silberer, de lui retrouver le dossier Kant. Dans un autre cas, il abandonne le fil d'une idée pour se laisser absorber par une idée secondaire. L'image qui s'impose à son esprit est alors la suivante : il gravit une montagne qui l'empêche de voir une autre montagne d'où il vient et où il aimerait retourner. Le symbolisme fonctionnel peut se trouver dans les rêves et non seulement dans les images de l'endormissement. Silberer prend pour exemple un rêve de Freud où ce dernier essaie de se cacher d'une vieille femme, descend ensuite des escaliers et finalement remonte le long d'un chemin escarpé. Ce rêve n'est peut-être pas la représentation de contenus particuliers, mais celle des processus psychologiques en jeu dans le rêve : passage de la censure (la vieille femme), plongée dans l'inconscient, puis montée à la conscience à travers les associations.

Carl Gustav Jung (1875-1961)

Ce psychiatre suisse, qui a fait sa carrière à Zurich, a d'abord été un disciple de Freud, puis il a fait dissidence dès 1912 et a développé ses propres conceptions de la vie psychique, de la méthode psychanalytique et du rêve. Pour ce dernier sujet, on pourra se référer à *L'homme à la découverte de son âme* (Jung, 1970/1944) et *L'âme et la vie* (Jung, 1963). D'une pensée moins rationnelle et moins inspirée par l'étude du fonctionnement organique que celle de Freud, Jung refuse l'idée d'une étiologie sexuelle des névroses et il se situe plutôt en prolongement de la position romantique (Parot, 1995). Je ne chercherai pas à résumer cette pensée assez touffue, mais je signalerai quelques points saillants concernant la conception jungienne du rêve.

Le rêve reflète des contenus de l'inconscient, mais cette instance est conçue de manière beaucoup plus large par Jung que par Freud. L'inconscient individuel renferme plus que les pulsions sexuelles et, surtout, il se double d'un inconscient collectif qui retient certaines solutions ou représentations de problèmes héritées de nos lointains ancêtres. De ce fait, il existe de fréquentes similitudes entre des scènes ou des images des rêves et des représentations propres aux mythes. Jung appelle «archétypes» les motifs mythiques de l'inconscient collectif. A l'origine se trouvent des fantaisies qui naissent de situations dangereuses ou familières et importantes. Il s'agit souvent de la personnification de phénomènes physiques, comme le lever du soleil, ou physiologiques (sous la forme de dieux symbolisant la sexualité ou la faim) ou interpersonnels comme les relations familiales. L'interprétation des rêves ne consistera qu'en partie à retrouver des affects négatifs de l'inconscient individuel par association d'idées (comme chez Freud). Elle se doublera de diverses techniques et divers buts, par exemple la recherche des éléments universels de l'inconscient collectif et l'interprétation progressive, tournée vers l'avenir.

Ce dernier point nous amène aux fonctions que Jung attribuait au rêve. Il voit dans celui-ci un organe d'information et de contrôle ayant une double fonction. D'une part, la fonction compensatoire agit par une régulation qui compense les déséquilibres de la vie consciente. Si, par exemple, toute préoccupation morale a été éludée pendant la journée, le thème de la responsabilité morale interviendra en rêve. D'autre part, le rêve a une fonction prospective en ce sens qu'il aide le sujet à se préparer à la vie future. C'est donc toute la dimension de l'avenir, absente dans la conception du rêve chez Freud, qui est réintroduite par Jung. Au total, pour cet auteur, le rêve a une valeur adaptative indéniable, même lorsqu'il n'est pas interprété. Une interprétation permet cependant de tirer des enseignements utiles.

Autres perspectives psychanalytiques

Les trois auteurs que j'ai brièvement évoqués ci-dessus ne représentent évidemment pas tous les points de vue développés au cours du XXe siècle par des psychanalystes. Certains d'entre eux ont souligné l'importance d'affects que Freud n'avait pas mis au premier plan (comme la volonté de puissance chez Adler), tandis que d'autres ont développé une conception du rêve différente. C'est le cas de Boss (1958) qui a proposé un point de vue «existentiel» dans lequel il critique la distinction entre contenu manifeste et contenu latent. Actuellement, les psychanalystes qui se réclament de Freud voient moins dans le rêve l'accomplissement de désirs que la manifestation du transfert (projection des tendances affectives du patient sur l'analyste) ou l'expression de relations plus primitives que le complexe d'Oedipe. Ce qui reste commun à tous ces auteurs, c'est l'utilisation thérapeutique du rêve, conçu essentiellement comme une production à interpréter et liée aux affects du sujet.

LES ÉTUDES EXPÉRIMENTALES ET COGNITIVES DU RÊVE

Jean Piaget (1896-1980)

Ce psychologue et épistémologue suisse a consacré sa longue carrière à l'étude du développement des bases de la pensée scientifique. Son centre d'intérêt était donc à l'opposé de la pensée du rêve, puisqu'il s'agissait de la pensée contrôlée par la volonté et les principes de la logique. Dans un texte cependant, le chapitre 7 de *La formation du symbole* (Piaget, 1945), l'auteur se penche sur le rêve dans le cadre d'une réflexion sur la pensée symbolique de l'enfant. La brève formation psychanalytique qu'il avait poursuivie dans les années 1920 et l'observation de ses enfants lui fournissaient des données sur ce sujet. Cependant, le rêve n'a jamais été l'objet des multiples investigations et expériences menées par Piaget et ses collaborateurs.

La manière dont Piaget aborde le rêve se ressent de l'influence de Freud. Il ne soumet à aucun examen critique l'idée que les rêves ont un sens et qu'ils expriment souvent de manière symbolique les désirs du sujet. Il admet également l'existence du refoulement de certains désirs. Cependant, Piaget critique de nombreux aspects de la théorie freudienne. On ne peut considérer la mémoire comme une trace passive et indélébile des expériences faites. Quant à la notion de censure, elle est difficile à comprendre et surtout inutile. En effet, l'aspect symbolique du rêve ou de certains jeux ne vise pas à tromper la censure, puisqu'il existe des représentations symboliques de contenus non refoulés, comme des sensations organiques ou des idées d'autopunition (auxquelles la censure devrait au contraire, si elle existait, donner pleine publicité). En ce qui concerne l'inconscient, il n'est pas limité aux pulsions refoulées et il concerne autant des processus intellectuels que des processus ou contenus affectifs. Ainsi, Binet définissait la pensée comme une activité inconsciente de l'esprit. Piaget estime qu'on ne doit pas faire de l'inconscient dans son ensemble un système distinct et coupé de la conscience, car il y a une continuité entre ces deux aspects.

Piaget traite du rêve dans le cadre d'une opposition entre deux formes de pensée. A la pensée rationnelle, qui s'appuie sur un langage arbitraire (signes adoptés par convention) et collectif s'oppose la pensée symbolique qui utilise un langage «motivé» (symboles ayant un rapport non arbitraire avec ce qu'ils signifient), individuel et le plus souvent affectif. Ce mode de pensée est une forme prélogique que l'on retrouve assez fréquemment chez l'enfant au cours de ses jeux, et qui subsiste dans les rêves de l'adulte. Les grandes lois de fonctionnement de la connaissance se retrouvent dans le rêve, mais avec un équilibre ou plutôt un déséquilibre particulier.

A la base de la connaissance se trouvent les deux processus d'assimilation et d'accommodation. L'assimilation consiste à intégrer les données perçues ou représentées aux structures d'activité du sujet. Par exemple, un objet est assimilé à l'activité de prendre ou de faire rouler, ou à l'activité intellectuelle de compter. Lorsqu'une structure d'activité ou «schème» est en place, elle tend à se répéter et à se généraliser : par exemple, l'enfant qui vient d'apprendre à compter tend à dénombrer tous les objets discontinus qu'il perçoit. Le pôle opposé ou complémentaire de l'assimilation est l'accommodation, qui consiste à modifier les «schèmes» ou structures du sujet pour les ajuster aux propriétés du milieu. Ainsi, la manière de prendre se modifie selon qu'on saisit des objets petits ou grands, lourds ou légers. Ou encore, au niveau de la pensée, certaines catégories qui permettent de classer ou désigner les réalités doivent être modifiées parce qu'on découvre que certains objets n'entrent pas dans ces catégories. Dans un acte d'intelligence, donc au niveau de la pensée rationnelle, l'assimilation et l'accommodation s'équilibrent. Dans la pensée symbolique, donc dans le rêve, l'assimilation prime et l'accommodation est presque absente. Le sujet qui rêve n'a pas besoin d'ajuster ses représentations aux propriétés de la réalités ou aux exigences d'un interlocuteur.

Mais si l'assimilation est toujours intégration à une structure d'activité du sujet, de quel type de structure ou de schème s'agit-il pendant le rêve? Piaget propose la notion de «schème affectif». C'est un mode de réagir et de sentir, que le sujet tend à répéter et généraliser. Par exemple, un jeune homme ayant eu un père autoritaire contre lequel il s'est souvent rebellé tendra à avoir une attitude d'opposition face aux figures d'autorité. Au total, le rêve constitue une assimilation des contenus imagés aux schèmes affectifs du sujet. L'aspect symbolique et l'absence de conscience de la signification des symboles tient à l'absence d'accommodation de la pensée.

La (re)naissance de la psychologie expérimentale du rêve

La découverte des phases du sommeil par Aserinsky et Kleitman en 1953 allait être le point de départ d'un renouveau total dans l'étude du rêve. Sachant que l'on pouvait obtenir des récits de rêve presque à volonté en réveillant les sujets en phase paradoxale, les psychologues se sont mis à étudier le rêve de manière systématique, avec les méthodes et les buts de la recherche fondamentale (qui, comme on le sait, vise à comprendre un ordre de phénomène et non à l'utiliser). Le rapprochement entre rêve et étude neurophysiologique donnait une certaine garantie de scientificité à ces recherches et ouvrait les yeux sur le fait que l'intérêt pour les contenus oniriques ne doit pas être confiné au cabinet du psychanalyste. A la suite de William Dement (1972), qui travaillait avec Aserinsky et Kleitman, un certain nombre de psychologues ont mené des études de plus en plus nombreuses pour mieux comprendre en quoi consistait le phénomène onirique.

Les aspects du rêve analysés et les méthodes varient selon les auteurs. En principe, les sujets sont réveillés pendant la nuit, et on enregistre le récit de leur rêve. Plusieurs types d'études peuvent être menées sur ces données, dont voici des exemples. On peut considérer certains contenus et en calculer la fréquence (Hall & van de Castle, 1966), ou évaluer la quantité d'informations par le calcul des « unités temporelles » (Foulkes & Schmidt, 1983), s'intéresser à la qualité syntaxique des énoncés « entendus » en rêve (Heynick, 1986) ou à des aspects sémantiques comme les thèmes traités dans le rêve ou comme la présence de bizarreries que l'on recense et catégorise (par exemple, Dorus et al., 1971). Il est également possible d'étudier l'enchaînement des scènes (Cipolli & Poli, 1992) ou de porter son attention sur la qualité des images, par comparaison avec des photos plus ou moins nettes et plus ou moins colorées (Rechtschaffen & Buchignani, 1983).

Très souvent, les chercheurs étudient la corrélation de certaines particularités du rêve avec certains paramètres mesurés soit avant l'endormissement, soit pendant le sommeil, soit enfin au réveil. Avant la nuit, on peut faire passer des tests de personnalité ou de niveau intellectuel, ou mesurer les aptitudes mnésiques ou langagières ou encore exposer les sujets à des stimuli particuliers (porter des lunettes colorées, visionner un film violent). On peut aussi après coup interroger le sujet sur les relations entre les contenus de son rêve et le vécu antérieur dont il garde le souvenir. Pendant le sommeil, on s'intéresse aux phénomènes neurophysiologiques concomitants au contenu de rêve : phase de sommeil (ce qui permet par exemple de comparer les rêves en stade paradoxal ou en sommeil lent), moments « phasiques » (lors de bouffées de mouvements oculaires) ou « toniques » (en dehors de ces bouffées). De plus, on peut provoquer des stimulations sensorielles pendant que le sujet dort, en prononçant des mots, versant de l'eau sur sa main, etc. Au réveil, il est possible de mesurer l'humeur du sujet ou sa capacité de résolution de problèmes ou encore ce qu'il garde en mémoire d'un apprentissage effectué la veille. Lorsque l'évaluation des aspects du rêve est qualitative, on emploie souvent la méthode des juges. Par exemple, deux personnes travaillent indépendamment à noter les passages bizarres dans des récits de rêve. On confronte ensuite leurs résultats et on considère que les critères utilisés sont suffisamment bons lorsque les estimations des deux juges concordent au moins à 80 %.

J'ai déjà fait mention de quelques résultats de ces recherches et j'en présenterai d'autres dans les chapitres suivants. Pour l'instant, j'aimerais seulement dégager quelques tendances générales de l'ensemble impressionnant de découvertes expérimentales et de réflexions théoriques faites du début des années soixante jusqu'à nos jours.

La banalité du rêve et l'hypothèse de la continuité veille-sommeil

Les recherches expérimentales ont mis en évidence que le rêve est banal tout d'abord par sa fréquence même. Nous passons des heures chaque nuit à avoir des représentations oniriques et la personne qui affirme ne pas rêver devrait plutôt dire qu'elle ne se souvient pas de ses rêves. Il n'est donc pas besoin de postuler un état somatique et psychique particulier (si ce n'est l'état de sommeil) pour expliquer la présence de représentations oniriques. Ces représentations font partie du fonctionnement psychologique normal et ne doivent pas relever de la psychologie des états pathologiques.

Un certain nombre de chercheurs sur le rêve ont, en outre, insisté sur la banalité des contenus de rêve. Par exemple, Snyder, se fondant sur 635 rêves obtenus dans son laboratoire, estime qu'ils sont dans l'ensemble des répliques fidèles de la vie d'éveil. Un rêve est un compte rendu détaillé, clair et cohérent d'une situation réaliste. L'imagerie visuelle du rêve serait un fac-similé de la perception visuelle (Snyder, 1970). Contrairement aux idées reçues, la cohérence serait la règle, là où l'incohérence est exceptionnelle (Rechtschaffen, 1978). Le champion de cette thèse de la banalité du rêve est probablement David Foulkes qui, au long de ses ouvrages et articles, insiste sur le fait qu'on trouve dans les rêves des contenus proches de la vie quotidienne, une bonne organisation et une simulation très réussie de la réalité (par exemple, Foulkes, 1985).

Ces différentes observations confortent la thèse de la relative homogénéité du travail mental pendant les différents états de vigilance. On se trouve donc à l'opposé des conceptions qui opèrent une coupure entre processus du rêve et processus de la pensée vigile, comme par exemple les points de vue de Freud et des neurophysiologistes. La psychanalyse oppose en effet les processus primaires en jeu dans le travail du rêve et les processus secondaire du Moi éveillé. La thèse de Hobson et MacCarley et celle de Crick, que nous avons résumées plus haut, postulent une hétérogénéité radicale entre le fonctionnement mental pendant le rêve et pendant la veille. La majorité des psychologues qui ont étudié les représentations oniriques en laboratoire montre au contraire qu'il y a continuité entre les processus de la pensée vigile et ceux de la pensée pendant le sommeil. A l'état de veille, l'esprit produit divers types de représentations qui s'échelonnent du raisonnement très contrôlé jusqu'au fantasme. Au cours du sommeil, les représentations oniriques vont de la banalité réaliste jusqu'à la fantaisie la plus incohérente. Cette découverte, ou redécouverte, de la parenté évidente des représentations oniriques avec la pensée vigile a frayé la voie à un mode d'approche nouveau du rêve : son étude cognitive.

De la recherche psychophysiologique à l'étude cognitive du rêve

Au début des études expérimentales du rêve, beaucoup d'espoirs ont été mis dans l'apport de la neurophysiologie du sommeil à la compréhension du phénomène onirique. Les psychologues spécialisés dans cette étude travaillaient dans des laboratoires équipés d'instruments de mesures physiologiques et pensaient que la corrélation entre productions oniriques et manifestations neurophysiologiques ouvrait la porte à de nouvelles explications du rêve. Après une vingtaine d'années d'étude, ce fut une déception généralisée (Freitag, 1997). Foulkes (1978) souligna le fait que toutes les plus importantes questions concernant le rêve (par exemple, a-t-il un sens ? Comment est-il élaboré ? A-t-il une fonction ?) restaient entièrement ouvertes après ces nombreuses années d'étude. Plusieurs auteurs firent le même constat d'échec (par exemple, Cohen, 1979) et la recherche sur le rêve entra alors dans ce que l'on considère comme un nouveau stade, celui de l'étude cognitive du rêve.

Au cours de l'année 1978, plusieurs articles et ouvrages illustrèrent ce changement de paradigme. Foulkes proposait d'analyser la syntaxe du rêve avec un modèle inspiré de la grammaire générative de Chomsky (Foulkes, 1978), Antrobus intitulait un chapitre d'ouvrage collectif « Dreaming for cognition » (Antrobus, 1978), d'autres auteurs montraient qu'une approche à la fois clinique et cognitive était possible (Webb & Cartwright, 1978). Certains psychanalystes eux-mêmes suivirent cette tendance, comme par exemple Palombo, qui chercha à expliquer le rêve en termes des modèles nouveaux de la mémoire (Palombo, 1978). En réalité, si on peut retenir cette date comme le moment où les chercheurs sur le rêve se tournent vers les derniers modèles de la psychologie cognitive pour expliquer leur objet d'étude, il faut remarquer que la plupart de ces chercheurs faisaient déjà auparavant de la recherche cognitive sans en prendre conscience. C'est ce dont témoignent le questionnement de Dement (1972) sur, par exemple, les capacités de résoudre des problèmes en rêve, ou les recherches longitudinales de Foulkes sur les enfants (faites au cours des années soixante-dix mais publiées plus tard : Foulkes, 1982), ou encore les nombreuses expériences sur la mémoire du rêve ou sur l'intégration des données perceptives.

Désormais, les notions et modèles en vogue en psychologie cognitive allaient être appliqués au rêve. Foulkes utilise successivement les stades de développement opératoire de Piaget (Foulkes, 1982) et la notion de module (Foulkes 1985). Le concept de «script», dont je parlerai plus loin, se retrouve chez Baylor et Deslaurier (1987), celui de «schéma narratif» est utilisé par Cipolli et Poli (1992) et les références aux modèles connexionnistes ne manquent pas (Antrobus & Fookson, 1991; Globus, 1993). Mais si les relativement rares chercheurs qui s'occupent du rêve sont maintenant convaincus que cette étude est un sous-ensemble de l'étude de la pensée ou cognition, les chercheurs et enseignants de psychologie cognitive continuent d'ignorer totalement le travail fécond des premiers. Ce travail porte surtout sur les particularités des fonctions cognitives pendant le rêve (intelligence, image mentale, mémoire, etc.) et aborde aussi, mais de manière plus marginale, la fonction du rêve.

Le rêve n'est pas essentiellement à interpréter, il doit être analysé

Depuis l'aube de l'humanité jusqu'à nos jours, on a considéré les rêves comme une représentation métaphorique qu'il est nécessaire de décrypter afin d'en comprendre le sens. Pour les Anciens, qui voulaient y découvrir le message d'un dieu, certains rêves seulement, étranges et frappants, pouvaient révéler de tels messages. Pour l'homme du vingtième siècle, tous les rêves sans exception ont un sens et révèlent un message de l'inconscient à qui sait les interpréter. L'ouvrage de Freud qui eut tant d'influence de ce point de vue ne s'intitule pas : «Etude du rêve», ou «Analyse du phénomène onirique», mais *L'interprétation des rêves*. Le point commun entre les conceptions anciennes et modernes, populaires ou savantes, est donc que le rêve est considéré comme un langage symbolique. L'essentiel, si l'on s'intéresse à ce phénomène, serait donc de posséder la clef des symboles.

Les recherches expérimentales sur le rêve effectuées depuis quelques dizaines d'années tranchent avec cette attitude. Elles visent à comprendre le rêve et non à l'interpréter, de la même manière qu'un linguiste étudie le langage, son organisation et ses règles de production, voire son origine, mais ne se borne pas à constater ou chercher le sens d'un texte ou d'une production verbale. Mais le linguiste sait que le langage a pour but de véhiculer du sens. Le chercheur sur le rêve doit-il avoir la même certitude ? Beaucoup de spécialistes sont convaincus de ce caractère symbolique du rêve, d'autres le mettent en doute. On a vu que les théories de neurophysiologistes comme Hobson mettaient à l'origine du rêve une activation aléatoire du cerveau, tandis qu'un Crick voyait dans les rêves un amas d'informations superflues dont il faut se débarrasser. Dans ces optiques, il paraît vain de vouloir trouver un sens aux rêves. Quelques psychologues doutent également du caractère signifiant du rêve. C'est le cas de Foulkes, pour qui les processus oniriques n'ont d'autre but que d'organiser des éléments de mémoire qui ont été activés sans règle cohérente. Cette organisation vise à représenter des contenus qui sont des simulations crédibles du monde connu et qui forment des enchaînements plausibles. En d'autres termes, les processus d'élaboration des rêves auraient une fonction syntaxique, sans but sémantique.

Je ne pense pas que Foulkes ait raison, comme on le verra dans le chapitre 8 de ce livre, intitulé «Donner un sens aux rêves». Pour l'instant, je voudrais souligner le changement d'attitude majeur que constitue la recherche fondamentale sur le rêve par rapport aux idées reçues sur le sujet à travers les théories psychanalytiques. Pour faire une psychologie du rêve, il ne faut pas s'empresser de chercher ce qu'il veut dire, en perdant de vue ce qu'a été l'expérience mentale pendant le sommeil. Il faut essayer de saisir les caractéristiques de cette expérience et de comprendre comment se forment les rêves, autrement dit comment fonctionne la pensée pendant le sommeil.

RÉSUMÉ ET CONCLUSIONS

De l'Antiquité à nos jours, on a préféré traiter les rêves comme des messages à décoder ou des ratés de l'esprit à ignorer plutôt que de les étudier en tant que processus de pensée. Il y a cependant de notables exceptions à cette tendance : c'est tout l'ensemble d'études du rêve pour lui-même, dans le but de comprendre le pourquoi et le comment de notre fonctionnement mental pendant la nuit. D'Aristote aux chercheurs contemporains, cette approche naturaliste puis scientifique du rêve aboutit aux mêmes conclusions générales. Les sources de nos rêves sont à chercher surtout dans nos expériences passées, c'est-à-dire dans notre mémoire et dans l'ensemble de nos connaissances. La perception peut occasionnellement aussi fournir ses aliments au rêve. Pour expliquer les particularités des contenus oniriques, on invoque depuis le siècle passé les liens entre significations, exprimés autrefois en termes d'associations d'idées et aujourd'hui en termes de réseaux sémantiques ou de logique des significations.

Certaines lois générales de la pensée permettent donc d'expliquer les représentations oniriques, mais celles-ci sont le fruit d'un fonctionnement particulier. Pour certains, il s'agit d'un fonctionnement pathologique, pour d'autres, dont je suis, les représentations oniriques sont le produit d'une forme de pensée normale qui s'observe aussi à l'état de veille. Rêver est une activité fréquente, banale, qui reflète en partie les expériences faites à l'état de veille. Il s'agit d'une activité spontanée de pensée lorsque celle-ci n'est ni contrôlée intentionnellement, ni dirigée par des perceptions conscientes. Nous ne devenons pas anormaux pendant plusieurs heures chaque nuit. C'est l'esprit en folie qui, faute de pouvoir adapter son contenu et son cours, ne peut plus fonctionner que sur le mode du rêve, d'où une certaine parenté entre certains fonctionnements pathologiques et oniriques. Mais, pour comprendre le rêve, il faut se tourner vers les lois de fonctionnement de la pensée vigile, sans exclure les particularités dues au fait de dormir et à l'activité particulière du cerveau pendant le sommeil.

Au point de vue de l'évolution des idées sur le rêve au cours des temps dans la pensée occidentale, on peut être frappé par deux éclipses de la perspective naturaliste. Tout d'abord, pendant une longue période qui va de l'époque classique grecque jusqu'au XVIIIe siècle, on ne s'est intéressé aux rêves que pour y trouver des présages et, quand le christianisme a étendu son influence et ses dogmes, le discrédit a été jeté sur le monde des songes, discrédit repris, pour d'autres raisons, par les penseurs rationalistes de l'époque moderne. Cependant, au XIXe siècle, avec le succès de l'attitude scientifique, les premières recherches psychologiques méthodiques ont débuté, en particulier grâce à Maury et Hervey de Saint-Denys. Plusieurs idées, que l'on retrouvera chez Freud, ont germé à cette époque. De plus, les bases d'une psychologie cognitive et scientifique du rêve étaient jetées, et, pourtant, un nouveau coup d'arrêt eut lieu pendant plus de cinquante ans au XXe siècle. Alors que la psychologie scientifique se développait dans les centres universitaires, le rêve ne figurait dans aucun programme de recherche. C'est que le succès immense des théories et pratiques freudiennes avaient relégué le traitement des rêves dans le cabinet des psychanalystes.

L'ouvrage magistral de Freud sur l'interprétation des rêves comporte une analyse cognitive du phénomène onirique. On y retrouve une explication psychologique où la mémoire et l'association d'idées jouent un rôle central. De plus, Freud propose une analyse des processus de transformation des significations à l'origine du rêve en images et scènes oniriques. Ces processus du « travail du rêve » (pour le moins la condensation, la figurabilité et la dramatisation) sont vérifiables par tout chercheur dans ce domaine. Les questions de la polysémie et de la régression de la pensée sont aussi des problèmes d'ordre cognitif. Enfin, l'ouvrage du père de la psychanalyse propose également un modèle du fonctionnement psychologique et une solution du problème des relations entre pensée rationnelle et processus oniriques.

Mais le cœur même de l'explication freudienne du rêve n'a rien à voir avec le traitement des connaissances. C'est une explication affective en termes de réalisation de désirs infantiles en rapport avec la sexualité et le complexe d'Oedipe. Désormais, on verra dans le rêve l'expression de pulsions cachées et non une forme de pensée. De plus, on croira que tous les récits de rêves sont sujets à une censure et une réélaboration qui empêchent de connaître l'expérience onirique. Enfin, malgré tous ses développements théoriques, l'œuvre de Freud inaugure non pas une recherche sur le rêve, mais son utilisation dans le cadre d'une thérapeutique. Les rêves vont être conçus comme un moyen de soigner les névroses. Ils ne sont donc pas à comprendre et analyser en soi. Un rêve est un écran, une tromperie qui va servir de point de départ à une interprétation aboutissant inlassablement aux mêmes contenus très limités : des histoires d'enfance, de sexe, de relations avec les parents et avec l'analyste.

Le succès de ces conceptions freudiennes tient probablement d'une part à ce qu'on ne possédait guère de moyens de soigner les affections psychologiques et aussi à ce que cette perspective reprenait des croyances anciennes et persistantes : le rêve contient un message difficile à décoder, il révèle l'inconnaissable, il est un moyen thérapeutique, enfin, il est proche de la folie.

Pourtant, la conception freudienne du rêve ne résiste pas à un examen critique et, comme on l'a souvent signalé, elle ne repose sur aucune validation scientifique. L'observation psychologique montre que lorsque la pensée suit librement son cours, sans accommodation à des exigences actuelles, elle tend à produire des représentations dans le registre imagé, d'un caractère souvent fantaisiste, avec des condensations et d'autres bizarreries. Ces représentations peuvent facilement être traitées comme des métaphores. Ces particularités de la pensée apparaissent dans les recherches sur les représentations en état d'éveil et de repos ou dans celles sur les images de l'endormissement. Comme Silberer, Jung et Piaget, on peut donc voir dans la pensée imagée du rêve un exemple d'un mode de pensée spontané et plutôt primitif qui s'impose lorsque le contrôle accommodateur fait défaut. La notion de censure devient inutile et apparaît erronée. En effet, les rêves peuvent représenter de manière non déguisée des contenus qui sont en relation avec le domaine du refoulé selon Freud : rapports sexuels, fusion avec la mère, conflit avec le père par exemple. De plus, des thèmes qui font partie des préoccupations diurnes conscientes sont représentés de manière imagée et détournée dans les rêves. Il en est ainsi de sensations intéroceptives comme une migraine ou le battement de l'artère carotide, de sensations proprioceptives comme celle provoquée par un bras lié, et de sensations extéroceptives comme un son de cloche ou de réveil. On trouve aussi une représentation imagée et métaphorique de concepts qui occupaient l'esprit au moment de l'endormissement ou dans les journées précédentes. Un de nos sujets, par exemple, représente de manière concrète et métaphorique un argument théorique auquel il a eu recours dans son travail de doctorat.

Ce dernier exemple nous montre que le contenu des rêves n'a pas seulement trait aux désirs et affects, mais qu'il peut être de nature intellectuelle, ou refléter des préoccupations professionnelles. Tel architecte rêve de construction et de problèmes d'humidité, tel artiste exprime en rêve son idéal esthétique, tel garagiste représente un thème de mécanique. L'erreur de Freud est donc de réduire les rêves à l'expression d'un type de contenu beaucoup plus limité que ce n'est le cas en réalité. Certes, quand il s'agit de préoccupations intellectuelles ou professionnelles, elles peuvent être liées à des affects. Mais, comme l'affirme Piaget (1945), toute conduite cognitive comporte un versant affectif (ne serait-ce que l'aspect motivationnel), de même que toute réaction affective comporte une part d'organisation donc de structuration cognitive. Quant à l'argument selon lequel le refoulé est peut-être relié à tout ce qui est exprimé en rêve, il est aussi impossible à prouver qu'à infirmer.

Catalogué comme relevant de la psychologie clinique et de l'affectivité, comme une donnée évanescente et trompeuse, utile seulement dans le cadre de thérapies, le rêve a donc cessé d'être étudié de manière scientifique jusqu'aux années soixante du XXe siècle. Puis, les découvertes nouvelles dans le domaine de la neurophysiologie du sommeil ont permis l'essor d'une psychologie expérimentale du rêve. Les espoirs mis dans une explication neurophysiologique du phénomène onirique ayant été déçus après de longues années de recherches, les chercheurs se sont tournés, dès la fin des années soixante-dix, vers la psychologie cognitive. Les travaux nombreux et productifs qui ont été menés dans cette optique éclairent la nature du rêve et analysent le fonctionnement particulier de l'attention, la mémoire, l'image mentale et le raisonnement pendant le sommeil. Pourtant, les enseignants et les chercheurs en psychologie de la connaissance et en psychologie générale ignorent pour la plupart ces travaux. Actuellement, dans la grande majorité des universités du monde, un étudiant en psychologie termine ses études sans rien savoir de ces découvertes récentes. Le XXIe siècle réparera peut-être cette lacune.

Chapitre 3
Une méthode d'étude du rêve

Une des raisons du relatif désintérêt des chercheurs pour le sujet du rêve tient à la difficulté de recueillir les données de recherche et de les analyser. Deux problèmes importants de méthode se posent en particulier. Premièrement, comment reconstituer de manière fiable et aussi complète que possible l'expérience onirique du sujet? Deuxièmement, comment trouver parmi les connaissances du sujet celles qui ont pu être à la source du rêve? Lorsque j'ai commencé mes recherches dans ce domaine vers le milieu des années quatre-vingts, mon premier souci a été, plutôt que de définir des thèmes de recherches précis, d'élaborer une méthode qui répondent à ces deux questions. Les principes fondamentaux de la méthode ont été rapidement trouvés (Montangero, 1986), mais il a fallu de nombreuses années d'expérimentation et de tentatives de transmettre cette méthode à mes collaborateurs pour la mettre au point. Ma gratitude va donc et aux volontaires qui se sont prêtés aux expériences et aux personnes avec lesquelles j'ai eu le plaisir de collaborer dans ce domaine et que je mentionne dans les remerciements au début de ce livre.

Ma méthode peut être qualifiée de cognitive-clinique. D'une part, en effet, elle a pour objectif l'étude des contenus et processus de connaissance en jeu dans le rêve. D'autre part, elle s'appuie sur un type d'entretien relativement ouvert, dit entretien clinique, qui a d'abord été utilisé dans le diagnostic psychiatrique, puis appliqué par Piaget dès ses débuts (Piaget, 1926) à l'étude des connaissances de l'enfant. L'exposé de cette méthode se fera en quatre parties résumées ci-dessous.

Résumé des quatre parties de la méthode

1. La description du rêve

1.1. *Récit nocturne* : le sujet raconte son rêve après réveil pendant la nuit. A la fin du compte-rendu, il est prié de récapituler l'ordre séquentiel des événements du rêve.

1.2. *Description du lendemain* : le sujet commence par lire la transcription de l'enregistrement du récit nocturne. On lui demande ensuite de décrire chaque scène en précisant ce qui était visualisé et ce qui ne l'était pas, ce qui était ressenti de manière non visuelle, quelles étaient la configuration des lieux et les positions relatives des personnes et objets (le sujet effectue un ou deux croquis) et ce qui était simultané ou successif.

2. La recherche de souvenirs ou résidus du vécu

Pour chaque élément du rêve, on demande si le sujet a perçu ou expérimenté un élément de cette catégorie, en a parlé ou y a pensé, la veille ou dans un passé plus lointain. Le sujet doit aussi décrire les significations ou affects qu'il attache à l'épisode ou à l'élément remémoré.

3. L'élaboration du résumé et du schéma séquentiel

Sur la base des données obtenues dans la partie 1, l'expérimentateur rédige un résumé de chaque scène du rêve et, à ce moment ou plus tard, élabore un schéma séquentiel en découpant le récit en unités de divers degrés et en signalant les ruptures éventuelles.

4. La reformulation en termes génériques

On présente d'abord le schéma séquentiel et le résumé au sujet en lui demandant si cela correspond bien à l'expérience onirique et on introduit d'éventuelles modifications. Puis le sujet décrit à nouveau les éléments de chaque scène du rêve en désignant chaque élément par sa classe englobante, sa définition ou sa fonction.

LA DESCRIPTION DE L'EXPÉRIENCE ONIRIQUE

La nécessité d'une double description

L'amnésie touchant les rêves pose un problème à quiconque s'intéresse à l'étude de ce domaine. Puisque les souvenirs de nos représentations nocturnes tendent à être évanescents, il faut les capter au moment où ils sont tout frais, en réveillant le sujet pendant son sommeil. A défaut de cette précaution, le risque est de ne rien avoir à étudier (lorsque l'oubli des rêves de la nuit est complet) ou de n'obtenir qu'une description partielle de l'expérience onirique. Plusieurs études montrent que, même lorsque des rêves ont fait l'objet d'un compte rendu pendant la nuit, une partie de leur contenu peut échapper à la mémoire du sujet le lendemain matin (par exemple, Cicogna, Cavallero & Bosinelli, 1982; Cipolli, Salzarulo & Calabrese, 1981; Goodenough, Lewis, Shapiro, Jaret & Sleser, 1965). Aussi, depuis la découverte des stades du sommeil et la possibilité de les distinguer grâce à un enregistrement de l'activité électrique du cerveau, des yeux et des muscles, la recherche «sérieuse» sur le rêve se fonde sur des récits obtenus immédiatement après réveil du sujet.

Lorsque j'ai débuté mes recherches, deux faits m'ont frappé à ce propos: la difficulté de récupération mnésique du rêve et les clarifications importantes qui sont obtenues le lendemain. Pour le premier point, une personne réveillée au cours du sommeil paradoxal ne vous raconte pas son rêve avec la même facilité et clarté qu'elle aurait à décrire, par exemple, un spectacle qu'elle vient de regarder avant que vous ne lui demandiez: «Dites-moi ce que vous venez de voir». Pendant la nuit, la récupération mnésique se fait avec peine et souvent avec lenteur. Le sujet attend un moment avant de parler ou s'arrête après une première phrase, faisant des efforts très importants pour retrouver et communiquer la suite du rêve. C'est qu'il s'agit de faire partager à quelqu'un d'autre une expérience vécue de manière tout à fait privée, et de verbaliser un contenu qui, dans sa plus grande partie, n'était pas verbal. D'ailleurs, la première phrase prononcée au réveil comprime parfois plusieurs éléments distincts et communique très mal ce que le sujet a vécu au cours du rêve (des exemples seront donnés au chapitre 5).

Il n'est pas étonnant qu'une personne venant d'être réveillée au cours de la nuit ne soit pas en possession de tous ses moyens pour communiquer son rêve. Des recherches ont démontré la baisse des capacités intellectuelles qui suit un réveil pendant la nuit (Dinges, 1990). D'autre part, le niveau linguistique apparaît aussi appauvri. Par exemple, les sujets de nos expériences emploient fréquemment le connecteur «et puis» (souvent prononcé «et pis») indifféremment pour rendre compte de simultanéités ou de successions, comme le font les enfants (Fayol, 1985). De même, les pronoms personnels sont utilisés de manière ambiguë. Voici un exemple qui illustre ces deux sources de confusions.

*Ma mère était là, pas très proche de nous. Soudain ma belle-sœur apparaît et elle lui demande ce qu'elle fait ici, et puis **elle** explique qu'elle est allée à l'endroit où sa mère est morte.*

Contrairement à ce qu'on peut comprendre, le pronom «elle» écrit en caractères gras se réfère non pas à la belle-sœur du rêveur, mais à sa mère. Or, les récits de rêves faits après réveil pendant la nuit fourmillent d'ambiguïtés semblables à celle-ci. On croit comprendre ce que le sujet raconte et on se fait en réalité une idée erronée du rêve.

Pour expliquer ces difficultés de communication, on peut se référer à la notion piagétienne de langage égocentrique (Piaget, 1923), c'est-à-dire de tendance à parler sans se mettre à la place de son interlocuteur. Les récits de films vus à la télévision par les jeunes enfants, ou les descriptions qu'ils donnent d'un objet placé devant eux et que leur interlocuteur ne peut voir, ne permettent pas de se faire une idée claire de ce dont ils parlent. De même, la personne qui décrit son rêve au milieu de la nuit se plonge dans le monde complètement privé, autistique même, de son rêve et, de ce fait, elle parvient difficilement à avoir un langage complètement socialisé qui tienne compte du point de vue de l'interlocuteur.

Deux autres causes rendent compte du caractère incomplet des récits nocturnes. La première est que, lorsqu'on est prié de raconter son rêve, on fait un récit plutôt qu'une description. Le récit s'attache aux événements successifs, tandis que la description dresse une liste des entités présentes et de leurs attributs. Occupé à faire un récit, le sujet laisse dans l'ombre beaucoup d'aspects de son rêve qui sont importants si l'on veut comprendre la forme et la source des représentations oniriques. Deuxièmement, à cause de la fatigue ressentie au réveil, les sujets d'expérience tendent à aller à l'essentiel et à omettre ce qu'ils considèrent comme des détails, car ils désirent pouvoir se rendormir au plus vite. Il arrive ainsi que, le matin venu, le sujet ajoute un élément qui n'était pas présent dans le récit nocturne et que je demande : «Mais pourquoi n'avez-vous pas mentionné cela cette nuit?» La réponse obtenue est : «Parce que j'étais trop fatigué pour le faire. Je me suis dit que je vous le dirai le matin.» Il nous est même arrivé qu'un sujet réveillé en phase paradoxale à deux heures du matin, se sentant d'humeur maussade et ayant de la peine à verbaliser son rêve, prétend qu'il ne s'en souvenait pas. L'expérimentatrice ayant cessé ses questions, il a repassé le rêve dans son esprit, ce qui lui a permis de le garder en mémoire, et, le lendemain, au lever, il a raconté son rêve en avouant qu'il avait sciemment décidé de ne pas le décrire pendant la nuit.

Au vu de tout cela, on se rend compte que les récits de rêve obtenus après réveil au cours de la nuit ne sont pas des comptes rendus clairs et complets de l'expérience onirique. C'est ici qu'intervient la deuxième observation que j'ai faite dès le début de mes recherches dans ce domaine. J'ai été très frappé par le nombre de clarifications que les sujets pouvaient apporter le lendemain matin au récit qu'ils avaient rédigé ou enregistré pendant la nuit. Cette observation a d'ailleurs été faite par plusieurs auteurs, à commencer par Snyder (1970). Fort de cette constatation, il m'est apparu indispensable de compléter la description obtenue au cours de la nuit par des précisions données le lendemain.

Cette manière de faire m'a valu un torrent d'objections. Les freudiens sont persuadés que le récit du lendemain fait l'objet de modifications dues à la censure et à l'élaboration secondaire. Les chercheurs sur le rêve ne veulent pas mettre en cause la règle sacrée à laquelle ils se sont toujours tenus, à savoir «plus le récit est proche de l'expérience onirique, plus il est fiable». Des spécialistes de psychologie cognitive objectent que les contenus de mémoire tendent à être modifiés lorsqu'on les relate à plusieurs reprises. Déjà, Bartlett (1932) avait noté que plus on raconte un souvenir, plus on tend à le rendre cohérent. Ceci est confirmé par des expériences récentes en rapport avec les «scripts» (séquences généralisables d'événements comme les activités qui se succèdent quand on va au restaurant ou à l'aéroport). Le souvenir d'histoires qui sont en partie fondées sur des scripts devient de moins en moins fidèle avec le temps, parce que les sujets tendent à rendre l'histoire plus conforme au script (Hudson & Nelson, 1983; Linton, 1982; Neisser, 1981). De plus, les recherches sur le témoignage révèlent des transformations dues à l'influence de la personne qui interroge et parfois l'invention de faux souvenirs en cours de psychothérapie (Loftus, 1979).

A ces objections, j'aimerais répondre par des faits. J'ai interrogé des dizaines et des dizaines de personnes en récoltant d'abord le récit de rêve après réveil pendant la nuit, puis en demandant des clarification le lendemain matin, *après avoir fait entendre ou lire l'enregistrement du récit nocturne.* Ce dernier point est capital, car cela agit comme un indice de rappel extrêmement puissant. Il est connu que le meilleur indice de rappel pour un rêve, c'est un fragment de celui-ci (Foulkes, 1985) : c'est, par exemple, en partant de la dernière scène de son rêve, stockée en mémoire immédiate, que le sujet éveillé peut retrouver les scènes précédentes. Dans la technique que je propose, le sujet, grâce à la lecture de son récit de rêve, non seulement se voit rappelé les éléments décrits pendant la nuit, mais visualise à nouveau l'expérience onirique et peut donner de nombreuses précisions à son sujet. Nous avons confronté, pour les rêves de 15 sujets très différents par l'âge et le statut professionnel, les adjonctions faites le matin (622 adjonctions au total) avec les éléments contenus dans le récit nocturne (Montangero, Pasche & Willequet, 1996). Les nouvelles informations apportées le matin ne s'expliquent en aucun cas par les phénomènes de censure et d'élaboration secondaire. En effet, aucun élément du récit nocturne n'est supprimé (alors que les sujets pourraient au moins dire qu'ils ne s'en souviennent pas), les modifications apportées aux données de la nuit sont très rares et les adjonctions n'apportent pas une plus grande cohérence au récit de la nuit. Elles rendent parfois beaucoup plus étrange ce qui paraissait banal dans le récit nocturne.

Quant à l'hypothèse de transformations consécutives à une perte de mémoire, elle est peu plausible car, si c'était le cas, on reconstruirait un récit selon des associations propres à la pensée vigile. Or, très peu de nouvelles informations sont des compléments attendus aux éléments décrits dans le récit nocturne. Par complément attendu, j'entends toute addition qui est associée, dans la pensée vigile, à l'élément du récit de la nuit par un lien logique, causal ou pragmatique. C'est le cas si, la nuit, le sujet dit que le rêve se passait dans sa chambre et que, le matin, il décrit un meuble ou une couleur de mur qui correspondent à ce qui se trouve habituellement dans sa chambre. Ou encore, si la référence à une action dans le récit nocturne se voit complétée le matin par une cause ou conséquence habituelle de cette action. Parmi les 622 adjonctions que nous avons analysées dans l'article mentionné ci-dessus, 12 % seulement consistent à compléter des scripts et 9 % peuvent se classer dans d'autres formes de complément attendu à l'élément présent dans le récit nocturne. L'écrasante majorité des adjonctions du matin (79 %) a un lien non attendu avec les éléments décrits la nuit et s'explique mieux par la capacité de visualiser à nouveau le rêve que par des reconstructions selon des processus propres à la pensée vigile. Voici deux exemples :

Récit nocturne : *Je vois un bâtiment devant moi recouvert de feuilles de métal.*

Précisions du matin : *Les feuilles de métal sont carrées. Les couleurs forment des stries verticales, en commençant par du rouge et du bleu.*

Récit nocturne : *Dans la cabine d'essayage d'un magasin de vêtements, il y a un garçon et une fille.*

Précision du matin : *La cabine ressemble à une cabine téléphonique ; elle a des parois transparentes.*

Au total, la description obtenue le lendemain après relecture du récit nocturne fournit des données qui ont le même caractère que celles obtenues pendant la nuit. On y trouve, d'une part, des éléments tout à fait plausibles, bien qu'inattendus, mais on y trouve aussi ce qui fait le propre du rêve, à savoir des bizarreries, des transitions abruptes et des éléments ressentis comme présents mais non visualisés. La meilleure hypothèse, pour rendre compte de nos résultats, est donc celle d'une bonne remémoration du rêve grâce à la méthode employée plutôt que celle d'une transformation de l'expérience onirique par suite de difficultés mnésiques ou de phénomènes «psycho-dynamiques».

Le récit nocturne

Cette partie a pour but de donner une probabilité maximale d'obtenir un récit de rêve et de le fixer dans la mémoire du sujet. A cet effet, nous procédons comme il est coutume dans la recherche expérimentale sur le rêve (par exemple Foulkes & Schmidt, 1983). L'expérience se déroule soit dans un local de l'université, soit au domicile du sujet — car nous avons un polygraphe portatif. Les sujets sont des volontaires, sachant que mon but est de recueillir des récits de rêve aussi fidèles que possibles afin d'étudier les processus d'élaboration des rêves. Le soir venu, on décrit le déroulement de l'expérience à la personne volontaire et on lui fixe des électrodes. Dans la deuxième partie de la nuit, un expérimentateur procède deux fois à un réveil du sujet au moment où ce dernier a passé environ 10 minutes en phase paradoxale. On lui demande de décrire ce qu'il avait à l'esprit au moment du réveil (consigne qui n'est pas vraiment nécessaire, car le sujet connaît le but de l'expérience).

Quand le sujet a terminé son récit, l'expérimentateur peut poser une ou deux questions de clarification, puis il dit : «Maintenant, récapitulez tout ce que vous m'avez dit, en commençant par le premier épisode que vous avez perçu en rêve et en suivant l'ordre de déroulement de votre rêve.» Tout l'entretien est enregistré. Si deux récits de rêves ont été obtenus, on ne retiendra que le plus fourni ou celui que le sujet préfère travailler.

Le récit du lendemain

Cette partie vise à obtenir la meilleure communication possible de l'expérience onirique. Elle a lieu le jour suivant la nuit d'enregistrement, après que le sujet s'est levé, préparé pour la journée et qu'il a pris son petit déjeuner. L'entretien pourrait avoir lieu si nécessaire plus tard dans la journée. On commence par faire lire au sujet la transcription écrite de l'enregistrement de son récit nocturne (transcription à laquelle il faut donc procéder avant l'entretien) et l'on demande si le sujet se souvient bien de son rêve et peut le visualiser à nouveau. La réponse étant positive, on peut procéder à la nouvelle description détaillée du rêve.

On annonce que la séance va consister à décrire à nouveau le rêve en donnant le plus de détails possibles. Il faut préciser ce qui est visualisé et ce qui ne l'est pas, indiquer toutes les impressions perçues pendant le rêve, faire savoir lorsqu'un élément ou une scène sont remémorés de manière floue et lorsqu'un élément figurait à coup sûr dans le rêve mais n'était pas visualisé. On demande un ou deux croquis pour comprendre la configuration des lieux et les positions relatives des personnages et objets. Il faut procéder systématiquement en numérotant chaque sous-séquence du rêve, en demandant au sujet ce qui fait partie de la même séquence ou ce qui marque le début du temps suivant. Personnellement, je suis généralement un ordre en demandant d'abord une description de l'activité ou de l'état, puis du cadre (le lieu), des personnes et enfin des objets.

L'état d'esprit dans lequel on mène cet entretien est important. Le sujet doit sentir que la personne qui l'interroge est réellement intéressée de se représenter le contenu de son rêve et de le reconstituer minutieusement, sans qu'elle ait la moindre présupposition à son propos. L'expérimentateur doit s'efforcer de ne rien suggérer. Malgré tout, il arrive que l'on mentionne quelque chose qui n'était pas dans le rêve et le sujet doit se sentir libre de rectifier. Par exemple, un récit nocturne mentionnait que le sujet ouvre une porte. Le matin, au cours de l'entretien, j'ai demandé : «Et quand vous avez poussé la porte, qu'avez-vous vu?» «Mais je n'ai pas poussé la porte, je l'ai tirée vers moi», a précisé le sujet.

Le résultat de la description du matin, après lecture du récit nocturne, est toujours frappant pour l'expérimentateur. L'enrichissement quantitatif est important. Par exemple, pour les 15 rêves où nous avons quantifié les nouvelles informations, nous obtenons entre 15 et 85 nouvelles informations par rêve. C'est surtout l'apport qualitatif du récit du lendemain qui est énorme. On s'aperçoit que l'on avait mal compris certains passages du récit nocturne et que le rêve comportait plus d'éléments qu'il n'y paraissait. Je vais reprendre ici l'exemple donné dans Montangero, Pasche et Willequet (1996). Le rêve a été choisi parce qu'il est particulièrement court et que sa relation ne prend donc pas trop de place.

Le récit nocturne a été effectué après réveil à 2 heures et demie du matin. Le sujet est un jeune architecte que nous appellerons Yvon. Il a passé en revue le contenu de son rêve dans son esprit avant de nous le raconter. De ce fait, le récit respecte l'ordre chronologique, ce qui est rare.

Un escalier qui descend dans une masse de pierres... brun clair... Quand j'arrive en bas, il y a une porte. Il y a le nom Daniel Dubois, je ne sais pas pourquoi ; je n'arrive pas à... savoir ce que c'est. Je passe la porte. La porte est opaque, et j'arrive vers un grand portique, comme un énorme cloître et... sur ma droite, il y a un pré. C'est de l'herbe verte un peu brûlée par le soleil et... c'est tout.

L'expérimentateur demande si le sujet peut donner d'éventuelles précisions. Yvon ajoute : *C'est comme un trou dans une masse de pierre brun clair. A partir du moment où la porte est passée, je n'ai plus conscience d'une matière dans ce qui est bâti, par contre, le pré et sa couleur deviennent présents. Le sol est clair, et c'est tout ce que je vois.*

Voici maintenant les données du récit du lendemain. Pour abréger, je ne vais mentionner que les informations nouvelles (aux yeux des expérimentateurs) apparues dans la description du lendemain. La masse de pierres est en fait un dallage régulier qui pave le sol et dans lequel s'ouvre un trou rectangulaire où descendent les escaliers (cela apparaît à travers le croquis fait par le sujet). Sur la gauche, le sujet a l'impression qu'il y a des constructions, mais ne les distingue pas clairement. A droite, en revanche, il n'y a rien du tout. L'escalier n'a pas la moindre trace d'accessoires pour faciliter son usage : pas de rampe, rien que la pierre nue. Le nom Dubois surgit dans l'esprit du sujet alors qu'il descend l'escalier. Cette descente se fait sans effort, sans impression de mouvoir ses membres, tandis que l'ouverture de la porte demande un effort : le sujet tire, avec son bras gauche, la porte qui est très légèrement entrouverte, tout en faisant un pas en arrière. La porte est en métal. Quand le sujet descend l'escalier et arrive vers la porte, il a l'impression que celle-ci est un écran qui l'empêche de voir un beau spectacle. Le portique du cloître est constitué de colonnes carrées et d'arcs en plein cintre. Il est très sombre, presque noir, avec un sol blanc. Il n'a pas l'air réel et se présente un peu comme un dessin d'architecte, à l'encre sur du papier blanc. L'herbe paraît en revanche très réelle — comme paraissait la pierre de l'escalier au début — et sa couleur verte mêlée de brun ressort avec netteté. Le pré est le jardin à l'intérieur du cloître.

On peut constater combien le récit du lendemain précise le contenu du rêve et lève des équivoques. Le rêve apparaît, seulement à ce moment-là, comme constitué clairement des trois temps : descente aisée, effort pour ouvrir la porte-écran, contemplation d'un beau spectacle. Une masse de détails permettent de se représenter les formes, couleurs, impressions de présence concrète, etc. Les expérimentateurs s'aperçoivent grâce à cette description matinale qu'ils avaient interprété de manière erronée des données du récit nocturne. La masse de pierre n'était pas un tas de roche, mais un dallage bien régulier. Le nom Dubois n'était pas écrit sur la porte, mais simplement présent dans la tête du sujet. L'herbe n'appartenait pas à une prairie située à côté du cloître, mais au jardin intérieur de celui-ci. Cette impression de mieux visualiser le rêve et de mieux comprendre en quoi il consistait, je l'éprouve à chaque fois que l'on passe à la description du lendemain.

Comme je l'ai déjà dit, certains éléments bizarres n'apparaissent que lors de la deuxième description. Par exemple, une jeune femme raconte, après réveil la nuit, qu'elle jouait aux cartes avec son frère dans sa cuisine (« comme je le fais souvent dans la réalité », ajoute-t-elle), mais qu'elle ne savait pas de quel jeu il s'agissait. Le lendemain, elle précise que les cartes étaient blanches des deux côtés. Cette absence de valeurs données aux cartes ne la gênait pas dans son rêve, au contraire, cela lui donnait l'impression positive que tout était possible. Elle nous indique aussi que la cuisine était un peu différente de la sienne, en particulier que, derrière elle, la pièce était beaucoup plus grande. Elle était consciente de cela dans le rêve, sans s'être jamais retournée. Un autre exemple frappant d'étrangeté qui apparaît lors du récit du lendemain est celui d'une personne qui, dans son récit nocturne, nous dit qu'elle se trouvait dans un port, sur un petit bateau, puis qu'elle est tombée à l'eau et a vu des bateaux au-dessus d'elle. Nous étions persuadés que ces bateaux étaient de grandes embarcations amarrées dans le port. Le lendemain, le sujet nous a précisé qu'elle voyait en fait cinq bateaux flottant en l'air, suspendus à des ballons par des cordes.

Après coup, à la relecture du récit nocturne, il peut apparaître qu'un élément qui nous semble nouveau dans les précisions du matin a été mentionné déjà la nuit. C'est le cas dans les exemples ci-dessus ainsi que dans l'exemple suivant. Le récit nocturne affirme : *Les gens qui étaient dans la voiture derrière nous faisaient des appels de phares, des signaux pour nous dire de tourner à droite. Je pensais qu'il s'agissait d'une* bizarrerie du rêve : des signaux de phares étaient compris comme signifiant qu'il fallait tourner à droite. Le lendemain, j'obtiens la précision suivante : *Les passagers de la voiture derrière nous étaient debout, la moitié de leur corps sortait par le toit ouvrant, et avec leur bras ils montraient qu'il fallait aller à droite.* Dans le récit nocturne, ceci est indiqué par l'expression «faisaient des signaux».

On m'a demandé pourquoi la deuxième description du rêve n'était pas faite pendant la nuit, après le premier récit. Il y a trois raisons principales à cela. Tout d'abord, le sujet est trop fatigué et n'a pas l'optimum de ses ressources intellectuelles ou linguistiques après son réveil de nuit. De plus, il est encore trop proche de l'état du rêve — un état d'absence de communication avec l'extérieur — pour être efficace dans sa tentative de communiquer avec autrui. Enfin, si les 30 à 45 minutes consacrées à la nouvelle description du rêve avaient lieu pendant la nuit, la suite du sommeil du sujet serait compromise et toute l'expérience deviendrait d'une lourdeur insupportable.

LA RECHERCHE DE SOUVENIRS OU «RÉSIDUS DU VÉCU»

Le but de cette partie est d'obtenir la relation de souvenirs qui peuvent avoir été à la source des contenus du rêve. Mais on ne demande pas si les scènes ou éléments du rêve font penser à des scènes ou éléments connus car, souvent, les sujets ne reconnaissent pas du premier coup les souvenirs à l'origine d'un élément de rêve. Il faut annoncer au sujet que cette partie de l'entretien porte non pas sur le contenu du rêve, que l'on peut momentanément laisser de côté, mais sur les souvenirs qui lui viendront à l'esprit à propos des éléments que l'on mentionnera. Les questions que l'on pose ensuite concernent soit les contenus du rêve identifiés comme connus (par exemple, «votre frère», «le restaurant X», «faire une partie de cartes»), soit, pour les contenus non identifiés comme connus, un exemplaire quelconque de la même catégorie (par exemple «un escalier», «un cloître», «tomber d'un bateau»). Pour chaque élément du rêve, on pose la question : «Quel souvenir vous vient à l'esprit à propos de [tel élément]?», puis : «Est-ce que, hier, vous avez vu, pensé à, eu affaire à ou parlé de [cet élément]?»

Lorsqu'un souvenir est obtenu et décrit, on demande au sujet de le dater (au moins approximativement), puis l'on s'efforce d'en comprendre l'importance, la signification et la valeur affective pour le sujet. Cela se fait en posant des questions comme : «Qu'est-ce qu'il y a d'important, de marquant pour vous dans cet épisode (de votre vie) où vous êtes tombé de bateau ? » ou « Etait-ce une expérience neutre, agréable ou désagréable ? » ou « Comment définissez-vous cette personne (ou un objet de cette sorte) ? » On obtient ainsi ce que j'appelle la signification subjective du souvenir, c'est-à-dire la signification particulière que le sujet attache à cet épisode et éventuellement les affects qui l'accompagnaient ou la problématique qu'ils réveillent.

Certains souvenirs évoqués par les sujets dans cette partie de l'entretien sont indubitablement à la source du contenu du rêve, tandis que d'autres ne le sont que de manière hypothétique. Je parle de source indubitable lorsque le contenu du rêve est identifié comme connu (« ma voiture », « mon mari », « les électrodes » de l'expérimentation sur le rêve) ou quand il contient des caractéristiques reconnaissables et exclusives de l'élément vécu. Dans d'autres cas, le souvenir évoqué n'a pas de similitude évidente avec le contenu du rêve, mais le sujet possède l'intime conviction qu'il s'agit bien de la source de ce contenu. Par exemple, un sujet à qui je demande quel souvenir lui vient en rapport avec une salle où se passe une réception mentionne une très grande salle d'exposition qui n'offre pas de ressemblance avec la pièce du rêve. Par la suite, je découvre que l'attitude du sujet était dans le souvenir évoqué exactement comme celle qu'il avait dans la scène du rêve.

Un autre exemple est celui d'une jeune fille ayant rêvé que son père pointait une arme sur elle, puis tirait sur un garçon qui se trouvait près de là. Quand je lui ai demandé si elle avait un souvenir d'attitude agressive de son père à son égard, elle s'est rappelé un épisode de discussion véhémente entre son père et son fiancé. A un moment, son père avait enjoint au jeune homme de sortir de chez lui, ce que la jeune fille avait ressenti comme une agression personnelle. Même en excluant ces cas hypothétiques, le résultat le plus immédiatement frappant de l'entretien consacré aux résidus du vécu est la découverte que des parties du rêve qui paraissaient sans aucun lien avec le vécu du sujet puisent en fait leur source dans un épisode de sa vie.

L'ÉLABORATION D'UN RÉSUMÉ ET D'UN SCHÉMA SÉQUENTIEL

Le résumé et le schéma séquentiel du rêve que nous élaborons sur la base des données fournies lors de la description du rêve est une aide pour procéder à la partie suivante de l'entretien, consacrée à la reformulation du contenu du rêve. Dans ce but, un schéma simplifié, distinguant clairement les différents temps d'activité, peut suffire. Une fois complété, le schéma peut servir plus tard à l'analyse de l'aspect séquentiel du rêve, c'est-à-dire la forme et la nature de l'enchaînement des séquences. J'ai défini les principes de l'élaboration du schéma séquentiel dans un article (Montangero, 1991) issu d'une analyse de plusieurs rêves, pour laquelle j'ai employé la méthode des juges, en confrontant le résultat de mon découpage à celui de José Reis, qui a fonctionné comme second juge. Par la suite, Reis a longuement travaillé sur ce thème de l'analyse séquentielle, ce qui a permis d'élaborer la méthode définitive.

Pour constituer un schéma séquentiel, il faut tout d'abord découper le rêve en unités, sur la base de critères préétablis, mais toujours avec l'aide de la personne qui a fait le rêve. Il y a trois degrés d'unités : les situations, les actions ou états successifs d'une situation et, enfin, les temps d'une action ou d'un état. La situation se définit par le fait que deux des trois aspects suivants restent invariants : le lieu, les personnages et l'objet d'activité, de préoccupation ou d'intérêt (par exemple, un script tel que se nourrir au restaurant, ou une activité telle que chercher quelque chose, se rendre vers un but, contempler un spectacle, vouloir réparer quelque chose). On peut aussi tenir compte d'aspects supplémentaires de la situation en ajoutant les objets et les circonstances (par exemple, qu'il fasse jour ou nuit, qu'il pleuve ou qu'il fasse beau, que le véhicule soit en marche ou à l'arrêt). Généralement, on reste dans la même situation tant qu'on ne change pas de lieu. Mais il peut arriver que la situation reste la même alors que les mêmes personnages gardent le même type d'activité dans des lieux différents (par exemple, quand on parcourt diverses pièces d'une maison tout en courant après quelqu'un). On peut aussi rencontrer le cas où, dans un même lieu, la situation change.

Le deuxième degré d'unités concerne les activités successives au sein d'une même situation, par exemple arriver, manger et payer, lorsqu'on est au restaurant, ou traverser une pièce, passer une porte et prendre quelqu'un par le bras, dans le cas d'une poursuite. Il peut s'agir aussi d'activités plus diverses : réparer un répondeur automatique, puis ranger un téléphone, ou apporter un objet à quelqu'un, puis discuter avec cette personne. Les temps successifs d'un dialogue sont généralement comptés comme unités du deuxième degré, sauf dans les cas signalés ci-après.

Le troisième degré se rapporte aux temps d'une même activité. On utilise ce troisième niveau lorsque les deux précédents ont déjà été utilisés. Voici un exemple : *Mon amie et moi regardons une photo, puis je me vois dans le lieu de la photo comme si c'était la réalité et je ris parce que le photographe est comique, puis mon amie me tend une autre photo.*

Il s'agit d'une même situation que je nommerai situation 1. Elle se découpe en trois activités principales : 1.1 regarder une photo, 1.2 se trouver dans la photo, 1.3 prendre en main une autre photo. Cependant, deux choses se passent au cours de la deuxième activité, qui forment deux unités du troisième degré : 1.2.1 se trouver dans la photo comme si c'était la réalité et regarder, 1.2.2 rire du photographe.

Parfois, nous utilisons des unités du troisième degré parce que le sujet estime que plusieurs activités se présentent en un seul temps dans le rêve, comme dans l'exemple suivant. *Le père de cet ami l'accuse de quelque chose. Mon ami répond avec véhémence, puis il voit que je les regarde à travers la porte et il ferme la porte, puis leur querelle continue.* La personne qui a fait ce rêve nous dit que les événements forment quatre temps : le père accuse, le fils rétorque, le fils le voit et ferme la porte (un seul temps), la querelle continue. Comme deux actions se déroulent effectivement dans le troisième temps, nous utilisons des unités du troisième degré : 1.1 père accuse, 1.2 fils répond, 1.3.1 fils me voit, 1.3.2. fils ferme la porte, 1.4 la querelle continue.

Passons maintenant à un exemple de résumé et de schéma séquentiel. Le résumé est un texte qui reprend les principales expressions utilisées dans la description, en supprimant les redondances, les commentaires qui n'éclairent pas la description et les phrases ou mots de liaison.

Voici le résumé du rêve de John, un intellectuel de 40 ans.

S (cette lettre désigne, dans tous nos schémas, la personne qui a fait le rêve) vole dans son petit avion au-dessus de montagnes et voit des skieurs perdus aller dans tous les sens. / S atterrit sur un glacier et a la conviction d'avoir la solution qui permettrait aux skieurs de ne pas se perdre. / Puis il se trouve devant un magasin de sport dans lequel le beau-père d'un ami accuse celui-ci. / L'ami répond avec véhémence, / puis, s'apercevant que S les regarde, il ferme la porte du magasin qui était ouverte. / Le père et le fils continuent de se quereller et / à un moment, ils font semblant de se boxer. S les regarde à travers la vitrine et se sent plein de compassion pour son ami. / S quitte cet endroit, se promène dans le village et va à la patinoire. / Il regarde une patineuse qui réussit un saut difficile grâce aux conseils qu'il lui a donnés. La patineuse prend son élan, s'élève dans les airs, tourne rapidement, puis retombe sur la glace en faisant une marque. Ces divers mouvements sont accompagnés par une musique qui varie avec chaque partie du mouvement. / S, très satisfait, se rend vers un téléphérique pour aller au restau-

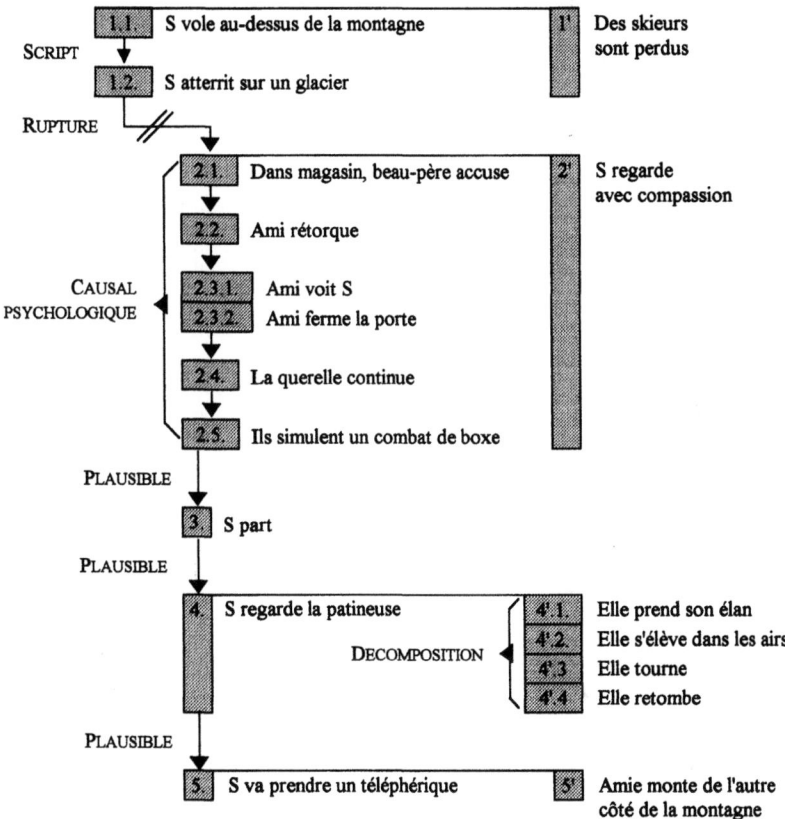

Fig. 2 — Schéma séquentiel du rêve de John.
N.B. Chaque case correspond à une unité narrative. Les chiffres correspondent aux trois niveaux distingués : les *situations* (1er chiffre de la numérotation), les *activités* (2e chiffre) et les *temps de l'activité* (3e chiffre). S = sujet de l'expérience.

rant situé au sommet de la montagne. / Il sait que son amie gravit la montagne de l'autre côté et qu'ils se rejoindront en haut.

La figure 2 présente le schéma séquentiel du rêve de John. Ce schéma fait ressortir une particularité de ce rêve : la simultanéité d'états, actions ou pensées du rêveur avec les événements qui se déroulent extérieurement. C'est dire que l'élaboration d'un schéma séquentiel n'exclut pas du tout la possibilité de l'occurrence simultanée d'événements. La numérotation des unités correspond à leur degré. Par ailleurs, on remarquera que, pour chaque fragment de la séquence, le type de relation entre les unités successives est précisé, dans la marge de gauche. La présentation de ces formes de liaison sera fait au chapitre 4.

Lorsque le résumé et le schéma séquentiel (sans la précision du type de lien, qui sera faite ultérieurement) sont prêts, ils sont présentés au sujet. On lui demande si la manière de résumer le rêve correspond bien à son souvenir de l'expérience onirique et si le découpage en situations ou activités est conforme à ses impressions. D'éventuelles modifications sont introduites.

LA REFORMULATION EN TERMES GÉNÉRIQUES

Cette partie de l'entretien a lieu après une pause permettant d'élaborer le résumé et le schéma séquentiel, pause qui peut durer peu de temps (par exemple, une vingtaine de minutes) ou être beaucoup plus longue : on peut aborder cette partie à un autre moment de la journée voire, à la rigueur, le lendemain. Cette partie vise à préciser les significations que le sujet attache aux éléments du contenu onirique. Elle complète donc la description du rêve en faisant mieux comprendre les impressions et idées véhiculées par son contenu aux yeux du rêveur. La reformulation en termes génériques ne fait pas seulement ressortir les significations liées à chaque élément du contenu onirique, elle permet de dégager les thèmes traités. Si l'auteur du rêve désire en faire une interprétation, les résultats de cette reformulation lui fournissent la base nécessaire à ce travail interprétatif.

D'un point de vue théorique, cette partie de l'entretien est justifiée par la distinction que j'établis entre significations du premier et du second degré, distinction sur laquelle reviendra le chapitre 8 consacré à l'attribution de sens au rêve. Disons simplement ici que l'on peut considérer un rêve comme une illustration particulière et concrète d'un ensemble de significations plus générales. La partie de l'entretien décrite ici permet d'accéder à ces significations plus générales.

La reformulation en termes génériques consiste à refaire une description du rêve, sur la base du résumé et du schéma séquentiel. Dans cette nouvelle description, chaque élément principal est reformulé, en remplaçant le terme original par sa classe englobante, sa fonction ou une impression qui décrit au mieux l'élément. Voici la consigne donnée au sujet.

« Vous allez maintenant reformuler la description de votre rêve, en désignant chaque élément du rêve par la catégorie qui l'englobe, par sa définition ou sa fonction. Vous pouvez aussi le désigner par l'impression particulière que cet élément vous a faite au cours du rêve. Vous ne devez pas chercher une traduction convenue, mais revivre l'impression donnée par l'élément dans le rêve et décrire la signification générale qui en rend le mieux compte. Par exemple, un train peut être, selon la personne qui rêve, « un moyen de transport » ou « ce qui m'emmène vers mon but » ou « ce qui m'entraîne, passif et enfermé » ou encore « la routine quotidienne liée au travail ». Pour les personnes, vous décrirez la caractéristique qui les définit au mieux selon vous et, s'il s'agit d'une personne connue, le type de relation que vous avez avec elle. Les activités aussi doivent être décrites en termes plus généraux, chaque fois que cela est possible. Ainsi, « descendre un escalier » peut, selon les cas, être reformulé par les expressions : « changer de niveau » ou « quitter la surface des choses » ou « se rendre sans effort vers ». Je vous ferai quelques suggestions au début de votre travail de reformulation et parfois en cours de route, mais vous seul pouvez savoir quelle catégorie générale ou quelle fonction convient réellement pour rendre compte de l'impression qui accompagne l'élément dans le rêve. »

Voici un exemple du résultat obtenu dans cette partie de l'entretien. Le rêve est celui de John, dont le résumé et le schéma séquentiel figurent plus haut. Les interventions de l'expérimentateur sont entre parenthèses tandis que les réponses du sujet apparaissent en italiques. Cet entretien a eu lieu il y a de nombreuses années et ma manière de le mener serait aujourd'hui un peu différente. En particulier, je pousserais le sujet à reformuler plus d'éléments de son rêve en termes de catégories générales et de fonction.

(La scène où vous survolez la montagne?) *Sérénité, contrôle, « everything under control ». Je vais où je veux, je me fais plaisir.* (Vous êtes dans votre sérénité, mais les autres sont complètement perdus.) *Voilà. Ils sont tous perdus, c'est le cafouillage.* (Si c'était une fable, elle pourrait s'intituler l'aigle et les fourmis?) *Non, il y a une connotation négative qu'il n'y avait pas dans le rêve. J'ai la solution, je vais la donner, mais c'est impossible d'expliquer à tout le monde d'un seul coup.*

(La scène de la dispute, c'est une scène désagréable). *C'est une altercation (dans laquelle) je ne suis pas du tout impliqué. C'est la volonté délibérée d'un beau-père* (... en termes plus généraux : *d'une figure paternelle...*) *... de minimiser stupidement, méchamment son beau-fils.*

(Et la scène de la patinoire?) *Je regarde et ma réaction est de satisfaction profonde, de sérénité à nouveau* (... de voir que ça marche?) *Exactement. Contrairement à ce que tout le monde avait dit, j'ai trouvé la solution, j'ai rendu la chose possible. C'est l'opposé de «C'est impossible».* (C'est une séquence qui met en scène l'idée qu'une solution est possible?) *Oui. Dans le rêve ça marche dans beaucoup de domaines, aussi bien pour les gars qui sont perdus que pour la patineuse.*

(La séquence quatre, prendre le téléphérique pour aller rejoindre votre amie et dîner, est-ce retourner à une relation harmonieuse, reformer le couple? Vous insistez sur le confort, c'est un confort moral?) *Oui, parce que ce qui est bien dans cette histoire, c'est que j'ai fait quelque chose, moi.* (C'est important de le communiquer à votre amie?) *La période où je lui ai cassé les pieds en cherchant une solution est finie, ça marche, il faut vivre.* («Il faut vivre» résume la quatrième scène?) *Non, ce n'est pas «Il faut vivre», c'est : «Maintenant, j'ai le temps de vivre!» C'est drôle, dans ce rêve, je ne fais que des trucs qui me plaisent!*

A partir d'un tel travail, il est possible de faire ressortir l'enchaînement des situations. Au bonheur de survoler les difficultés et de posséder la solution qui permettra aux autres de s'en sortir (situation 1) succède le soulagement de ne pas être impliqué dans un conflit familial entre générations (situation 2). Puis, en contraste avec ce conflit, c'est une variation sur le premier thème qui apparaît (posséder la solution des problèmes des autres, situation 3). Mais la représentation du thème a évolué, en ce sens que le sujet a la satisfaction de voir les effets de la solution donnée. Enfin, le sentiment assez euphorique de réussite se poursuit par la représentation d'une montée vers des sommets qui permettra une sorte de communion avec l'être aimé (situation 4).

Par rapport à l'association libre ou à une recherche de métaphores dans le rêve, cet exercice diffère en ce que l'on cherche toujours à rester aussi près que possible de l'élément du contenu manifeste du rêve. Voici un autre exemple résumé.

Il s'agit de la troisième scène d'un rêve. A l'intérieur d'une grande pièce, longue et rectangulaire, au parquet lisse et où tout est bas, le sujet voit simultanément trois spectateurs à genoux et, sur une estrade à l'orientale, trois acteurs vêtus comme les spectateurs, mais avec des masques («noirs et épurés») qui leur cachent tout le visage. Le thème de la pièce jouée est celui d'un mari qui doit sacrifier son épouse. Le rêveur trouve cela déchirant.

Voici le résumé de la reformulation. L'élément reformulé est désigné entre parenthèses et la reformulation est résumée en caractères italiques.

(Salle longue aux murs et au parquet lisses, avec une estrade basse). *Un lieu dépouillé où rien dans le décor n'accroche l'attention, qui peut se focaliser sur la pièce.*

(Spectateurs au nombre de trois, habillés comme les acteurs). *Ambiance intimiste permettant une observation attentive, et dans laquelle spectateurs et acteurs sont proches.*

(Masques). *Ils permettent d'être attentif à l'histoire, d'aller au cœur de l'expérience : le sacrifice. L'apparence n'a pas d'importance, c'est le sens qui en a.*

(Le type de relations humaines). *Il n'y a pas d'interactions, si ce n'est le partage de l'émotion d'une représentation artistique, d'une mise en scène rituelle.*

(En résumé, et par rapport à la scène précédente où le rêveur, la mort dans l'âme, portait une femme qu'il devait mettre à l'écart). *C'est une mise à distance, une transposition esthétique de la scène précédente, de la problématique de la séparation. Je ne suis qu'un simple spectateur, il y a projection, c'est joué par d'autres.*

On trouvera au chapitre 8 une analyse de résultats obtenus à l'aide de la reformulation en termes génériques.

RÉSUMÉ ET CONCLUSIONS

La méthode décrite dans ce chapitre donne l'occasion d'obtenir un récit de rêve et de le fixer dans la mémoire du sujet (récit nocturne), fournit les conditions optimales pour une communication claire et complète du contenu onirique (récit du lendemain), permet d'obtenir des souvenirs susceptibles d'être à la source du rêve (recherche des résidus du vécu), produit un résumé précis de la séquence des événements représentés en rêve (élaboration du schéma séquentiel) et enfin pousse le sujet à décrire les significations liées au contenu onirique et les thèmes traités dans celui-ci (reformulation en termes génériques).

Pour obtenir ces résultats, l'expérimentateur doit avoir une démarche systématique, mais ouverte. Il doit être clair quant au but de chaque partie et parfois rappeler la consigne en cours de route. Par exemple, lorsqu'une description de souvenir lié au contenu du rêve est faite dans la première partie de l'entretien (description du rêve), on avertira que cela fera l'objet d'une seconde partie de l'entretien, et qu'il ne s'agit pas de décrire la source (par exemple la chambre du sujet telle qu'elle est en réalité), mais bien la représentation onirique. De même, lors de la recherche de souvenirs, on doit être certain que la description du sujet porte sur l'épisode vécu et non sur celui du rêve. En dépit des précautions que l'on peut prendre, chaque partie permet d'enrichir les autres, ce qui est tout à fait positif. Ainsi, de nouveaux souvenirs peuvent apparaître au cours de la partie reformulation, ou de nouveaux détails sur le contenu du rêve peuvent être donnés lors de cette reformulation ou au cours de la recherche de souvenirs.

L'attitude de l'expérimentateur doit être empathique, tout en gardant assez de neutralité pour ne pas mettre du poids sur certains éléments au détriment d'autres et pour ne pas créer ou augmenter la charge affective attachée à certains contenus. Il s'agit d'une coopération entre deux personnes, dont une seule — le sujet — peut donner les réponses adéquates aux questions, sans avoir l'impression que l'autre en sait plus que lui.

Le prix à payer pour obtenir les données fournies par les diverses parties de la méthode est assez lourd. Selon la longueur du rêve, l'intérêt du sujet et sa facilité de verbalisation, deux à quatre heures environ seront consacrées à l'entretien concernant un seul rêve. C'est dire que cette méthode convient pour de la recherche approfondie, mais certainement pas pour de la recherche «économique», fournissant rapidement des données faciles à traiter. Mais les données sont si nombreuses qu'elles se prêtent à l'étude de cas, ou à une étude sur un nombre réduit de sujets. On peut aussi utiliser les mêmes protocoles pour divers buts : l'étude des sources mnésiques, celle de l'attribution de sens, l'analyse des préoccupations professionnelles en rêve, etc.

Avec une telle méthode en quatre partie, j'ai conscience de proposer une technique originale de recueil de données. Il est certain que plusieurs aspects de la méthode ont été pratiqués sporadiquement par bien d'autres auteurs, sans toutefois utiliser les mêmes consignes. C'est le cas pour la description du lendemain et la recherche de souvenirs. Mais seule ma méthode procède de manière aussi systématique sur ces deux points et sa partie de reformulation en termes génériques est complètement inédite par la consigne qu'elle propose. De plus, aucune autre méthode à ma connaissance ne donne des critères aussi précis pour l'élaboration d'un schéma séquentiel. Et surtout, c'est l'addition de ces diverses parties qui est originale et qui donne au total des données extrêmement riches sur le rêve et les connaissances connexes.

Si la recherche psychologique vise à cerner au plus près ce qu'est un rêve, elle ne peut à mon avis se fonder sur une remémoration spontanée intervenant le lendemain ou plus tard, ni sur un récit obtenu la nuit, trop ambigu et incomplet. D'où la nécessité des deux parties de la méthode consacrées à la description du rêve. Par ailleurs, sachant que le rêve puise en partie ses aliments dans la mémoire épisodique du sujet, une partie systématique sur les souvenirs liés aux contenus du rêve paraît indispensable. De plus, une reformulation du récit de rêve dans les termes de significations générales englobant les significations particulières représentées dans le contenu onirique enrichit considérablement la compréhension du rêve et fait ressortir sa structure thématique. Un résumé distinguant clairement la séquence des événements, grâce à la constitution d'un schéma séquentiel, fournit la base nécessaire au travail de reformulation. C'est donc l'ensemble des quatre parties de la méthode qui s'impose pour une étude approfondie — et peut-être aussi pour une utilisation pratique — des rêves.

Chapitre 4
Précisions sur les aspects du rêve observables par le rêveur : modalités de représentation, espace, temps et organisation séquentielle

Continuant dans ce chapitre la description des caractères observables du rêve pour les rêveurs, description commencée au chapitre 1, nous allons aborder le thème des modalités de représentation en rêve, puis celui de l'espace et du temps pour terminer avec la question de l'enchaînement séquentiel des scènes du rêve. Cette description nous entraînera nécessairement à évoquer des processus psychologiques inobservables qui produisent les caractères observables, mais nous en resterons dans ce chapitre à faire ressortir les aspects les plus généraux des représentations pendant le sommeil. Qu'est-ce au juste que la pensée vise à produire (ou parvient à produire) pendant que nous dormons ? C'est ce que nous résumerons dans les conclusions du chapitre.

LES MODALITÉS DE REPRÉSENTATION EN RÊVE

Nous allons nous intéresser aux deux principales modalités de représentations oniriques : les images visuelles et les images auditives, ces dernières incluant partiellement le langage. De plus, nous soulignerons le fait qu'un contenu de rêve peut n'être représenté dans aucune modalité. Auparavant, nous nous demanderons quelles sont les relations entre perception et rêve, car, quelles que soient les modalités utilisées, un rêve se présente toujours sous la forme de perceptions hallucinées.

La perception

En principe, on ne perçoit pas le monde extérieur lorsqu'on rêve. Cependant, nous avons vu que, pour beaucoup d'auteurs du XIXe siècle, les rêves ont à leur origine des sensations, soit extéroceptives (venant du dehors), soit interoceptives. De plus, la précision parfois extraordinaire des impressions reçues en rêve ainsi que la conviction du rêveur de les percevoir posent le problème des relations entre rêve et perception. Nous voilà donc face à deux questions. D'une part, les données sensorielles fournissent-elles des aliments au rêve ? D'autre part, le rêve est-il une forme de connaissance proche de la perception ?

Bien que la sensibilité aux stimulations sensorielles soit faible (seuil perceptif élevé) pendant le sommeil et plus particulièrement le sommeil paradoxal, certaines données des sens sont enregistrées et traduites en représentations du rêve. Sans remonter à Hippocrate, ni à Maury, on trouve d'assez nombreux exemples de traduction de stimuli somatiques dans les images du rêve. Piaget, par exemple, s'endormant la main sur l'artère carotide, voyait en rêve un ruisseau coulant par saccades ou un cheval au galop, et chaque fois le rythme correspondait au rythme des pulsations du sang dans ses artères (Piaget, 1945). Par ailleurs, le fait d'avoir les membres liés peut provoquer des contenus de rêve en rapport avec la difficulté de se mouvoir (Vold, 1896, cité par Hobson, 1992). Un passage du rêve de Christophe, résumé dans le chapitre 1, peut s'expliquer par un tel phénomène. La scène se déroule dans un hôpital et le sujet, emprisonné dans une camisole de force, tombe et demande qu'on le relève. Or, lors d'un de ses réveils, Christophe avait un bras immobilisé par les fils reliant les électrodes à un boîtier.

Beaucoup de gens ont, dans leur sommeil du matin, rêvé d'une cloche, d'un appel téléphonique ou de coups de klaxon, qui s'intégraient au contenu du rêve en cours et traduisaient en fait la sonnerie de leur réveil. Maury a donné des exemples où les sensations de chaleur ou l'odeur d'un parfum semblaient clairement à l'origine du rêve fait par la suite. Dans les premières années de la recherche expérimentale sur le rêve, plusieurs auteurs ont étudié l'intégration de données perçues dans le contenu du rêve en cours : Berger (1963) prononçait des mots, Dement & Wolpert (1958) giclaient de l'eau sur la peau du rêveur, Rechtschaffen & Foulkes (1965) présentaient des stimuli visuels à des sujets dont les paupières étaient maintenues ouvertes pendant le sommeil. Dans l'ensemble, une partie des contenus de rêve comporte des indices de l'enregistrement des stimuli présentés. Cependant, à ma connaissance, on ne représente jamais directement la stimulation — si l'on excepte le fait signalé par Foulkes (1985) que les stimuli sont très peu modifiés chez les jeunes enfants, les rares fois qu'ils les intègrent dans leur rêve. Chez l'enfant plus âgé et l'adulte, l'eau versée sur la main ou le visage, par exemple, peut se traduire en rêve par la présence d'un cours d'eau, d'une inondation, de l'action de boire, etc. Et c'est au plus dans un cas sur quatre que de tels indices ont pu être retrouvés. La majorité des contenus de rêve ne s'explique donc pas par des stimulations perceptives.

Il reste à savoir si les images mentales du rêve s'appuient sur des processus semblables à ceux de la perception. Quelques expériences semblent montrer que l'on se comporte, face aux images du rêve, comme devant un spectacle perçu. Ces recherches affirment l'existence d'une relation entre les mouvements oculaires pendant le sommeil paradoxal et les mouvements supposés des yeux d'après le contenu du rêve (par exemple, Dement & Wolpert, 1958; Herman, Erman, Boys, Peiser, Taylor & Roffwarg, 1984). C'est ce qu'on appelle l'hypothèse du balayage oculaire, hypothèse que n'ont pas confirmée d'autres recherches. La présence de mouvements oculaires rapides chez des aveugles de naissance qui ne visualisent rien en rêve tend à infirmer la présence d'un lien entre ces mouvements et le balayage oculaire des éléments représentés en rêve. Enfin, Aserinsky (1986, cité par Hunt, 1989) a montré que les mouvements oculaires du sommeil paradoxal diffèrent par leur vitesse, leur caractère abrupt, etc., des mouvements des yeux effectués à l'état de veille.

Une recherche d'un autre type, souvent citée, tend à montrer l'existence de la reproduction en rêve de ce qui a été perçu. Il s'agit de l'expérience de Roffwarg, Herman, Bowe-Anders et Tauber (1978) sur l'effet du port de lunettes à verres rouges. Dans la nuit qui suivait, les sujet percevaient du rouge dans leurs rêves de la première phase paradoxale et cet effet s'étendait aux phase suivantes après trois jours. Plus récemment, de Koninck, Prevost et Lortie-Lussier (1996) ont fait porter à leurs sujets pendant plusieurs jours des lunettes à prisme inversant la relation haut-bas du champ visuel. Seuls quatre sujets sur huit ont incorporé dans leurs rêves l'inversion du champ visuel. En revanche, la proportion de contenus de rêves représentant des difficultés du rêveur à voir ou à se mouvoir ou représentant des mésaventures a augmenté de manière significative après le port des lunettes.

On retrouve ici une observation faite à propos de l'intégration des stimuli pendant le rêve : les données perceptives, dans la majorité des cas, sont transposées et utilisées au service du scénario en cours. Cela fait dire justement à Foulkes (1985) que le rêve détermine ce qui va advenir du stimulus plutôt que le stimulus ne détermine le rêve. Mais cela ne tranche pas complètement la question de la similitude entre rêve et perception. Si les recherches sur l'intégration des données perceptives immédiates ou différées ne sont pas concluantes à cet égard, il n'en reste pas moins des arguments qui parlent en faveur de cette similitude. Le premier argument, c'est la précision et le réalisme de certains contenus de rêve, qui restituent fidèlement la forme et la texture des choses, les traits de visages, les musiques entendues, etc. Or, nous aurions peine à évoquer si fidèlement ces contenus avec notre imagination vigile. Je donnerai plus loin un exemple d'audition d'une phrase musicale en rêve. Lors de l'exposé de ma méthode (chapitre 3), on a pu voir illustré le sentiment de présence d'éléments perçus (rêve de l'escalier). J'ajouterai ici un autre exemple de la précision de ce qui est visualisé en rêve (figure 3). Il s'agit d'un dessin exécuté (sans compétences graphiques particulières) par un sujet qui a vu en rêve une guitare. Cette vision correspond à un point de vue précis : le sujet voit la guitare de trois-quarts, comme s'il se situait de côté. Non seulement la forme générale de la guitare apparaît, mais encore le détail d'un dessin en arabesques qui marque l'emplacement où devrait être le trou de résonance. En outre, le rêveur voyait distinctement qu'une partie de ce dessin en arabesques avait été entaillée et que l'entaille avait un profil en biseau.

On ne peut donc nier que l'expérience perceptive fournit des éléments au rêve, comme le confirme la recherche sur le port de lunettes colorées citée plus haut. Un autre argument en faveur du caractère plus proche de la perception que de l'imagination de contenus de rêves est la présence de mouvements représentés dans les rêves d'enfants de moins de 8 ans. Or, à cet âge, il est très difficile de représenter les mouvements par un acte volontaire et analytique d'imagination (Piaget & Inhelder, 1966). Tout cela confirme la thèse de certains auteurs, comme Kosslyn dans ses premiers écrits (cité par Hunt, 1989), pour qui l'imagerie du rêve réutilise des processus de perception visuelle.

Cependant, il existe aussi beaucoup d'arguments montrant que le rêve ne ressemble pas à un acte perceptif. C'est Foulkes (1985) qui a le mieux combattu la thèse du rêve-perception. Il remarque d'abord que les contenus de rêves sont originaux et ne reproduisent pas simplement le connu. De plus, les aveugles de naissance ont des rêves aussi riches en événements, personnes et objets que les rêves des voyants et ces rêves ne se limitent pas à des sensations de toucher ou à l'audition. Quant aux personnes ayant perdu la vue après l'âge de 7 ans, elles peuvent visualiser en rêve des choses qu'elles n'ont jamais vues. Les déficits perceptifs visuels ne limitent donc pas les représentations oniriques. En revanche,

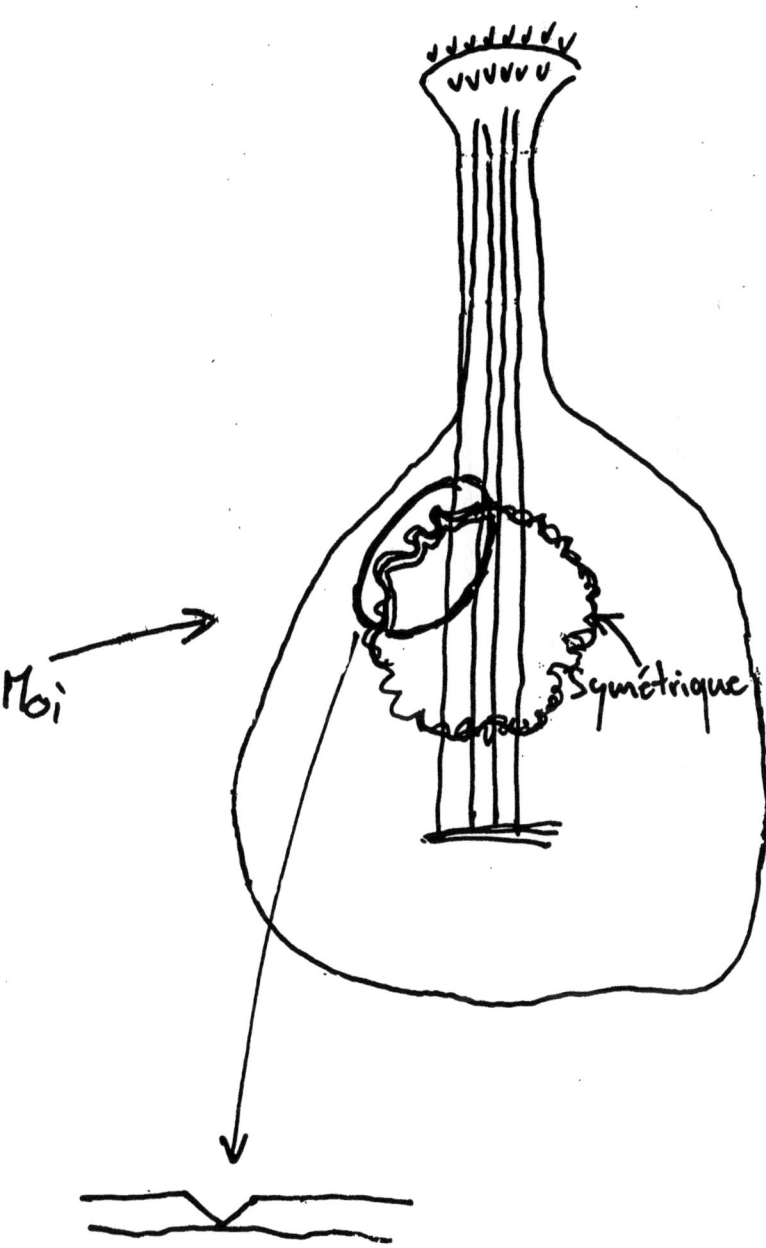

Fig. 3 — Dessin de Luis : la guitare de son rêve.

les déficits de l'imagerie mentale affectent la production de rêve, comme cela apparaît chez des sujets souffrant du syndrome de Turner (déficit de l'image mentale cinématique et dans les tâches d'organisation spatiale). Ces personnes à la perception intacte ont peu de rêves et une grande pauvreté d'images oniriques. Réciproquement, de bonnes capacités de rappel du rêve chez l'adulte et la richesse des rêves chez l'enfant sont en corrélation avec la réussite à des épreuves de représentation imagée, en particulier les cubes de Kohs. Rappelons que, dans ce test, le sujet doit construire une figure géométrique avec des cubes dont les faces sont soit monocolores, soit bicolores (par exemple la diagonale sépare une moitié bleue et une moitié blanche). En conclusion, selon Foulkes, les représentations oniriques reposent sur l'ensemble de nos connaissances plutôt que sur la perception et elles sont en étroite relation avec nos capacités d'élaborer des images. Il s'agit là d'une thèse diamétralement opposée à celle qui est développée dans le paragraphe précédent. Je prendrai position à ce sujet dans la section suivante consacrée aux images.

Les images visuelles

Matériau principal mais non exclusif des rêves, les images visuelles ont été étudiées en psychologie pendant l'état d'éveil. Des auteurs comme Werner & Kaplan (1967) et Arnheim (1976/1969) ont mis en lumière le phénomène de décomposition des configurations connues et de recomposition nouvelle au moment de la constitution d'une image mentale. Un tel processus explique la possibilité de représentations imagées totalement originales, par suite d'un réagencement nouveau d'éléments connus. D'autres recherches montrent la possibilité de générer des images de choses absentes avec leur caractère tridimensionnel, de les inspecter et de les mouvoir mentalement (Shepard & Cooper, 1982). Les modèles récents distinguent les images spatiales qui portent sur la taille, l'orientation et la localisation des choses représentées et les images figurales qui rendent compte des propriétés de forme et de couleur (Kosslyn, 1994). On prend conscience actuellement de l'importance de la motricité (planification ou contrôle de mouvements) dans l'imagerie de transformations et du fait que les connaissances du sujet jouent un rôle dans la formation et la rétention des images (Bideaud & Courbois, 1998). Ces deux derniers points avaient déjà été mis en avant par Piaget dans sa conception de l'image mentale (Piaget & Inhelder, 1966).

Les couleurs ne sont généralement mentionnées que pour certains éléments à la couleur frappante, mais elles sont présentes dans la grande majorité (80 %) des rêves (Kahn, Dement, Fisher & Barmack, 1962; Rechtschaffen & Buchignani, 1983). Il y a parfois un effet de dominance d'une teinte et la luminosité, généralement normale, peut varier du clair au sombre, sans rapport avec la luminosité habituelle des lieux qui ont inspiré le décor du rêve. Il existe donc, au sein des processus d'élaboration onirique, un processus de réglage et transformation de la luminosité des contenus représentés.

Ce qu'il semble important de relever, c'est la présence de diverses qualités d'images. Il existe un continuum entre des images d'une netteté et d'un réalisme extrême (les plus courantes selon Rechtschaffen et Buchignani, 1992) et des évocations floues, à peine esquissées. Il arrive ainsi que le premier plan soit représenté très clairement tandis que l'arrière-fond reste indistinct ou qu'un aspect des contenus (par exemple, le visage d'une personne) ne soit pas représenté. Au vu de cette variété, je suis prêt à accepter la thèse de Hunt (1989), qui reprend une idée de Neisser, selon laquelle certains contenus imagés sont très liés à la perception tandis que d'autres relèvent d'une imagerie mentale guidée par d'autres processus cognitifs. Dans cet ordre d'idées, les résidus d'expérience perceptive fourniraient des configurations et certains éléments précis, tandis qu'un mode de construction plus schématique construirait les images et les scènes dans leur totalité.

Au total, ce qui frappe dans les visualisations pendant le sommeil, c'est l'extraordinaire variété des types d'images selon les scènes de rêve et aussi dans une même situation onirique. La visualisation peut porter sur un seul objet ou sur une quantité de personnages ou d'éléments inanimés. Elle peut comporter des couleurs nettes et frappantes ou des colorations peu contrastées et ternes. Elle restitue avec précision et sentiment de présence certains éléments tandis que d'autres sont beaucoup plus flous. Au sein d'une même scène de rêve, ces divers aspects peuvent coexister. Les représentations picturales ou photographiques des rêves ne rendent guère ce double aspect précis et flou ainsi que la coexistence de contenus détaillés et de lacunes complètes. Un peintre comme Magritte, par exemple, dont les œuvres ont souvent été qualifiées d'oniriques par les critiques d'art, affirmait qu'il n'en était rien car ses tableaux étaient d'une grande précision et ne traduisaient pas l'aspect flou des rêves. Certaines œuvres de Chagall ont incontestablement un caractère onirique, avec leur assemblage surprenant d'éléments, leurs parties vaguement esquissées et de nombreuses bizarreries. Mais elles offrent des ensembles par trop chaotiques et dispersés pour ressembler au monde simulé par les rêves.

Audition et langage

Venant en second lieu par ordre de fréquence dans les rêves, les impressions auditives peuvent simuler des bruits, de la musique ou du langage. Même des personnes très intéressées par l'aspect visuel des choses peuvent avoir de nombreuses impressions auditives dans leurs rêves. Un de nos sujets, par exemple, peintre de sa profession, a fait un rêve où il entend d'abord un curieux rythme frappé sur une cuve de métal, puis des bruissements qui semblent traduire la présence d'une personne dans la pièce voisine, et enfin les aboiements de son chien (qui, dans la réalité, n'aboie pratiquement jamais). Loin de supplanter les éléments visuels, ces bruits les accompagnent. Pendant que le rêveur entend le rythme, il voit une cuve dont il pourra décrire la forme et la couleur, et lorsque les aboiements de son chien se font entendre dans le rêve, le sujet visualise l'animal qu'il situe dans une autre pièce que celle où il se trouve.

La présence de musique entendue en rêve démontre combien les impressions auditives peuvent être complexes, précises et fidèles à ce qui a été perçu. A l'âge de 15 ans, je me souviens avoir passé plusieurs semaines chez un oncle et une tante et profité de ce séjour pour écouter leurs disques. Une nuit, j'ai entendu en rêve un passage musical plein de dynamisme, et je sautais en rythme sur cette musique, partiellement délivré du sentiment de pesanteur. Le lendemain, il m'a fallu écouter plusieurs disques avant de découvrir que la mélodie entendue en rêve était un extrait des danses du « Prince Igor » de Borodine. Ce genre d'observation montre non seulement les possibilités étonnantes de remémoration en rêve, mais encore la fidélité de certains contenus oniriques à ce qui a été perçu.

Quant aux contenus verbaux, ils apparaissent dans la majorité des rêves, mais ne représentent qu'une petite partie des éléments représentés. Strauch & Meier (1992) trouvent que deux tiers des 500 rêves qu'elles ont étudiés contiennent des activités verbales et que ces verbalisations représentent 30 % de toutes les activités représentées en rêve. Le langage peut apparaître de deux manières différentes en rêve, avec en outre des intermédiaires entre les deux. D'une part, on peut entendre des mots et des phrases qu'il est possible de reproduire au réveil. A part de rares exceptions de néologismes qui résultent de la condensation de deux mots, le contenu verbal des rêves est correct d'un point de vue sémantique et aussi syntaxique (Heinick, 1986) et plutôt banal. Cela prouve que les processus de production langagière fonctionnent généralement tout à fait normalement pendant le sommeil. D'autre part, on peut avoir en rêve l'impression de participer ou d'assister à un échange verbal, par exemple à un dialogue, sans entendre un contenu verbal précis. On retrouve donc ici la dualité, déjà observée à propos des images visuelles, entre la représentation réaliste et fidèle et la représentation floue ou lacunaire.

Comme les images, les mots peuvent être utilisés en rêve à titre de signifiants liés indirectement à une signification. Les jeux de mots en rêve sont bien connus et je donnerai un exemple d'un de mes propres rêves. Je m'y voyais à la recherche de mon grand-père paternel dans des rues de Genève qui ne ressemblaient nullement aux rues réelles de cette ville. Au réveil, à deux heures du matin, je résume ce rêve par les mots suivants, que je crois avoir prononcés en rêve : « Je cherche mon grand-père à la rue Etienne Dumont ». Plus tard, me demandant pourquoi le nom de la rue Etienne Dumont m'était venu en rêve, je découvris une homophonie entre ce nom et celui de mon grand-père. Il se prénommait Etienne et les Montangero viennent d'un hameau perché sur une colline (un mont). Par ailleurs, notre plus vieil ancêtre connu signait les documents d'un nom qui, traduit en français, pourrait signifier « du Mont Roger ». Voilà pourquoi mon grand-père pouvait être nommé Etienne du Mont, en homophonie parfaite avec le nom de la rue de Genève. Cette manière de nommer mon grand-père ainsi que la ressemblance avec le nom de la rue ne m'étaient jamais apparues à l'état de veille.

Il est encore une autre manière pour le langage d'apparaître dans les rêves : à travers la traduction visuelle de contenus verbaux. Voici un exemple de ce phénomène dont Freud avait souligné l'existence et sur lequel Lacan a passablement insisté. Dans un de nos rêves, le sujet se voyait suivant de près une personne attrayante dans le dédale d'une maison, passant des portes munies de rideaux. A chaque fois qu'il passait une porte, il attachait le rideau au moyen d'un cordon. Racontant son rêve, il demanda comment s'appelait ce genre de cordon et le mot lui revint à l'esprit : « embrasse ». Il était très amusé à l'idée que chaque fois qu'il s'approchait dans son rêve de la personne attrayante — à laquelle les convenances l'empêchaient de manifester dans la vie réelle sa tendresse et son désir —, il avait une représentation du mot « embrasse ». On a ici un cumul de la désignation par homophonie, déjà illustrée ci-dessus, et de la représentation visuelle d'un mot.

Le dernier problème à soulever à propos du langage est celui de savoir si les processus de production verbale jouent un rôle dans l'organisation des représentations du rêve dans son ensemble, donc si ces processus, d'abord destinés à organiser les verbalisations, aident à structurer des représentations non verbales. C'est une thèse avancée par Foulkes

(1978; 1985), mais que je ne trouve pas très probante car, à mon avis, les représentations oniriques ne peuvent être assimilées à des éléments verbaux.

Le « connu non perçu »

Je ne développerai pas de remarques à propos des autres modalités de représentations en rêve, mentionnées dans le premier chapitre de ce livre : les impressions de mouvement, de vol ou de chute, le toucher et d'autres impressions corporelles, sans parler des rares exemples de goût et d'olfaction. En revanche, j'aimerais insister ici sur l'existence de contenus oniriques qui ne sont représentés dans aucune modalité sensorielle. Il s'agit du phénomène qu'on peut appeler « le connu non perçu ». C'est le cas pour toutes les pensées de la personne qui rêve. Il peut s'agir de commentaires (« Je trouvais cela très drôle »), d'un travail de réflexion (« Je me demandais quel argument je pourrais bien leur opposer »), d'anticipations (« Je sais que quelqu'un va arriver ») ou de prétendus souvenirs (« A ce moment, je me suis rappelé qu'il y avait un passage secret »). J'exclus de cette catégorie d'éléments connus non représentés les pensées, anticipations et souvenirs qui sont accompagnés d'une visualisation, comme cela peut arriver (« Je pensais que ma grand-mère devait m'attendre chez elle et je la vis devant sa maison »).

Un autre ensemble d'éléments connus non représentés consistent non pas en pensées, mais en entités concrètes : objets, personnes ou activités qui sont présents dans le rêve sans qu'on les voie : « Je savais que la cuisine était très grande derrière moi, mais je n'ai jamais vu cette partie de la pièce »; « C'est le professeur X qui donnait le cours. A aucun moment je ne l'ai visualisé »; « J'ai échangé quelques mots avec cette personne, mais je serais incapable de décrire son visage ».

Il y a donc là une entorse au principe de figurabilité décrit par Freud. Les raisons de cette absence de figuration n'ont, à ma connaissance, jamais été étudiées. On peut faire trois hypothèses à ce sujet. Dans une perspective empiriste, on pourrait penser qu'un contenu onirique n'est pas représenté parce qu'il est mal connu du point de vue perceptif. Ainsi, c'est parce qu'on n'aurait jamais regardé attentivement une personne qu'on ne représenterait pas son visage. Cette hypothèse n'est pas très convaincante, quand on connaît la possibilité de représenter en rêve des visages inconnus, ou de retrouver facilement des contenus perçus une fois seulement à l'état de veille. Deuxièmement, d'un point de vue freudien mettant en avant le phénomène de censure, l'absence de représentation au sens strict tiendrait à ce que le rêveur a des sentiments négatifs vis-à-vis d'un élément du rêve — ce serait une sorte de refoulement. Cela n'explique en rien pourquoi certains éléments qui paraissent totalement neutres, comme une partie de salle, ne sont pas «perçus». Et, de toute façon, nous avons déjà vu que la théorie du refoulement est tout simplement impossible à discuter et valider, car comment affirmer ou infirmer qu'une signification n'est pas liée à l'inconscient, c'est-à-dire à ce qui est par définition inconnaissable? La dernière hypothèse que je ferai à propos du «connu non perçu» en rêve reste assez vague. En vertu d'un principe d'économie visiblement à l'œuvre dans les processus d'élaboration des rêves, la représentation onirique s'en tient à un nombre limité d'éléments et néglige de traduire d'autres dans une modalité perceptive. Seule une recherche sur ce sujet permettra de mieux comprendre les conditions régissant ce phénomène.

L'ESPACE ET LE TEMPS DU RÊVE

L'espace

La simulation de l'espace est excellente en rêve. Les images oniriques reconstituent l'impression de vision tridimensionnelle et elles recréent des points de vue divers : un contenu (y compris la représentation du rêveur lui-même) peut être vu de face, de profil, de trois-quarts ou de dos. Les dimensions sont variées et peuvent donner une impression de petitesse ou au contraire de grandeur. Enfin, il est probable que toutes les configurations imaginables puissent être produites en rêve. Nous n'avons dans mon équipe esquissé que deux petites études sur l'espace du rêve : l'une sur la représentation de paysages, l'autre sur l'importance relative des localisations intérieures et extérieures.

La représentation de paysages en rêve

Amené à parler du rêve dans un congrès sur le thème du paysage (*La rappresentazione del paesaggio*, Université de Turin, octobre 1996), je me suis rendu compte qu'il fallait commencer par me donner une définition de ce qu'est un paysage. Le sens et l'usage de ce concept varient en effet énormément d'un auteur à l'autre et d'une discipline à l'autre. Je propose de définir le concept de paysage par trois aspects principaux. En premier lieu, les éléments de nature dominent. Certes, un paysage peut porter la marque de l'homme dans la végétation ainsi que par la présence d'éléments non naturels comme les routes, ponts et maisons. Toutefois, dans son sens premier, le paysage est composé en majorité d'éléments naturels et c'est par une extension de ce concept que l'on peut parler de « paysage urbain ».

Deuxièmement, le paysage a une étendue importante et comporte un ensemble d'éléments variés. La troisième caractéristique du concept de paysage concerne notre attitude à son égard. Il s'agit d'une attitude de contemplation. Face à un paysage, nous le regardons, le plus souvent en appréciant l'esthétique, l'agrément ou le degré de familiarité. Si d'autres types d'interaction sont envisagés, par exemple quand le paysage est considéré d'un point de vue utilitaire, on emploie d'autres termes que celui de paysage.

Que peut-on dire de la vision de paysages dans le rêve ? Tout d'abord que dans le sens strict défini ci-dessus, une statistique sur un échantillon de 40 rêves (20 recueillis en laboratoire, 20 au domicile des sujets, avec la même technique) a été effectuée dans notre équipe par Pierre Willequet. Sur un total de 73 lieux représentés, la moitié sont extérieurs et, parmi ceux-ci, on note deux fois plus de cadres urbains que de lieux de nature. Ce n'est guère étonnant si l'on songe que nos sujets sont des citadins. Seuls 16 % des lieux de notre échantillon sont des paysages, c'est-à-dire des lieux de nature étendus et visualisés avec assez de précision. Une proportion équivalente constituent des « paysages urbains ».

En quoi consiste donc la majorité des « décors » des scènes de rêve ? On en distingue trois types. Tout d'abord, des ensembles restreints d'éléments construits, comme dans le rêve d'Yvon décrit au chapitre 3 : un sol dallé de pierres avec un escalier creusé dans le sol et une porte au bas de l'escalier. Ou la vision qui suit et porte sur une partie de cloître avec un pré en son milieu. Le deuxième type de décor est constitué d'éléments isolés : une route avec quelques arbres sur le bord, un coin de rue, une place dont on distingue mal les bâtiments ou encore une autoroute surélevée. Il peut s'agir d'un lieu naturel réduit à ce qui est proche : « Je cours dans la jungle, les feuilles et les rameaux me fouettent le visage, je ne perçois rien d'autre ». Dans le dernier type de lieu se classent des éléments non visualisés, par exemple : « Nous sommes dans une rue de L., mais je ne visualise rien de cette rue ».

Revenons aux paysages pour voir, dans quelques exemples, comment ils se présentent et quelle importance ils semblent avoir dans les rêves. Le premier exemple est tiré du rêve d'une assistante de marketing de formation littéraire, âgée de 29 ans, que nous appellerons Sibylle.

Sibylle rêve d'être au volant d'une voiture, son ex-ami à côté d'elle, sur une route sinueuse, dans un paysage inconnu avec des collines, un ciel très bleu et des maisons couleur pastel. Cela lui semble un décor assez lointain, un peu artificiel, comme un décor en carton-pâte de film américain ancien.

Dans le récit nocturne, le paysage a été mentionné spontanément, mais il n'a été décrit qu'à la demande de l'expérimentateur. Il est traité comme un décor, sa fonction étant de fournir un fond («C'est difficile de s'imaginer avec une voiture nulle part», dit Sibylle lors de la reformulation). Il reste «lointain», peu significatif, toute l'attention de la rêveuse étant portée sur les personnes et objets. C'est un décor comme le concevrait un réalisateur de théâtre ou de cinéma. Cet aspect artificiel du paysage est probablement lié au thème traité dans cette scène. L'ex-ami est un individu qui donne une importance primordiale aux apparences, qui veut faire illusion. Tout ce qui entoure la rêveuse n'est pas naturel ni adéquat : voiture trop grande et rapide, ami dépourvu de sentiments affectueux, décor irréel. On notera encore que seuls quelques éléments sont suggérés. Il serait impossible de dessiner un paysage à partir de ces données, les lacunes étant trop nombreuses. Par ailleurs, les éléments sont empruntés à la mémoire (film de cinéma, route réellement empruntée), mais ils sont transformés et non reconnus comme tels.

Le deuxième exemple est extrait du rêve d'Edouard, un acteur de 38 ans.

Récit : *J'étais à la pêche, à la Première corde. C'est une faille dans la falaise dans laquelle on descend pour aller à la pêche. J'ai vu des gens avec des immenses filets. On racle le fond de la mer pour récolter des crevettes...*
(Qu'est-ce que vous visualisez, à propos de cette pêche, quelles images?)
On marche sur cet espace un peu lunaire qui est calcaire, c'est l'espace que découvre la mer quand elle se retire. C'est pas une plage, c'est des rochers calcaire avec des algues, et puis des lacs d'eau, et puis des dénivellations, et puis il y a des rochers plus grands après dans la mer (dessin)
(Ce que vous décrivez, c'est ce que vous avez vu dans le rêve ou bien c'est ce que vous vous rappelez de la réalité?)
C'est ce que je me rappelle de la réalité. Là c'était très sombre.
(Vous les voyez ou non ces rochers dans le rêve ou vous les rajoutez maintenant?)
Et bien, quand je vois les gens avec ces grands filets, alors là je vois le paysage avec les rochers.

Dans le récit spontané de ce rêve, le lieu est mentionné sans être décrit. Ce sont les activités — la pêche — et les objets — les grands filets — qui accaparent l'attention du rêveur tandis que le paysage n'est pas contemplé. Sur demande, il est décrit avec précision, mais il s'agit probablement plus d'une description de souvenir du lieu que de sa représentation en rêve, où il apparaît alors qu'il fait presque nuit. Cependant, quelques éléments du paysage sont visualisés et, dans l'ensemble, la source mnésique (le paysage réel) ne semble pas transformée. C'est qu'il s'agit d'un lieu extrêmement chargé d'un point de vue émotionnel et particulièrement significatif pour le sujet. Le lieu est lié à son père, il établit un trait d'union entre le présent (car le sujet y retourne chaque année) et le passé (des souvenirs d'enfance) et il est associé à des expériences très positives de sentiments d'élévation et de liberté. En effet, au cours de la reformulation, Edouard définit l'endroit comme suit : *Un lieu magique et mystérieux, qui demande un effort spécial pour y aller, accessible seulement un certain nombre de fois dans l'année. C'est l'endroit où on peut aller chercher des choses (comme dans ce travail sur le rêve, chercher des choses en soi). Quelque chose de rare et précieux. Un lieu de confrontation avec les éléments ; c'est magnifique, c'est très beau. On ne parle pas, on ressent un élan spirituel, la possibilité de dire ce qu'on a à l'intérieur de soi.*

Le troisième exemple de paysage se trouve dans la dernière scène d'un second rêve fait par Yvon, l'architecte de 31 ans.

Récit : *Quand ma mère parle de sa mère, il intervient toute une scène, en fait un paysage, tout un ensemble de choses qui se déroulent devant mes yeux : c'est la maison pour personnes âgées où ma grand-mère est morte. C'est en bas de la falaise, au bord du fleuve.*
(Tout ça, vous le visualisez ?)
Oui, c'est très vert, il y a une grande pente verte et puis un grand manoir en bas qui est au bord d'une forêt très dense comme il y en a au bord du Rhône.

Le sujet utilise spontanément le terme de paysage, encore qu'il s'agisse d'une étendue assez restreinte. Ce paysage est emprunté à la mémoire : *Ces rives du Rhône sont exactement comme ça (dans la réalité). Elles m'ont toujours marqué au niveau du paysage par cette espèce de violence qui est très atypique dans le paysage suisse. J'allais souvent me promener là avec des copains, pour le plaisir d'aller dans un endroit un peu sauvage (il y a plus de dix ans).* L'endroit est visualisé avec beaucoup de précision et d'un point de vue spécifique (depuis le haut du pré). La « signification subjective » du souvenir est donnée : c'est le prototype d'un lieu de nature sauvage. Si le paysage est conforme au modèle réel, le sujet y place une maison qui n'y est pas dans la réalité et qu'il serait incongru de situer à un tel endroit. La maison n'a pas de source mnésique précise, mais elle véhicule deux notions : celles d'austérité et de noblesse.

Le quatrième exemple de paysage est la première scène du rêve d'Antoinette, une secrétaire de 38 ans.

Elle arrive en bateau dans le port de New York, voit la statue de la Liberté (qui ressemble en fait à une statuette d'Oscar) et aperçoit des maisons qui ressemblent à ce qu'on voit depuis la Tamise à Londres. Elle se dit que si elle levait les yeux, elle verrait les gratte-ciel. «Peut-être que je ne levais pas la tête parce que Manhattan, c'est la vue qu'il faut voir. Je résistais à l'injonction. Il est important des fois de changer de point de vue pour voir une autre partie de la situation.»

Dans ce rêve, la vision du paysage est extrêmement partielle. Elle se borne à un repère (une statue représentant la statue de la Liberté qui elle-même symbolise New York), à la perception de quelques bâtiments au bord de l'eau et à la « connaissance » qu'il serait possible de voir des gratte-ciel (voilà un exemple de «connu non perçu»). Le rêve offre un exemple de condensation ou plutôt d'amalgame d'éléments de sources diverses : une statue liée à la ville de New York et la conviction qu'il s'agit de cette ville d'une part, et des maisons de Londres d'autre part. Notons la négation de l'attitude attendue devant un paysage. La rêveuse, refusant la convention, évite de regarder les gratte-ciel.

Le dernier exemple de paysage vu en rêve est tiré du protocole de Manon, une femme peintre de 50 ans.

Récit : *Il pleut très fort, c'est la nuit, et (soudain) je me rends compte que je suis dans une forêt d'antennes extraordinaires que je connais d'ailleurs — c'est une image que j'ai pas inventée — qui se situent près de R. Ce sont des antennes sculptures, vraiment fantastiques, de toutes formes et je me retrouve là-dedans comme si c'était là que je devais être pour simplement regarder. Puis, bon, vous m'avez réveillée... Elles sont reliées entre elles comme des réseaux de fils, ça fait comme des toiles d'araignées et c'est fabuleux à voir dans cette semi-obscurité. Il y avait comme du givre sur les fils... Elles sont comme dans la réalité, dans mon rêve. Je peux dire qu'il n'y a pas de transposition... J'avais le sentiment d'être petite face à l'immensité de... C'est un objet qui fait partie de mes recherches (picturales), c'est donc quelque chose qui me touche.* Dans la reformulation du rêve, Manon dira : *C'est la beauté de l'art.*

Contrairement à l'exemple précédent, l'attitude du sujet est celle qu'elle pourrait avoir devant un beau paysage. Elle se trouve dans la nature, elle contemple et parle d'une «forêt» d'antennes. Les constructions humaines remplacent les éléments naturels. Pour ce qui est des sources mnésiques, le rêve reproduit un spectacle vu dans la réalité et le sujet semble surpris qu'il n'y ait pas de transposition, ce qui en effet est rare dans les rêves. Mais cet ensemble d'antennes est-il exactement comme dans la réalité ? D'une part, c'est la nuit alors que ces éléments ont été vus de jour, d'autre part, les ballons rouges posés sur les fils ont disparu. A leur place, des gouttes de rosée ou de givre. Il s'agit d'une touche esthétique et d'une adéquation au contexte du rêve, car la scène a commencé sous la pluie. Ce «paysage» a un fort impact sur la rêveuse, car il se rattache à ses préoccupations professionnelles de peintre et à son idée que la technique peut être de l'art. Quant à la route, elle n'est pas située dans un paysage précisé, mais elle suggère très fortement une région, un pays, au sujet : c'est un symbole de l'aspect net, organisé et petit de la Suisse.

Ces cinq exemples de représentations oniriques, trois évoquant des paysages naturels et deux des paysages artificiels, montrent combien ces représentations peuvent être variées dans leurs caractéristiques, leur importance relative pour le sujet et dans les significations auxquelles elles renvoient. Il peut s'agir d'un simple arrière-plan — plus ou moins chargé d'atmosphère — ou de l'objet principal d'attention. Mais, dans ces exemples, lorsque l'attention est portée au lieu, elle se concentre sur les éléments construits par l'homme : bâtiments, statue, éléments techniques. L'attitude peut être de contemplation admirative ou au contraire un refus de la contemplation touristique obligée. On observe aussi quelques caractéristiques communes à tous ces exemples. Tout d'abord, ce sont des visions partielles, jamais très étendues ni très complètes. Ensuite, le lieu peut se définir par un trait particulier : il est artificiel, ou magique, ou sauvage, ou symbolise un pays ou un idéal esthétique. Lorsqu'un paysage connu est vu sans transposition dans le rêve, il s'agit d'un lieu associé à des émotions fortes. Même dans ces cas, cependant, le rêve transforme quelque peu le modèle. La luminosité est différente, un bâtiment inexistant dans la réalité est planté dans le paysage, une touche esthétique est apportée à la vision mémorisée.

Proportion de scènes d'intérieur et d'extérieur

Frappé par la fréquence égale de lieux intérieurs et extérieurs dans les 40 rêves étudiés pour cette recherche sur le paysage, j'ai suggéré à Odile

Lecerf d'étudier cette fréquence relative sur deux échantillons différents de 22 rêves chacun représentant au total 159 lieux différents (Montangero & Lecerf, 1998). Les rêves retenus comprenaient toujours plus d'un lieu. Le premier échantillon comporte les rêves de 18 sujets différents, tandis que le second échantillon comporte les rêves d'un même sujet qui tient un journal de rêve. Chaque lieu représenté en rêve a été attribué à une des deux catégories : intérieurs ou extérieurs. Tout ce qui se passe dans un bâtiment est classé parmi les intérieurs. Toute scène extérieure à un bâtiment, qu'elle soit en ville ou à la campagne, est attribuée à la catégorie des extérieurs. Lorsqu'une scène extérieure est visualisée de l'intérieur (par exemple d'une fenêtre), elle est considérée comme extérieure, tandis que les quelques cas de scènes intérieures vues de l'extérieur (par exemple ce qu'il y a dans une vitrine) sont attribués à la catégorie des intérieurs.

Nous avons trouvé des différences entre les deux échantillons pour la proportion de rêves « homogènes » (entièrement dans une même catégorie de lieux) et « hétérogènes ». Dans le journal de rêves, ces deux sortes de rêves se répartissent également. Dans l'échantillon fourni par 18 sujets, les rêves hétérogènes dominent (64%). Mais le résultat étonnant de cette recherche est la similitude parfaite, aussi bien dans un échantillon de 22 rêves produits par des personnes différentes que dans le même nombre de rêves extraits d'un journal de rêves, de la proportion de lieux intérieurs et extérieurs. Qu'il s'agisse des rêves des 18 sujets ou de ceux du sujet unique, 51 % des lieux représentés sont de la catégorie des intérieurs, alors que 49 % entrent dans la catégorie des extérieurs. Nous avons aussi analysé les rêves successifs de deux personnes que nous avons réveillées à chaque phase paradoxale pendant deux nuits consécutives. L'une d'elle alterne systématiquement les deux catégories de lieu, tandis que chez l'autre, plusieurs lieux de la même catégorie peuvent se succéder, mais jamais plus de quatre fois.

La tendance à représenter autant d'intérieurs que d'extérieurs ne reflète pas du tout l'expérience habituelle de nos sujets. Ce sont des citadins qui passent en général 13 à 15 heures de la journée à l'intérieur, durée à laquelle s'ajoutent les huit heures passées à dormir. Ces personnes ne se trouvent en général à l'extérieur que pour des durées allant d'un peu plus d'une heure à un peu plus de deux heures par jour, et encore, elles passent la moitié de ce temps enfermées dans des véhicules. On voit donc que les rêves ne recopient pas l'expérience réelle et que, sur ce point au moins, ils n'obéissent pas au principe de compensation avancé par Jung. Si c'était le cas, les scènes d'extérieurs seraient les plus fréquentes. Les résultats de cette recherche peuvent s'expliquer par la présence de processus de régulation, au moment même de la production des rêves, qui visent à produire des représentations variées (et par là même riches de sens différents). De plus, nos résultats montrent que les souvenirs de lieux spécifiques puisés dans la mémoire épisodique sont activés à travers des catégories générales de la mémoire sémantique (en l'occurrence, les notions d'extérieurs et d'intérieurs).

Le temps

Dans tout ordre de phénomènes, le temps se présente sous deux aspects principaux, celui d'ordre ou succession temporelle et celui d'intervalle ou durée. Ces deux aspects se retrouvent dans le rêve, qui est un ensemble de représentations très marquées temporellement. Certes, Freud a parlé de l'intemporalité des rêves, mais il faisait allusion à sa conception du contenu latent à l'origine du rêve (l'inconscient) et au fait que des éléments de périodes différentes de notre vie peuvent être présents simultanément dans une scène de rêve. Je parle ici des représentations oniriques et des impressions qu'elles nous laissent pendant le sommeil et au réveil. En premier lieu, le déroulement du rêve est perçu comme s'étendant sur une certaine durée. Maury (1862) est à l'origine d'une légende tenace quant au rapport entre le temps perçu du rêve et la durée réelle de celui-ci. Il raconte un rêve (qui semble très ancien, car il dit que sa mère le veillait) dans lequel il se voit traîné devant un tribunal, à l'époque de la Révolution française. On le juge, le condamne à mort, puis on le mène vers l'échafaud. Sa tête étant posée sur la guillotine, le couperet tombe... et il se réveille en s'apercevant qu'une partie de son lit vient de lui tomber sur le cou. C'est ce récit qui semble à l'origine de la croyance assez répandue selon laquelle un long rêve se déroule en une fraction de seconde. Il faut dire que lorsqu'il s'agit du rêve, la majorité des gens est plus encline à retenir des hypothèses étranges que des explications raisonnables. Dans le cadre de la recherche expérimentale sur le rêve, Dement (1972) a étudié cette question et a conclu que nous rêvons en temps réel. En d'autres termes, la durée du rêve (5, 10 ou 20 minutes, par exemple) correspond au temps nécessaire pour exécuter ou percevoir les différents événements du rêve — en tenant compte que beaucoup de temps d'activités et de transitions font défaut. Il est indiscutable que les récits de rêve obtenus après 30 minutes de sommeil paradoxal, par exemple, contiennent plus d'événements que ceux obtenus après quelques minutes seulement. Cependant, les recherches récentes tempèrent les conclusions de Dement, puisqu'on sait qu'à durée égale, un rêve peut contenir plus ou moins d'événements selon le moment de la nuit, plus précisément le cycle de sommeil (Cavallero, Natale & Zito, 1996).

Mais qu'en est-il des impressions de durée ressenties par le rêveur? Elles peuvent être ressenties sans se traduire dans le récit de rêve. J'ai souvent posé la question : « Y a-t-il une des scènes de votre rêve qui vous paraît plus longue que d'autres, ou vous ont-elles semblé avoir la même durée, ou cette question n'a-t-elle pas de sens pour vous ? » La réponse était presque toujours : « Telle scène a duré plus longtemps que les autres » et, parfois, le sujet peut ordonner les différentes scènes selon leur durée relative. D'autre part, certains récits de rêve comportent des données quant au temps qui passe : « Nous avons parlé longuement », « Ce baiser n'a duré qu'un court instant », « La première scène se passe le matin et la suivante l'après-midi ». Dans un de mes propres récits de rêve, je mentionne plusieurs activités qui se suivent : aller au cinéma, prendre le tram et discuter, suivre une femme, puis accompagner son père chez lui, ranger des choses dans sa maison. Et, *le lendemain*, prendre le petit déjeuner avec le vieil homme et sa femme. Dans ce cas, il est certain que la durée ressentie (une nuit a passé) dépasse de loin la durée du rêve. Cela me mène à la conviction que nous pouvons simuler l'impression de durée en rêve, de même que nous pouvons simuler les divers aspects de l'espace. Cela explique certains passages de rêve, par exemple lorsqu'un sujet nous dit qu'elle a parlé très longuement avec l'expérimentateur (dans son rêve) au lieu de lui raconter son rêve, mais qu'elle est incapable de se rappeler quoi que ce soit pour ce qui est des mots échangés et même du thème de la conversation. La représentation onirique consistait à donner l'impression de parler longuement.

En ce qui concerne la succession temporelle, il existe des cas, rares au demeurant, où le sujet hésite à situer une scène onirique dans la succession de son rêve. On peut faire l'hypothèse que des scènes du rêve n'ont pas été remémorées et que le passage en question est sans contiguïté avec le contenu remémoré. Cependant, dans l'immense majorité des cas, les sujets peuvent reconstituer après-coup l'ordre des scènes du rêve, et sont capables de le faire sans se fonder sur le contenu de ces scènes, c'est-à-dire sur les liens logiques, causaux et pragmatiques entre événements. Cela apparaît lors de ruptures, quand deux scènes successives n'ont en commun ni le lieu, ni les personnages, ni les activités, et que pourtant les sujets affirment avec certitude l'ordre dans lequel les deux scènes se déroulaient. Il y a donc un marquage spécifiquement temporel des représentations oniriques. Ce point nous permet de discuter les thèses soutenues au sujet de la primauté du temps ou de la causalité. Un philosophe comme Brunschvicg (1922), suivi par le psychologue Piaget (1946), a soutenu que c'est la compréhension des liens de causalité qui permettait de reconstituer l'ordre temporel des événements passés. Une telle thèse va à l'encontre de celle de Kant (1993/1781) qui accorde le statut d'*a priori* au temps comme à l'espace. Considérant ce problème sous l'angle de la psychologie du développement, je serais tenté de donner raison à Kant, puisqu'on voit mal comment le nourrisson pourrait comprendre et mémoriser des suites d'événements — y compris les liens de cause à effets — s'il n'était pas capable de distinguer l'avant de l'après. Une structuration primitive de l'ordre temporel semble donc nécessaire pour tirer parti des expériences les plus simples. Quant aux adultes, s'ils reconstituent souvent des séquences grâce à la compréhension des liens de causalité (ou plus simplement grâce à la connaissance des séquences habituelles, les scripts), ils n'en sont pas moins capables de retrouver l'ordre d'expériences vécues, comme les scènes de leurs rêves, sans l'aide du contenu. Il existe donc une organisation temporelle indépendante des liens de causalité.

L'ORGANISATION SÉQUENTIELLE DES RÊVES

La question de l'ordre de succession des contenus de rêves nous amène à parler de leur organisation séquentielle. Même les auteurs qui voient dans les rêves le produit d'activations neurologiques aléatoires (Hobson, 1992) ou de la décharge du trop-plein d'informations accumulées pendant la journée (Crick & Mitchison, 1986) admettent que les représentations oniriques forment une suite relativement cohérente. En général, on ne peut dire que n'importe quoi succède à n'importe quoi. Les contenus s'enchaînent de manière plausible et forment des suites narratives. Il faut donc admettre que, parmi les processus psychologiques produisant les rêves, il en existe un responsable de la régulation séquentielle (Foulkes, 1985 ; Montangero, 1987, 1993). Mais à quoi ressemblent les résultats de ce processus ? Au moins trois réponses différentes peuvent être données.

Pour certains auteurs, les rêves sont avant tout des histoires. Leur contenu s'enchaîne selon une progression dramatique (Freud, 1967/1900) et obéit aux schémas caractéristiques des récits (par exemple, Jung, von Franz, Henderson, Jacobi & Jaffé, 1964 ; Nielsen, Kuiken, Moffit, Hoffman & Wells, 1983). Ces schémas, que l'on retrouve dans les contes de fées, mais aussi à la base des intrigues de romans et de films, comportent les éléments suivants (Bremond, 1973 ; Greimas, 1966 ; Propp, 1970). Une situation de départ, avec son cadre spatio-temporel et ses personnages, est suivie d'un événement déclencheur, qui rompt l'équilibre et provoque une suite d'actions et d'événements. Cette suite mène vers une « résolution » qui rétablit un nouvel équilibre. A partir de ces analyses, Mandler & Johnson (1977) ont précisé ce qu'était un schéma narratif et l'on a cherché si un tel schéma se retrouvait dans les rêves (Cipolli & Poli, 1992). Ces derniers auteurs concluent leur recherche en affirmant que les rêves sont semblables à des histoires bien construites. Nielsen *et al.* (1983) arrivent aux mêmes conclusions en analysant des récits de rêve avec la notion d'«épisodes» qu'ils empruntent à Stein & Glenn (1982).

Par ailleurs, la thèse de la banalité des contenus de rêve soutenue par bien des chercheurs recueillant des récits oniriques en laboratoire (par exemple, Foulkes, 1985; Rechtschaffen, 1978; Snyder, 1970) a mené certains auteurs à une autre conception de l'organisation séquentielle. Celle-ci se fonderait sur un type particulier d'événements vécus: ceux qui sont à l'origine de scripts, ou séquences habituelles et généralisables d'événements (notion empruntée à Schank & Abelson, 1977). Foulkes (1985) pense que l'expérience onirique peut être organisée par des structures du type du script. Deslauriers & Baylor (1988) ont aussi souligné le rôle des scripts dans l'élaboration des rêves, mais ils ont en outre montré que, très souvent, il s'agit de scripts qui s'écartent de la séquence attendue.

L'établissement de schémas séquentiels pour quelques rêves (Montangero, 1991) a confirmé mon impression qu'un rêve n'était pas organisé dans sa totalité sous la forme d'une histoire canonique, ni sous celle d'une suite de scripts. Par ailleurs, une thèse de Foulkes qui consiste à définir le rêve comme une simulation d'événements vécus me paraît très convaincante. En conséquence, on peut avancer une troisième conception selon laquelle l'organisation séquentielle des rêves ressemblerait à celle des récits que l'on fait non pas d'événements routiniers, mais d'épisodes plus ou moins saillants du vécu.

Pour savoir quelles sont les caractéristiques de l'organisation séquentielle des rêves et si elles se rapprochent plus de récits canoniques, d'une suite de scripts ou de récits d'un épisode autobiographique récent, José Reis a mené une longue recherche, en recueillant auprès des mêmes sujets des récits de rêves et d'autres types de narrations. L'analyse des résultats (Reis, Montangero & Pons, à paraître) correspond au vœu de Foulkes (1985) qui affirmait la nécessité de mener des comparaisons précises entre récits de rêves, histoires et séquences de l'expérience vécue avant de conclure à quel point les schémas utilisés dans la production des rêves ressemblent à ceux qui sont employés dans d'autres contextes.

La recherche menée dans notre laboratoire a consisté à appliquer une analyse du schéma séquentiel aux récits recueillis. Dans le chapitre 3 de

Connexions entre unités successives

Le lien *plausible* indique que la deuxième unité pourrait suivre la première, dans un enchaînement d'événements réels, mais qu'elle n'est pas impliquée dans la première unité, et ne pourrait donc pas s'en déduire. Dans le schéma du rêve de John, au chapitre 3, la marche vers le téléphérique (situation 5) est une suite plausible de la scène à la patinoire. Dans le schéma du rêve de Christophe que l'on trouvera ci-après, un lien plausible relie « parler avec un adolescent » (situation 7) et « voir un enfant devant la chambre des enfants » (situation 8).

La *narration* ou *récit* comprend trois unités au moins avec un événement déclencheur qui implique une issue désirée ou crainte, et au moins un temps intermédiaire avant d'arriver à cette issue. Dans le rêve de Christophe, « se trouver nu », « chercher à entrer dans une maison pour s'habiller et trouver porte close » et « essayer d'entrer dans une autre maison » forment un enchaînement narratif. Voici un autre exemple : deux petits enfants marchent sur une voie de chemin de fer ; / on entend qu'un train arrive ; / soudain les enfants aperçoivent le train ; ils essayent de quitter la voie en sautant par-dessus un mur, / mais n'y arrivent pas ; / ils se plaquent contre le mur et le train passe.

Le *script* (Schank & Abelson, 1977) relie deux unités ou plus qui font partie d'une séquence habituelle et généralisable comme les activités qui se succèdent quand on va manger au restaurant. Pour la personne qui a rêvé de voler au-dessus des montagnes et d'atterrir sur un glacier, ces activités font partie de ce que j'appelle un script personnel : cet homme pilote un avion et se rend fréquemment sur des glaciers. Le script plus général du restaurant se trouve dans le rêve de Christophe, mais, pour reprendre l'expression de Baylor et Deslauriers (1987), on observe une déviation de script : le client quitte le restaurant sans payer.

Le *lien téléonomique* relie une activité (ou un souhait) et son résultat, par exemple : « mettre un téléphone dans un trou » et « ne plus pouvoir dégager le téléphone ». Il y a aussi téléonomie dans la séquence suivante : le sujet cherche l'ouverture d'un passage secret, / elle appuie avec un parapluie sur un carreau du sol / et un passage s'ouvre dans la paroi.

> Le lien *causal* relie une cause et son effet, que la cause soit physique (la coque du bateau est trouée par un rocher et le bateau coule) ou psychologique (l'ami se vante d'avoir la syphilis et le rêveur lui réplique quelque chose).
>
> Enfin la *décomposition* consiste simplement à représenter en plusieurs temps les éléments d'une activité, comme c'est le cas pour le saut d'une patineuse dans un schéma présenté au chapitre 3. Ce type de lien étant très rare, il n'a pas été pris en considération dans la recherche dont il est question ici. En revanche, l'analyse des résultats tient compte des *transformations*, c'est-à-dire les changements d'aspects inopinés de personnes, lieux ou objets.
>
> Parfois, une situation totalement nouvelle succède à une autre, sans transition aucune avec elle. Il s'agit d'une *rupture*, dont les critères sont un changement au triple niveau du lieu, des personnages (ou objets) et de l'activité ou préoccupation principale.

ce livre, j'ai présenté les principes du découpage des rêves. Lorsqu'un compte rendu de rêve a été ainsi découpé en unités, le type de connexion qui relie chaque unité est recherché. Six types de liens peuvent se retrouver dans un schéma de rêve. Ils sont définis ci-dessus, en commençant par le type de lien le plus lâche et en terminant par le type de lien le plus étroit.

Pour revenir à cette recherche sur les propriétés de l'organisation séquentielle, elle porte sur des rêves faits par 10 sujets différents ainsi que sur des récits d'un événement autobiographique récent produits par les mêmes sujets. Deux types d'événements autobiographiques ont été recueillis. L'un consistait dans la narration d'un épisode saillant récent. La consigne donnée au sujet était la suivante : «Racontez-moi en quelques minutes un épisode récent de votre vie, un épisode frappant, qui a pu susciter une certaine émotion». Le deuxième type de récit consistait à raconter le début de la journée précédente. Les sujets étaient cinq hommes et cinq femmes entre 22 et 34 ans, de formation universitaire. Chaque sujet produisait deux récits de rêve, chacun au cours d'une nuit différente, à une semaine d'intervalle. Le matin suivant chaque nuit expérimentale, un des deux types de récit autobiographique était produit. Quelques récits trop courts pour se prêter à une analyse de l'organisation séquentielle ont dû être éliminés. Au total, 16 récits de rêves et 18 récits autobiographiques ont été retenus.

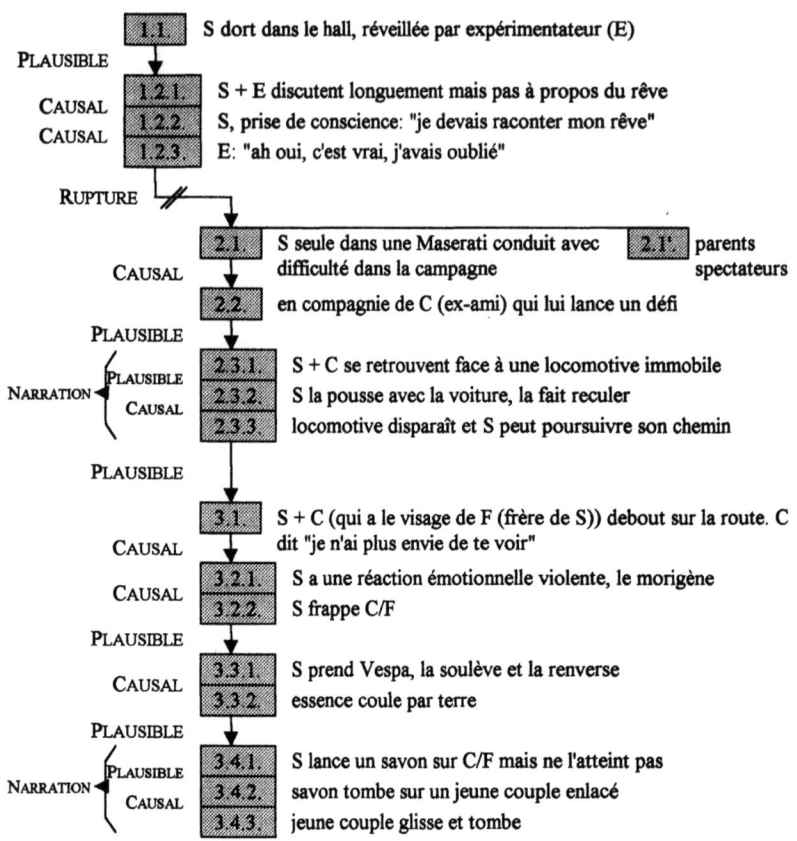

Fig. 4 — Schéma séquentiel du rêve de Sibylle.

Les récits de rêves retenus pour cette étude diffèrent beaucoup quant à leur longueur, mais cette différence n'influe pas sur les caractéristiques prises en compte pour étudier l'organisation séquentielle. Le nombre moyen d'unités par situation, la proportion des divers types de connexions entre unités narratives, le nombre de ruptures, etc., ne varient pas en fonction du nombre total d'unités narratives, comme le montre une analyse de la corrélation pour l'ensemble des 16 rêves ainsi qu'une comparaison des cinq rêves les plus courts avec les cinq rêves les plus longs. Nous pouvons donc considérer notre échantillon comme relativement homogène en dépit des différences de longueur des récits.

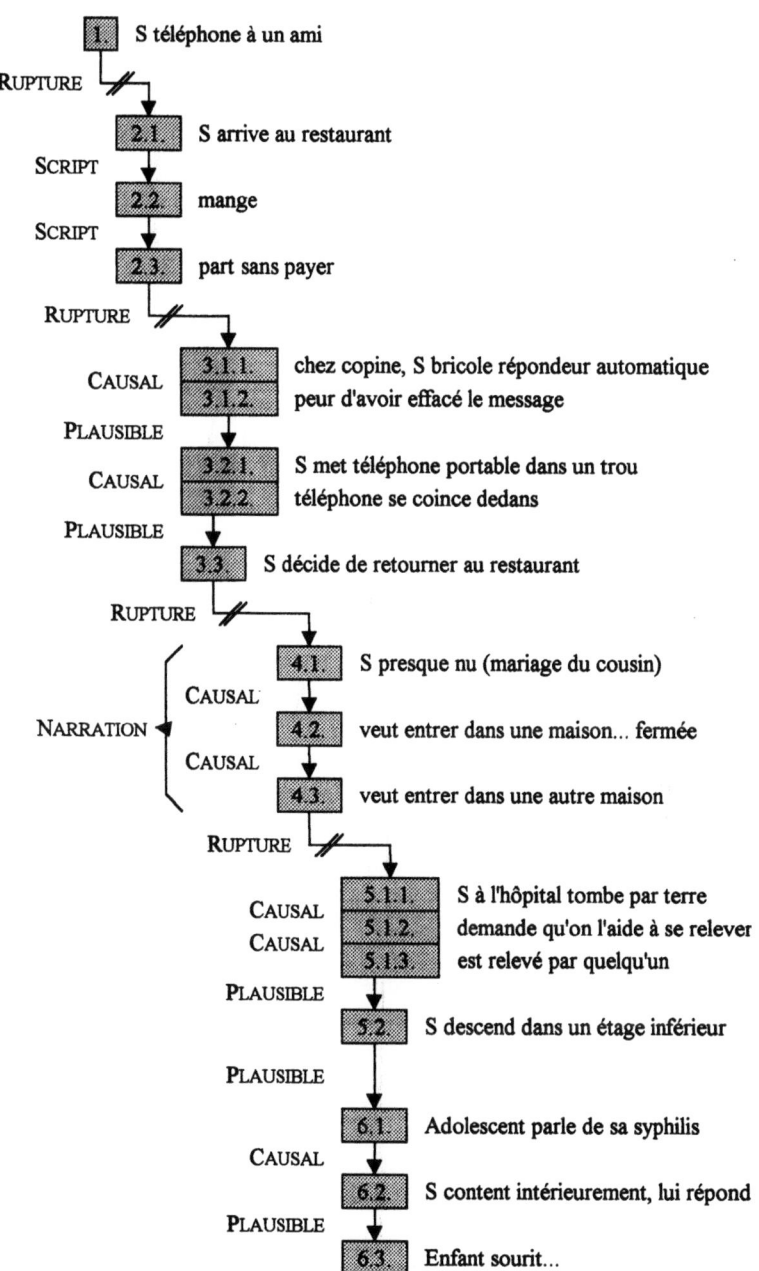

Fig. 5 — Schéma séquentiel du rêve de Christophe.

On se rappelle qu'un exemple de schéma séquentiel a été présenté dans le chapitre 3. Les figures 4 et 5 présentent deux nouveaux exemples. Ce qui frappe d'emblée dans l'ensemble des résultats obtenus par Reis, c'est l'extrême variété des schémas séquentiels. Chacun des 16 rêves diffère des autres, si l'on tient compte de la longueur relative des situations, du nombre et de l'emplacement des ruptures, du type de connexions dominant dans chaque situation, sans parler des autres points analysés. Une première conclusion est donc que l'organisation séquentielle des rêves consiste à produire une suite de contenus imprévisible et très variée.

Etant donné cette variété, il est vain de vouloir retrouver quelques types de schémas séquentiels. Tout au plus peut-on distinguer les rêves à forte dominance de connexions plausibles (où l'on trouve trois fois plus de plausibles que de causales au moins), qui sont particulièrement riches en changements et les rêves où les connexions causales sont dominantes ou aussi nombreuses que les plausibles. Il s'agit alors de rêves « psychologiques » dans lesquels les interactions entre individus et les réactions du sujet aux événements ambiants prennent une place importante.

Ce sont les connexions du type plausible que l'on rencontre le plus fréquemment. Elles apparaissent dans tous les rêves de l'échantillon et représentent plus de la moitié des connexions rencontrées dans les récits de rêve. Les liens causaux se trouvent également dans tous les rêves, avec une proportion moyenne plus faible (30 %). Il s'agit le plus souvent de causalité « psychologique », c'est-à-dire du lien entre un événement et le comportement qu'il provoque : réponse à une question, action ou réflexion suscitées par une autre action ou événement.

D'autres types de liaison entre unités successives s'observent non pas dans tous les rêves, mais dans la majorité d'entre eux. Il s'agit des narrations, des scripts et des simultanéités. Les liaisons du type narration ne constituent qu'une minorité des connexions possibles (30 %). On trouve des liens narratifs dès qu'un petit incident a lieu (rencontrer une personne ennuyeuse, se trouver sur un sol glissant, etc.). Cependant, contrairement à Nielsen et al. (1983), nous n'accordons pas le statut de narration à une suite d'activités banales dénuées de toute progression dramatique. La presque totalité des narrations sont incomplètes en ce sens qu'elles ne comportent pas à la fois un événement déclencheur, une conséquence en plusieurs temps et une fin. Il existe une corrélation positive entre les narrations et la présence de « complications ». Nous appelons complication tout événement susceptible de déclencher une action ou une émotion. Il peut s'agir d'un constat inattendu (voir son bureau utilisé comme une salle de cours), un obstacle ou une difficulté (un arbre en travers de la route, un volant de voiture difficile à manœuvrer) ou encore de certains comportements comme demander de l'aide ou poser une question gênante. Les événements qui constituent un danger sont classés parmi les complications. Au total, celles-ci se trouvent dans tous les rêves (entre une et neuf par rêve) et entraînent souvent un enchaînement de type causal.

Les liens du type du script ne constituent que 11 % des connexions possibles. On ne trouve jamais de script complet, mais des ébauches de scripts comme voir arriver un train et s'y installer, offrir une boisson à un invité, entrer dans un magasin et essayer une robe. Quant aux simultanéités, elles consistent dans la description d'une pensée, émotion ou action du sujet qui se passe en même temps qu'un autre événement du rêve. Par exemple, le sujet découvre des chocolats dans une coupe de fruits et il éprouve simultanément une grande surprise, ou il assiste, désolé, à une altercation entre deux personnes, ou encore il décide de porter aide à quelqu'un alors que les autres personnes présentes ne le font pas.

Dans la majorité des rêves analysés, nous trouvons des discontinuités sous la forme de ruptures entre situations ou de lacunes dans la représentation de déplacements. Les ruptures séparent deux unités narratives et marquent le début d'une nouvelle situation qui n'a aucun lien avec la précédente (ce qui n'est pas toujours le cas). Par exemple, une jeune femme se trouve au lit avec un partenaire, puis se voit en train de courir seule dans la jungle. Ou un rêveur quitte précipitamment un restaurant sans payer son repas, puis se trouve dans un appartement en train d'arranger des appareils. Si la plupart des rêves comportent au moins une rupture, celles-ci n'en sont pas pour autant nombreuses. Ainsi, 10 des 16 rêves analysés, qui sont de longueur fort différente, ne comportent qu'une rupture. Il n'existe donc pas de loi simple comme le fait de changer complètement de contenu après un certain nombre d'unités narratives. Les lacunes sont des «temps» qui manquent dans un déplacement. On est dans une pièce, puis subitement dans une autre, ou l'on fait monter une personne dans sa voiture, puis on se retrouve avec cet invité chez soi sans transition.

Deux caractéristiques sont typiquement oniriques, mais n'apparaissent que dans la moitié ou moins de la moitié des rêves : les répétitions de canevas et les transformations. Les répétitions de canevas (Montangero, 1987, 1991) consistent à répéter immédiatement une courte séquence de deux ou trois unités en variant partiellement le contenu. En voici quelques exemples.

Répétition d'une séquence de deux unités :
1. Le sujet manipule un répondeur téléphonique ;
2. il craint d'avoir effacé les messages.
1'. Il manipule un téléphone en le plaçant dans un casier ;
2'. le téléphone reste coincé.

Dans les deux cas, il y a action du sujet sur un objet, suivie d'un effet négatif. La variation porte sur l'action spécifique exercée et sur son objet.

Répétition d'une séquence de trois unités :
1. Le sujet tire les cheveux de son ami sans que celui-ci ne réagisse ;
2. elle soulève un scooter et le renverse (acte de substitution à une agression impossible) ;
3. de l'essence s'écoule du réservoir du scooter vers le pied de la rêveuse.
1'. Elle lance un projectile sur son ami sans l'atteindre ;
2'. le projectile atteint un couple d'amoureux ;
3'. les amoureux tombent.

Les éléments invariants sont les trois temps : «action agressive du sujet n'atteignant pas son objet», «autre objet atteint»; «conséquence». La variation porte sur la manifestation d'agressivité et sur ses conséquences détournées.

Répétition d'une séquence de trois temps avec un changement quant au troisième temps (en d'autres termes, la séquence progresse) :
1. On sonne à la porte ; c'est quelqu'un qui a besoin d'aide ;
2. personne dans la pièce ne va ouvrir ;
3. le sujet est surpris et trouve qu'il faudrait ouvrir.
1'. Une autre personne qui a besoin d'aide sonne à la porte ;
2'. personne dans la pièce ne réagit ;
3'. le sujet décide d'aller ouvrir.

On peut faire l'hypothèse que ce type de répétition avec modification de l'issue pourrait jouer un rôle dans la régulation de l'humeur de la personne qui rêve et dans la découverte de solutions à des problèmes.

Pour terminer ce survol des résultats, je préciserai que les transformations indiquent un changement d'apparence ou d'identité concernant le plus souvent une personne. Par exemple, l'expérimentateur apparaît en rêve puis prend l'apparence du père de la rêveuse, l'ex-ami a soudain les traits du visage du frère de la personne qui rêve ou un chien se transforme en statue.

Au total, les résultats de cette recherche nous permettent de conclure que les rêves ne sont pas des narrations, ni des suites de scripts, mais la simulation d'épisodes vécus, originaux et quelque peu saillants. Aucun des rêves de notre échantillon n'est en effet organisé du début à la fin comme une histoire, avec son événement déclencheur, un minimum de péripéties (au moins deux) et une fin. Certes, nous réveillons les rêveurs avant qu'ils ne parviennent au terme du rêve en cours. Mais les récits que nous obtenons ne sont en rien des histoires tronquées de leur fin. Ce sont des suites d'événements qui comportent des bribes de narration, chacune étant incomplète dans l'immense majorité des cas. Nous avons vu que les connexions du type narratif ne constituent que 30 % de la totalité des connexions possibles. Si, malgré cela, nous avons l'impression que les rêves sont des histoires que nous nous racontons chaque nuit, c'est parce qu'ils constituent une suite d'événements suffisamment imprévisibles et variés pour capter l'attention comme le ferait une histoire.

La conception du rêve comme une suite de scripts peut se rejeter encore plus nettement puisque les liens de ce type ne constituent que 11 % de la totalité des connexions. D'ailleurs, il s'agit toujours de scripts tronqués ou à peine ébauchés. En revanche, lorsque les sujet racontent le début de leur matinée précédente, la moitié des connexions entre unités narratives sont du type du script. C'est l'hypothèse selon laquelle le rêve est une simulation d'un épisode vécu sortant de la routine qui se trouve confirmée par nos résultats. En effet, le pourcentage de connexions des divers types est identique dans les récits de rêves et les récits d'épisodes récents. Cependant, les narrations sont plus également réparties dans les récits de rêve que dans le récit d'un épisode vécu. On peut donc dire que les événements représentés en rêve s'enchaînent comme les événements d'un épisode plus ou moins saillant du vécu récent, tel qu'on le reconstitue de mémoire.

On pourrait ici faire l'objection que cette similitude, au point de vue de la proportion de connexions des divers types, tiendrait à ce que chaque sujet a une manière de raconter les choses, que ce soit un rêve ou un événement vécu. Or, cela n'est pas vrai car, d'une part, quand on demande aux sujets de décrire le début de leur journée précédente, cela donne lieu à des proportions de connexions différentes et, d'autre part, certaines différences séparent les récits de rêves et d'épisodes vécus. Les discontinuités, la variété des contenus, le caractère plus régulièrement narratif distinguent les récits de rêves des récits d'événements vécus. D'autre part, certains aspects ne se trouvent que dans les récits de rêves : les transformations et les répétitions de canevas. Cette dernière caractéristique montre bien qu'une planification est à l'œuvre dans le déroulement d'un rêve. Contrairement à une hypothèse rapportée par Cipolli & Poli (1992) qui ne prennent pas position à son sujet, on ne peut penser que le déroulement séquentiel est contenu dans les significations stockées en mémoire et activées comme matériau du rêve. Du moins ce déroulement ne tient-il pas au contenu précis, mais bien à un mécanisme de régulation séquentielle lorsqu'une séquence de deux ou trois unités est répétée, comme dans les exemples que nous avons donnés.

La capacité de planification du rêve est à court terme, comme en témoigne le manque d'unité générale d'une rêve. Nous n'observons qu'exceptionnellement de longs déroulements sur un même thème, qui devraient être courants dans les rêves d'après Rechtschaffen (1978). Nous pouvons donc aussi rejeter l'affirmation de ceux qui, comme Foulkes (1985), pensent que les rêves se conforment à un plan narratif d'ensemble. Les processus d'organisation séquentielle des rêves ne produisent pas une structure générale à laquelle se pliera le contenu, mais des règles de déroulement qui engendrent des contenus variés quoique le plus souvent cohérents avec ce qui précède. En effet, malgré les discontinuités et incomplétudes propres aux rêves, les unités narratives se suivent dans leur majorité de manière tout à fait cohérente.

RÉSUMÉ ET CONCLUSIONS

L'analyse un peu détaillée des représentations oniriques telles qu'elles se présentent au sujet qui rêve nous permet de définir les principales caractéristiques des produits de la pensée pendant le sommeil. Cette pensée produit une simulation réaliste d'un milieu ambiant, mais le contenu de cette simulation est original par rapport aux événements stockés en mémoire ou anticipés à l'état de veille. De plus, il s'agit d'un ensemble de représentations extraordinairement variées, produites avec une économie de moyens évidente.

Le rêve est la simulation réaliste d'un monde fictif, en ce sens qu'il se présente au rêveur comme un ensemble de perceptions et de connaissances certaines. Les quatre dimensions de l'univers, celles de l'espace auxquelles s'ajoute le temps, sont recréées de manière complète et souvent précise. Les rêves comportent des configurations spatiales diverses dans les trois dimensions, leur contenu est «perçu» depuis des points de vue variés et peut consister en une multitude de formes et de couleurs. De plus, les contenus oniriques sont très fortement marqués temporellement, du point de vue de la durée des événements et de leur succession. A la succession peut s'ajouter l'impression de simultanéité, clairement signalée par nos sujets, en dépit de l'aspect séquentiel des rêves et de la linéarité du langage verbal utilisé pour les décrire. Incidemment, l'étude du temps dans le rêve nous permet d'affirmer qu'il existe une organisation temporelle des connaissances indépendante de la causalité.

Dans l'espace-temps du rêve se déroulent non seulement des visualisations, mais encore d'autres impressions, comme des impressions auditives, et l'on peut voir que le registre visuel dominant dans les rêves peut s'allier au registre verbal, produit de mécanismes de production langagière fonctionnant bien. A cela s'ajoutent des sensations de mouvements ou qui relèvent occasionnellement d'autres modalités perceptives. Le rêve serait-il donc une forme de connaissance proche de la perception? Le caractère réaliste de certains de ses contenus et la possibilité de se représenter en rêve ce que l'imagination éveillée aurait peine à reconstituer semblent plaider en faveur de cette thèse. Admettons donc que quelques éléments des rêves s'appuient sur des connaissances liées à la perception (des résidus de «schèmes» perceptifs). Mais, pour l'essentiel, l'acte de rêver est tout le contraire de la perception.

Tout d'abord, certains contenus oniriques n'ont pas le caractère des perceptions. C'est le cas des images floues et lacunaires qui coexistent dans les rêves avec des représentations nettes et précises. De même, nous avons vu qu'une partie des représentations oniriques consistent en éléments «connus» — c'est-à-dire que le sujet a la certitude de leur présence dans le rêve — et pourtant non perçus. Plus généralement, les processus d'élaboration des rêves ne visent pas, comme la perception, à informer, avec le plus de fidélité possible, au sujet des données ambiantes, mais à créer des données factices et originales. Beaucoup de faits relevés dans ce chapitre témoignent de cet aspect constructif et original. Par exemple, lorsqu'un stimulus externe est représenté en rêve, c'est sous une forme transformée. De plus, des citadins qui passent le plus clair de leur temps enfermés représentent autant d'extérieurs que d'intérieurs dans leurs rêves. Et encore, dans la séquence des représentations oniriques, ce sont les liens plausibles — ceux qui amènent des contenus non prévisibles — qui dominent.

Outre leur originalité, les représentations pendant le sommeil frappent par leur extrême variété. Celle-ci se remarque au niveau des types de contenus (êtres animés ou inanimés, éléments isolés ou multitude d'entités, scènes plutôt statiques ou très dynamiques, diversité très grande des éléments représentés). Notre petite étude de la représentation de paysages dans le rêve donne un exemple de la variété des manières dont un élément — le paysage — peut être traité. Cette diversité se retrouve au niveau de l'enchaînement des contenus. L'organisation séquentielle des rêves privilégie la variété en alternant les types de connexions : un enchaînement causal est suivi de successions simplement plausibles, un script peut s'intercaler mais ne se prolonge jamais, une narration débute pour faire place à un autre thème. Les situations différentes (par exemple une nouvelle activité dans un nouveau lieu) se succèdent avec ou sans ruptures. Ces changements incessants ne sont cependant pas essentiellement chaotiques. Une recherche constante de la cohérence permet la sélection de contenus compatibles avec ceux qui précèdent.

Le dernier aspect frappant des représentations oniriques, c'est l'économie de moyens avec laquelle elles sont réalisées. Dans chaque unité narrative et chaque situation, quelques éléments clés s'imposent à l'attention du sujet, tandis que les autres éléments soit restent flous, soit apparaissent sans importance. Le caractère incomplet des narrations et des scripts de même que diverses manifestations de discontinuité (ruptures, lacunes dans la représentation des déplacements) découlent de ce même caractère «économique», comme si le rêve visait à l'essentiel (évoquer quelques significations) sans s'embarrasser de tout ce que l'habitude ou les conventions obligeraient d'évoquer. Signifier beaucoup avec peu de moyens paraît donc une règle de base de la production onirique.

Chapitre 5
Mémoire et rêve

ASPECTS FONDAMENTAUX DE LA MÉMOIRE

L'étude des relations entre la mémoire et le rêve va nous permettre de pénétrer un peu plus avant dans la compréhension du fonctionnement de la pensée pendant le sommeil. Deux ordres de problèmes se posent à propos de ces relations entre la fonction mnésique et le rêve : d'une part, les questions en rapport avec la mémorisation du rêve et les difficultés qu'elle rencontre, d'autre part, les questions ayant trait à l'utilisation des souvenirs existant en mémoire comme matériau du rêve. Un bref rappel des aspects les plus fondamentaux de la psychologie de la mémoire n'est peut-être pas inutile avant d'aborder ces deux problèmes.

On peut distinguer trois temps dans le processus de mémorisation. D'abord a lieu l'encodage, qui consiste à enregistrer l'événement ou l'élément perçu. Puis survient le stockage, qui peut durer plus ou moins longtemps. Enfin vient le moment du rappel ou récupération mnésique des éléments mémorisés. Notre premier problème — la mémoire du rêve — demande un examen des conditions d'encodage et aussi de rappel. Le deuxième problème — les sources mnésiques des contenus de rêves — relève essentiellement du temps du rappel.

D'une manière générale, l'encodage dans la mémoire peut se faire de façon inconsciente, sans intention de la part du sujet. Un certain degré d'attention est cependant nécessaire. Par ailleurs, il existe des stratégies pour mieux graver quelque chose dans la mémoire. Tulving (1983) distingue quatre stratégies qui consistent premièrement à transformer ou opérer une sélection dans le contenu à mémoriser, deuxièmement à élaborer, c'est-à-dire relier l'élément à d'autres faits connus, troisièmement à organiser les éléments à mémoriser (à l'aide de catégories, etc.) et enfin à transformer le verbal en visuel, lorsque les données sont verbales. Les images sont en effet mieux retenues que les mots. (Il faut préciser que, malheureusement, la plus grande partie des recherches de psychologie de la mémoire portent sur la rétention de matériel verbal et non sur du matériel visuel ou à modalités multiples comme le sont les événements vécus qui fournissent leur aliment au rêve.) D'autres auteurs ont insisté sur l'importance de l'attention rétrospective : c'est parce qu'on se repasse un événement à l'esprit qu'il va être mémorisé durablement.

Le stockage du mémorisé peut être bref, dans le cas de la mémoire à court terme ou de la mémoire de travail, ou s'étendre sur un longue durée en ce qui concerne les contenus de la mémoire à long terme. Certains processus sont nécessaires pour transférer le contenu retenu à court terme (en ce qui nous concerne, les scènes du rêve remémorées au réveil) dans la mémoire à long terme (la capacité de se rappeler le rêve quelques jours ou semaines plus tard). Pendant le stockage à long terme, les contenus de mémoire sont organisés, soit de manière chronologique (évoquer un souvenir du mois de décembre passé peut me permettre d'en retrouver d'autres du même mois), soit par thèmes. On distingue deux types de mémoires à long terme, en fonction de leur contenu. Premièrement, la mémoire sémantique, c'est-à-dire tout ce que nous connaissons. Il s'agit d'un ensemble de concepts qui, selon les auteurs, sont reliés soit par des associations (canari peut rappeler ma vieille tante qui en avait un), soit au sein d'une organisation du type de la classification (canari renvoie à oiseau, qui renvoie à animal). Ces formes d'organisation sont importantes pour comprendre le contenu des rêves car, une fois un élément de mémoire activé pendant le sommeil, il peut en activer d'autres qui lui sont reliés par association ou classification. Le deuxième type de mémoire à long terme est la mémoire épisodique qui porte sur des épisodes autobiographiques pouvant se situer précisément à certains moments du passé. Je peux donc évoquer un contenu, par exemple les villes de Paris, Londres et Rome, soit à partir de ma mémoire sémantique (s'il s'agit de dresser une liste des capitales européennes), soit à partir de ma mémoire épisodique (si je veux évoquer les souvenirs de ma dernière visite dans chacune de ces villes).

Quant au troisième temps de la mémoire, le rappel ou la récupération, il est conçu comme une reconstitution, voire une reconstruction, plutôt que comme la simple restitution ou copie d'un enregistrement. Cet aspect de reconstitution explique pourquoi nous avons tendance à déformer certains souvenirs en les reconstruisant à l'aide de catégories ou schémas connus. Le rappel de souvenirs stockés en mémoire à court terme obéit à certaines lois. Ce qui surgit en premier c'est en particulier le dernier élément remarqué (principe de récence) ou l'élément le plus saillant (l'image la plus cocasse ou l'événement le plus chargé d'émotion). Pour aider à la récupération mnésique, on peut faire usage d'indices de rappel. Par exemple, on rappelle au sujet le lieu où se passait un événement ou le temps particulier qu'il faisait. Les divers aspects de l'événement reviennent alors à la mémoire du sujet. Pour permettre le rappel complet d'un rêve, il est souvent nécessaire de procéder de la sorte, en rappelant une scène du rêve pour que les autres reviennent à l'esprit.

LA MÉMORISATION DES RÊVES

Je ne reviendrai pas ici sur la faible fréquence du rappel des rêves ni sur les variations dans la capacité de se remémorer les rêves selon les individus (voir chapitre 1). Je vais en revanche examiner ce qui se passe lors d'un rappel de rêve, puis passer en revue des explications possibles de l'amnésie des rêves et enfin mentionner les conditions qui en favorisent le rappel.

Difficultés et approximations dans le début du récit nocturne

J'ai déjà mentionné le fait qu'une de mes grandes surprises, lorsque j'ai commencé à étudier les rêves obtenus après réveils en laboratoire, a été la relative difficulté avec laquelle les sujets reconstituent leur rêve. Puisqu'ils sont réveillés au beau milieu de leur activité onirique, ne devraient-ils pas se comporter comme si on leur demandait de nous raconter ce qu'ils viennent de voir par la fenêtre ou à la télévision ? Or, les rêveurs, une fois éveillés, commencent assez souvent par un silence, cherchant à reconstituer les scènes qu'ils viennent d'avoir l'impression de vivre. De longues secondes de *suspense* peuvent s'écouler, pendant lesquelles l'expérimentateur se demande s'il va obtenir la moindre description de rêve, car il arrive de temps en temps que tout souvenir du rêve s'évanouit.

Lorsque le réveil a lieu au milieu de la nuit, la première phrase proférée est parfois confuse par rapport à ce que le rêveur a l'intention de décrire. Voici quelques exemples de ce phénomène.

On était sur un scooter. Après cette première phrase, la rêveuse (Sibylle) se met à décrire son rêve plus précisément. Il ressort qu'à aucun moment, elle n'était sur un scooter. Dans une première scène, elle était dans une voiture, avec son ex-ami, et, plus tard, elle se trouvait avec cet ami au bord de la route *à côté* du scooter qu'elle a saisi avec rage et renversé. La phrase : *On était sur un scooter* est donc un amalgame entre le contenu des deux scènes. Pourquoi le scooter est-il mentionné en premier ? On sait que les récits de rêve commencent très souvent par la dernière scène, illustrant l'effet de récence bien connu en psychologie de la mémoire. Or, le scooter n'apparaissait pas dans la dernière scène du rêve en question. S'il est mentionné en premier, c'est qu'il constitue l'événement le plus saillant de ce rêve : la rêveuse soulève sans peine un objet très lourd et manifeste ainsi sa colère de manière spectaculaire.

Dans l'exemple suivant, la confusion porte sur l'ordre de succession du contenu du rêve. *La toute dernière scène, c'était dans un amphithéâtre énorme, et là, il y avait le premier ministre espagnol qui faisait un speech... et, bon, la toute dernière scène, il y avait toute une... Je voyais l'image d'une guitare, une guitare qui n'avait pas de trou.*

Il s'avérera par la suite que la dernière scène est, en effet, celle de la guitare, celle de l'amphithéâtre n'étant pas l'ultime scène comme d'abord mentionné.

Dans le dernier exemple, le sujet commence non par la toute dernière scène, mais un peu plus avant dans le rêve. Cependant, il ne s'agit pas du début du rêve. Trois situations précèdent la scène décrite en premier. Elles ne seront retrouvées que par la suite, grâce à l'indice de rappel que constitue un fragment de rêve par rapport à ce qui l'a précédé.

J'étais à l'hôpital, j'étais en train de faire des expériences, alors je suis descendu dans les autres étages, puis j'ai rencontré des tas de copains.

Notons que cette phrase présente de manière fidèle la séquence des événements telle qu'elle apparaîtra dans la description détaillée (voir schéma séquentiel de la figure 5, p. 113). Cependant, les événements sont décrits de manière très approximative. Le rêveur ne faisait pas *des* expériences, mais il participait à l'expérience sur le rêve. Il n'a été que dans *un* autre étage et n'y a pas rencontré *un tas* de copains, mais trois anciens camarades. Par ailleurs, cette première phrase constitue une description singulièrement résumée, omettant l'essentiel des actions et états qui seront décrits par la suite, sur la base des visualisations qui reviennent au sujet.

L'explication des difficultés de remémoration des rêves

Comment s'expliquent les difficultés de remémoration et de verbalisation lors du réveil après quelques minutes de sommeil paradoxal ? L'explication peut être cherchée au niveau physiologique. Ainsi, certains auteurs ont signalé le rôle que joue la différence entre l'état de sommeil où a lieu l'expérience onirique et l'état vigile où se fait le récit de rêve. Dans cet ordre d'idée, les rêves de sommeil lent seraient moins facilement retrouvés dans la mémoire parce que l'état d'éveil diffère plus du sommeil lent que du sommeil paradoxal (Antrobus, 1983 ; Koukkou & Lehman, 1993 ; Pivik & Foulkes, 1968). D'une manière plus détaillée, Hobson (1992) affirme que la perte de mémoire pendant le sommeil paradoxal est due à l'arrêt de fonctionnement des neurones aminergiques (noradrénergiques et serotoninergiques plus précisément) alors que les systèmes cholinergiques sont actifs. Comme les difficultés de rappel sont grandes aussi pour les rêves du sommeil lent, ces explications ne sont guère convaincantes et je me tournerai vers des explications d'ordre psychologique.

Parmi celles-ci, on ne peut retenir l'explication freudienne de l'amnésie reposant sur l'idée de censure. Un gouvernement despotique aurait-il l'idée d'interdire la diffusion de journaux qu'il a auparavant soigneusement censurés ? Il se contenterait bien sûr de saisir les journaux qui ont échappé à la censure. De même, pourquoi faudrait-il que le rêve, produit d'une censure, selon Freud, soit évacué de la mémoire pour les mêmes raisons de censure ? Indépendamment de cette argumentation, nous avons rejeté l'idée de la censure comme explication de la particularité des représentations pendant le sommeil (voir chapitre 2). C'est en termes de psychologie cognitive que nous allons chercher une explication des lacunes dans la mémorisation des rêves.

Remarquons d'abord que, quelles que soient les difficultés de rappel des rêves, ces derniers laissent indiscutablement des traces mnésiques, puisque nous pouvons les reconstituer après coup. Cette reconstitution, portant d'abord sur l'événement le plus récent ou le plus saillant, se fait cependant de manière souvent laborieuse en remontant la cascade des situations oniriques grâce aux rapports temporels ou aux liens sémantiques entre contenus. Une première raison de la difficulté de raconter son rêve au réveil est qu'on bascule brusquement d'un monde fictif totalement privé, celui du rêve, au monde réel dans lequel il faut accomplir une tâche sociale : raconter son expérience mentale. La deuxième raison est qu'il faut traduire de manière verbale ce qui était essentiellement imagé ou ressenti en termes de mouvements et impressions diverses.

Enfin, la récupération mnésique s'opère indéniablement avec quelque difficulté, parce qu'un rêve ne se grave pas en mémoire aussi facilement que certains autres épisodes vécus.

Rappelons-nous les conditions qui favorisent un encodage mnésique. La première, l'attention portée au contenu à mémoriser, ne fait pas défaut dans le rêve. Elle est même quelque peu privilégiée, puisque toute l'attention du sujet se focalise sur les contenus — toujours limités en nombre — de chaque scène du rêve. De plus, le caractère imagé des rêves devrait aider leur conservation en mémoire car les contenus imagés se mémorisent beaucoup mieux que les contenus verbaux. Ces deux aspects positifs expliquent pourquoi, dans certaines conditions, il est possible de décrire un rêve avec beaucoup de précision.

En revanche, aucune des stratégies permettant de bien retenir le contenu d'une expérience n'est mise en jeu pendant le rêve. On n'observe généralement pas d'opérations de transformation, sélection ou organisation du contenu du rêve. En vertu de l'unidimensionalité de l'esprit pendant le rêve (Rechtschaffen, 1978), dont nous reparlerons lors d'un prochain chapitre, la pensée est en effet entièrement absorbée par ce que le rêveur croit observer ou ressentir. A mon avis, la lacune la plus importante du point de vue de la mémorisation est le défaut d'attention rétrospective. Une scène du rêve étant passée, nous n'y revenons pas, car nous accordons toute notre attention à ce qui a lieu par la suite. Or, cette attention rétrospective est une condition de l'encodage en mémoire, du moins en mémoire à relativement long terme.

Par ailleurs, j'ai souvent été frappé, en relisant des descriptions de mes propres rêves quelques mois ou quelques années après les avoir notées, par le fait que j'avais entièrement oublié le contenu de ces descriptions. Ici, je crois qu'il faut invoquer la disparité de contexte entre l'univers du rêve et celui de la vie éveillée. Pour notre adaptation à la vie quotidienne, nous devons mémoriser bon nombre de choses vécues. Par rapport à ces nécessités adaptatives, les contenus de rêve ne sont à première vue d'aucun secours. En fait, ils tranchent au moins en partie avec le vécu et pourraient interférer avec la mémoire épisodique : il peut en effet être désastreux de confondre les événements rêvés et les événements vécus. Dans un sens, l'oubli des rêves est donc adaptatif, et ce n'est pas par hasard que les personnes les plus préoccupées de réussir professionnellement et de s'intégrer socialement se souviennent rarement de leurs rêves.

Cette difficulté à conserver le souvenir des rêves par suite de nos préoccupations quotidiennes peut être expliquée de façon plus technique en termes de difficulté à classer les contenus de rêves dans des schémas et catégories établies. Or, ce type de classification joue un rôle décisif dans la conservation des souvenirs à long terme. Le caractère décousu des séquences oniriques et l'étrangeté de leur contenu par rapport aux scripts et aux catégories existantes de lieux, objets ou personnes ne permet pas de les classer aisément dans les schémas connus. Il y a là une raison de leur disparition rapide de la mémoire à long terme, à moins qu'ils ne soient assez régulièrement rappelés.

Conditions de rappel des rêves

On s'accorde à dire que la condition nécessaire pour se souvenir d'un rêve est de se réveiller immédiatement après. Cette condition est utilisée dans la recherche expérimentale sur le rêve. Il est cependant des cas où une personne se souvient d'un rêve au cours de la journée suivante, à la suite de l'observation de quelque chose qui joue le rôle d'indice de rappel. Ce peut être un ensemble de couleurs, un mot, un objet ou une certaine coloration affective qui, soudain, rappelle un rêve de la nuit précédente. On ne peut certes exclure totalement que, dans ces cas, il n'y ait pas eu de réveil après le rêve, mais rien ne permet non plus de l'affirmer.

Pour être certain de se souvenir d'un rêve, il faut donc se faire réveiller par un expérimentateur qui, grâce à un enregistrement polygraphique, observe dans quel stade de sommeil est le sujet. Comme déjà dit, les chances de rappel de rêve sont de plus de 80 % en cas de réveils après plusieurs minutes de sommeil paradoxal et d'environ 50 % pour les réveils en sommeil lent. Il existe aussi des moyens plus simples. Le laboratoire de Hobson a mis au point un appareil simplifié, le Nightcap, qui permet de déceler les phases de sommeil paradoxal. Un programme informatique permet de réveiller quelqu'un au cours d'un stade déterminé du sommeil, grâce à un signal de l'ordinateur, sans qu'un expérimentateur ne doive être présent. Cet appareil et ce programme vont faciliter de manière extraordinaire la recherche sur le rêve, qui ne nécessitera plus des nuits de veille fatigante.

On peut procéder de manière encore plus simple en comptant sur les réveils spontanés du sujet. Il faut alors que la personne désireuse de se souvenir de ses rêves se donne pour consigne, avant de s'endormir, d'avoir à chaque réveil — pendant la nuit ou le matin arrivé — une stratégie adéquate. Celle-ci consiste à ne pas bouger, si possible, et à chercher à se remémorer ce qu'on avait à l'esprit juste avant de se réveiller, puis à retrouver les scènes précédentes ou suivantes du rêve. Lorsque ce travail mental a été exécuté, on peut allumer la lumière, prendre un enregistreur disposé à côté du lit et dicter le récit du rêve. Quelques individus privilégiés, les rêveurs lucides, peuvent faire comme le faisait déjà Hervey de Saint-Denys au siècle passé : décider de se réveiller après qu'ils se sont rendus compte qu'ils étaient en train de rêver. Il n'est pas exclu qu'une telle possibilité de réveil volontaire puisse s'exercer.

La description du rêve immédiatement après réveil fournit des données indispensables, mais ne suffit pas pour se faire une idée complète et précise du contenu d'un rêve. C'est une étape qui permet de fixer le rêve en mémoire à relativement long terme, car plusieurs stratégies de rappel sont mises à l'œuvre : intention de se souvenir, répétition du contenu, transfert d'une modalité en une autre. Pour avoir la meilleure connaissance possible de l'expérience onirique, il faut procéder comme indiqué au chapitre 3 en organisant une séance de description de rêve le lendemain. L'écoute ou la lecture du récit nocturne ainsi que la présence d'une tierce personne qui pose des questions sont des moyens nécessaires pour aboutir au but désiré. Au cours de cette séance de nouvelle description du rêve, il arrive qu'une scène entière, omise dans le récit nocturne, réapparaisse. Les résultats de la séance du matin vont donc plutôt dans le sens d'une amélioration mnésique avec le temps, contrairement à toute attente si l'on se base sur ce qu'on sait de la mémoire non visuelle ou sur les recherches montrant l'oubli de contenus oniriques entre la nuit et le lendemain.

Comment expliquer ce progrès ? Tout d'abord, l'amélioration se fait au niveau de la communication. Bien éveillé et ayant pris quelque distance par rapport à l'aspect vécu du rêve, on peut plus facilement tenir compte du point de vue de l'interlocuteur et décrire son rêve dans le but d'en donner une idée claire. De plus, il existe un lien temporel fort entre les scènes de rêve. En évoquer une tend donc à rappeler celle qui suit ou qui précède. Que cela puisse fonctionner mieux le matin que la nuit, parfois, tient au degré de vigilance plus élevé du sujet et peut-être à un effet d'amélioration mnésique propre aux images mentales. D'une part, on sait que les images sont mieux retenues que les mots (par exemple Paivio, 1995) et certains auteurs soutiennent que plus les images du rêve sont précises et détaillées, meilleur en est le souvenir (voir Kerr, 1993). Cela expliquerait le fait que les individus qui ont de bons résultats aux tests d'image mentale se souviennent plus facilement de leurs rêves. D'autre part, les recherches d'Erdelyi (Erdelyi & Kleinbard, 1978) révèlent une amélioration du rappel d'images après un délai par rapport au rappel immédiatement après présentation des images. Le nombre d'images dont les sujets se souviennent augmente pendant la première heure après leur présentation et cette amélioration mnésique peut se poursuivre pendant plusieurs jours. Il n'est donc pas exclu que le souvenir du matin des images du rêve puisse, à condition de bénéficier du puissant indice de rappel que constitue la lecture du récit nocturne, être meilleur que la remémoration au moment du réveil.

LA MÉMOIRE COMME SOURCE DU RÊVE

Pendant le sommeil, l'esprit doit fournir ses propres contenus de représentation, d'où le recours à la mémoire signalé par tous ceux qui ont tenté d'expliquer l'activité onirique, depuis Aristote jusqu'aux chercheurs contemporains. Foulkes (1985) précise fort justement que l'on fait appel aussi bien à la mémoire sémantique, autrement dit l'ensemble des connaissances, qu'à la mémoire épisodique contenant les souvenirs d'expériences personnelles. Dans le reste de ce chapitre, j'utiliserai le terme mémoire pour me référer exclusivement à la mémoire épisodique, même si les liens entre les deux contenus de mémoire sont indiscutables. Je rappellerai tout d'abord la facilité d'accès à la mémoire pendant le sommeil, puis je signalerai deux aspects de l'utilisation de la mémoire en rêve : la classification des souvenirs en fonction de leur signification personnelle, et le fait qu'un même épisode de la mémoire peut être la source de deux scènes successives du rêve sans lien apparent entre elles. Enfin, il s'agira de se demander pourquoi, dans la plupart des cas, nous ne reconnaissons pas les souvenirs qui fournissent les matériaux de nos rêves.

L'aisance d'accès à la mémoire

J'ai mentionné, dans le chapitre 2, l'importance donnée aux contenus de la mémoire déjà par des auteurs du XIXe siècle comme Maury et Hervey de Saint-Denys qui, tous deux, signalent également des phénomènes d'hypermnésie ou capacité de se rappeler en rêve des contenus de mémoire inaccessibles pendant le jour. Par ailleurs, nous avons vu au chapitre 3 qu'une investigation systématique (la partie de ma méthode intitulée « recherche de souvenirs ou résidus du vécu ») révèle des souvenirs qui sont à la source d'un élément ou d'une scène de rêve. Enfin, les exemples de traitement de paysage donnés dans le chapitre 4 montrent comment sont utilisés certains souvenirs dans les rêves. J'aimerais ici donner deux exemples pour illustrer le fait que, pendant l'élaboration d'un rêve, plusieurs souvenirs sont activés pour fournir des éléments à une scène représentée. Je commencerai par un extrait du rêve de Christophe auquel je me suis déjà référé. Il s'agit de la dernière situation.

Dans une chambre d'hôpital, j'avais tout l'accoutrement que j'ai maintenant (les électrodes) et je tombais par terre et demandais qu'on me relève. Il y avait un type qui me tirait, qui me remettait sur mes pieds... Plus bas, j'ai rencontré Alain... Quand il se mouchait, il y avait des gouttes de sang qui coulaient de son nez. Il disait avec fierté : « C'est les préliminaires de la syphilis »... J'étais assez content de ce qui lui arrivait et je lui ai répondu : « Voilà ce que c'est quand on n'emploie pas de capote ». Et puis, il y avait Thomas, un copain d'enfance, devant la chambre des enfants. Il souriait à mon amie Laure.

Les souvenirs qui ont fourni des matériaux à cette scène sont les suivants :

– L'« accoutrement » auquel le rêveur se réfère, ce sont les électrodes et la tenue qu'il porte pour l'expérience du rêve. Il a d'ailleurs conscience, dans son rêve, de participer à l'expérience. Les souvenirs de la veille liés à cette expérimentation ont donc fourni ces données.

– La chambre d'hôpital qu'il visualise dans le rêve est une salle qu'il a vue une semaine plus tôt au cours d'une enquête.

– La personne qui relève le rêveur a certains traits de l'expérimentateur (souvenir de la veille).

– Alain est un camarade d'étude qu'il a connu sept ans auparavant. Il apparaît non seulement avec son aspect physique, mais avec un trait de comportement qui le caractérisait (se vanter de faits peu intelligents, pour le plaisir de se faire passer pour un adulte). Cependant, ce garçon n'avait jamais mentionné avoir la syphilis.

– La syphilis renvoie à une légère atteinte vénérienne que le sujet a eue deux ans avant l'expérience.

– Thomas est un camarade d'enfance, fréquenté pour la dernière fois 12 ans auparavant.

– Laure est une amie vue pour la dernière fois deux semaines avant l'expérience.

– Enfin la chambre des enfants pourrait être tirée du tout premier souvenir du sujet : à l'âge de trois ans, il a été hospitalisé.

Voici comme second exemple le résumé d'une scène du rêve de Sibylle.

La jeune femme est d'abord seule dans une voiture de sport qui se révèle très difficile à conduire. Puis son ex-ami est à côté d'elle et la défie de conduire plus vite. La route sinueuse se déroule dans un paysage semblable à un décor en carton pâte de film américain.

– La voiture de sport est celle de l'ex-ami de la rêveuse, qu'elle n'a plus conduite depuis un an environ.

– L'ex-ami a quitté la jeune femme neuf mois plus tôt. Son attitude ressemble à la manière dont il s'était comporté plus d'une fois : lancer un défi au lieu de venir en aide à son amie.

– La route fait penser à une route que le sujet empruntait à l'époque où elle vivait avec cet ami.

– Le paysage, avec ses collines et ses maison aux couleurs pastels, évoque pour le sujet le décor volontairement artificiel d'un film vu quelques années plus tôt.

Ces deux exemples montrent qu'à la source d'une scène de rêve qui a duré peu de minutes (puisqu'il s'agit d'une petite partie d'un rêve dont la longueur totale est au maximum de 10 minutes) se trouvent de nombreux emprunts à la mémoire. Cela montre que, pendant le sommeil, l'esprit accède facilement à la mémoire. A-t-il accès de manière égale à tous les souvenirs ou de préférence aux plus récents ?

Freud (1967/1900) a insisté sur l'importance des souvenirs de la veille du rêve qu'il nomme les restes ou résidus diurnes. Plus récemment, Hartmann (1968) a signalé que la moitié environ de ses rêves faisaient référence au passé récent et Harlow et Roll (1992) montrent que des étudiants repèrent au moins un reste diurne (contenu de rêve identique à quelque chose qui a été expérimenté la veille) dans environ la moitié de leurs rêves. Pour Freud, les souvenirs de la veille intégrés au rêve étaient insignifiants. Un psychanalyste comme Palombo (1978) estime au contraire que les restes diurnes correspondent à des expériences de la veille importantes du point de vue affectif, à la fois nouvelles et jugées utiles pour l'avenir. Je pense quant à moi que la plupart des éléments du vécu de la veille intégrés dans les rêves sont des événements ou des entités (objets, personnes) qui ont eu pour le sujet une résonance affective. Ils ont suscité de l'intérêt ou une autre émotion par suite de leurs caractéristiques propres ou de leur similitude avec des expériences passées chargées d'émotion. Une condition d'intégration dans le rêve est le fait que ces éléments perçus ou vécus n'ont pas pu être élaborés par le sujet au cours de la journée.

Certains auteurs attirent l'attention sur un délai d'incorporation nécessaire entre le moment où a lieu un événement et la nuit pendant laquelle il est intégré dans un rêve. Ainsi, Jouvet (1992) a observé qu'il faut un temps de latence d'une semaine avant qu'un nouveau lieu soit intégré dans ses rêves. Nielsen et Powell (1989, confirmé par Powell, Nielsen, Cheung & Cervenka, 1995) trouvent qu'un événement frappant tend à être intégré dans un rêve de la nuit qui suit, puis qu'il est plus rarement incorporé, jusqu'à ce que resurgisse une importante fréquence d'incorporation une semaine plus tard.

Sans vouloir nier que ces études sur les délais d'incorporation peuvent se révéler intéressantes, je pense utile de garder à l'esprit que, pendant le rêve, des souvenirs de tous les moments du passé peuvent être utilisés. Certains datent de moins de deux heures. Par exemple, Cipolli, Baroncini, Cavallero, Cicogna et Fagioli (1988) réveillent leurs sujets juste après endormissement pour leur fournir les données d'un problème. Ils notent que ces données sont incorporées dans les contenus de rêve de la première phase paradoxale, environ une heure et demie plus tard. D'autres souvenirs datent de la veille ou encore de deux ou trois jours avant, et ainsi de suite jusqu'à un passé lointain (depuis Freud, on est attentif à la présence de souvenirs d'enfance). La première illustration que j'ai donnée ci-dessus de l'apparition de souvenirs en rêves, celle du rêve de l'hôpital, est exemplaire de ce point de vue puisqu'on y trouve des souvenirs datant de quelques heures et peut-être bien le plus ancien souvenir du sujet. Ce résultat est confirmé par une étude que nous avons menée sur 10 rêves de 10 personnes différentes pris au hasard dans notre échantillon. Les souvenirs évoqués dans la partie de l'entretien consacrée à cet effet ne se regroupaient pas autour d'une période précise par rapport à la nuit du rêve. Nous avons distingué sept périodes différentes : la veille, la semaine précédente, le mois précédent, l'année précédente, plusieurs années auparavant pendant l'âge adulte, pendant l'adolescence et, enfin, pendant l'enfance. Les 137 souvenirs liés aux rêves des 10 sujets (dont la moyenne d'âge était de 39 ans) se regroupent principalement dans deux catégories. Un quart d'entre eux datent de la veille. Ce sont les souvenirs les plus frais et les plus facilement retrouvés. Un autre quart des souvenirs date de plusieurs années avant le rêve. Ceci s'explique par le fait qu'il s'agit d'un vaste empan temporel chez des personnes de cette moyenne d'âge. Or, si nous demandons spécifiquement de rechercher parmi les souvenirs de la veille, pour les autres périodes nous ne demandons que : «Et dans une période plus lointaine par rapport à hier?» Il est donc frappant de voir décrire des souvenirs datant de plusieurs années et même une proportion non négligeable de souvenirs antérieurs à l'âge adulte. Dix-sept pourcent des épisodes évoqués remontent en effet à l'adolescence ou l'enfance.

Le problème très intéressant qui se trouve derrière cette question de la date du souvenir, c'est plus généralement celui des raisons pour lesquelles un souvenir plutôt qu'un autre fournit son aliment au rêve. La récence relative n'est certainement pas la raison majeure. Le fait qu'un souvenir soit contemporain par rapport à d'autres souvenirs activés dans le rêve n'est pas à exclure. On peut aussi invoquer une activation neurophysiologique qui «réveillerait» plus ou moins au hasard tel ou tel souvenir. C'est ce que semble penser Foulkes (1985). Cet auteur suppose aussi que cette activation est «diffuse», c'est-à-dire qu'elle agit sur des souvenirs divers, non nécessairement reliés. Même si un tel phénomène existe, d'autres souvenirs sont visiblement activés en fonction de leur signification pour le sujet, signification en rapport avec les préoccupations actuelles et avec le contenu du rêve en cours. Mais ce ne sont pas toutes les préoccupations, et certainement pas les plus quotidiennes, qui réapparaissent en rêve. Par exemple, Roussy, Camirand, Foulkes, de Koninck, Loftis & Kerr (1996) notent que seulement 25 % des préoccupations mentionnées par les sujets à l'état d'éveil apparaissent dans leurs rêves de la première phase paradoxale de la nuit. Il est par ailleurs bien connu que les choses et les problèmes qui nous occupent constamment pendant le jour sont rarement au centre des rêves (Saredi, Baylor, Meier & Strauch, 1997). Nous reviendrons sur ce sujet en parlant des instigateurs du rêve au chapitre suivant.

Classification des souvenirs en fonction de leurs significations objectives et subjectives

L'étude des rêves permet de connaître les lois de fonctionnement de la mémoire plus sûrement que certaines situations totalement artificielles utilisées dans ce but. Le rêve est en effet le produit d'une activité spontanée de recherche de souvenirs. Son analyse nous renseigne donc sur la façon dont les souvenirs se relient dans la mémoire à long terme. Bien des auteurs ont insisté sur les liens associatifs qui existent entre les éléments de mémoire. Par exemple, Palombo (1978) se réfère à un modèle «d'arbre de la mémoire» de Newell, Shaw et Simon qui date des débuts de la révolution cognitiviste aux Etats-Unis (à la fin des années cinquante), mais cette idée de liaison par association entre les souvenirs utilisés par le rêve se trouvait chez beaucoup d'auteurs au XIXe siècle déjà (voir chapitre 2).

Certaines données obtenues dans notre laboratoire ou concernant mes propres rêves montrent que des souvenirs distants temporellement sont connectés à la fois par un élément objectif et par ce que j'appelle leur signification subjective. Rappelons que cette expression se réfère à l'importance, la signification personnelle et la valeur affective de l'expérience vécue pour le sujet. Par exemple, un auditoire d'université, source du lieu d'un rêve, a des caractères objectifs : la forme de la salle, son équipement et sa fonction habituelle. Pour un de nos sujets, cet auditoire, très en pente, est ressenti comme un lieu dangereux. Cela en constitue une signification subjective. Ou encore un téléphone possède une forme, une fonction et des éléments caractéristiques (significations objectives) et, pour un de nos sujets, cet appareil est vécu comme une source de complications dans sa vie (signification subjective).

Plutôt que de fournir une longue explication à propos du fait que plusieurs souvenirs activés dans un même rêve partagent des significations à la fois objectives et subjectives, je vais donner trois exemples, dont deux que j'ai déjà publiés ailleurs.

Dans le premier exemple, Jérôme, le rêveur, *voit qu'on vole sa voiture et dit : « C'est trop fort, ça fait la troisième fois qu'on me vole ma voiture ! »*

Les souvenirs en rapport avec un vol de voiture sont les suivants :

– (Deux jours avant le rêve) Jérôme a décidé de ne pas fermer sa voiture à clé, craignant que la serrure ne gèle pendant la nuit. Le risque de vol était faible, car cela se passait dans un village de montagne de la Suisse, mais tout de même réel. Le lendemain la voiture était là : le sujet avait eu raison de ne pas craindre le vol.

– (15 ans avant le rêve) On a volé la voiture de Jérôme, alors qu'il allait partir pour la montagne. Les conséquences ont été plutôt positives, car le sujet a loué une plus grosse voiture, plus apte à transporter toutes les affaires de la famille.

– (18 ans avant le rêve) La voiture du frère de Jérôme a été volée dans la propriété de leurs parents. Un voleur sévissait depuis quelques temps dans la propriété. Il a été pris par la police et s'est révélé un personnage inoffensif (à part sa tendance au vol) et plutôt pathétique.

La signification objective commune à ces trois souvenirs est le vol d'une voiture (réel ou imaginé). La signification subjective commune est le fait que la perte de la voiture (objet très valorisé par Jérôme) a été suivie d'une sorte de soulagement qui faisait dire au sujet : « Ce n'est pas si terrible » ou « Il y a même de bons côtés ». Pour anticiper sur le chapitre 8 consacré à l'interprétation des rêves, je signalerai que ce sujet a interprété ce rapprochement de souvenirs comme suit : le rêve veut dire qu'il ne faut pas craindre la perte. La perte, au moment du rêve, faisait pour Jérôme immanquablement penser à la rupture sentimentale qu'il venait de vivre.

Le deuxième exemple est un rêve *pendant lequel le sujet cherche, à travers une ville, un escalier qui le ramènera chez lui. A la fin du rêve, il trouve l'escalier et le gravit en rencontrant des obstacles.* Les souvenirs rattachés à l'idée de gravir des escaliers sont les suivants :

– (Une semaine avant le rêve) Le sujet a loué un logement de vacance situé à l'étage. L'immeuble était sans ascenseur, ce qui semblait un inconvénient. A l'usage, l'appartement s'est révélé agréable, avec une belle vue.

– (Deux jours auparavant) Le sujet a fait une promenade en montagne par un chemin très escarpé. Cela faisait comme des marches naturelles. Arrivés en haut, les promeneurs ont admiré le paysage et observé des chamois.

– (Deux jours auparavant) Au cours de cette promenade, le rêveur a raconté à ses amis qu'à l'âge de 10 ans, il avait gravi à pieds les deux premiers étages de la Tour Eiffel. La montée n'avait pas été trop pénible, contrairement à son attente.

– (Trois jours auparavant) Le sujet et ses enfants avaient hésité à monter un chemin, commençant par des marches, qui menait à un château. Ils avaient fini par le faire et s'en étaient félicités.

Ces quatre souvenirs ont en commun les éléments objectifs « montée fatigante » et « marches ». La signification subjective commune peut se définir ainsi : soulagement en constatant que la difficulté est aisément vaincue et satisfaction de découvrir un point de vue nouveau.

Dans ces deux exemples, un même contenu récurrent dans le rêve (la voiture volée et l'escalier à monter) paraît trouver sa source dans plusieurs souvenirs, distants du point de vue chronologique, mais ayant en commun des éléments objectifs et leur signification subjective. Un dernier exemple montrera que la relation un à plusieurs peut se faire dans l'autre sens : un seul souvenir, correspondant il est vrai à des expériences récurrentes, se trouve à l'origine de deux contenus successifs différents d'un rêve. Il s'agit de la suite du rêve de Sibylle, après le passage où la rêveuse se trouve en voiture avec son ex-ami.

Soudain, une locomotive se trouve en travers de la route. Elle n'a pas l'air réel mais a l'apparence d'une locomotive de musée ou d'un jouet agrandi. La rêveuse pousse la locomotive hors de la route avec sa voiture. Puis la scène change : la jeune femme se trouve au bord d'une rue à côté de son ex-ami qui a le visage du frère de la rêveuse lorsqu'il avait 13 ou 14 ans.

– (16 ans plus tôt environ) La locomotive-jouet rappelle le fait que le frère de Sibylle avait des circuits de trains électriques qui prenaient beaucoup de place dans l'appartement familial.

– (14 ans auparavant environ) Lorsque le frère de la rêveuse a atteint l'âge de 13-14 ans, il est devenu assez fort pour ne plus céder à sa sœur quand elle le menaçait physiquement.

La signification objective « mon frère quand il était jeune » s'accompagne d'une signification subjective qu'on peut définir comme : « relation conflictuelle avec quelqu'un qui ne peut être intimidé ni violenté ». La locomotive apparaissant dans la première scène ainsi que le visage du frère présent dans la scène suivante semblent tous deux dériver des souvenirs liés au frère et auxquels s'attache cette signification subjective. Dans la première scène, l'idée du frère est représentée par métonymie. Je reviendrai sur cette possibilité dans le chapitre suivant, consacré aux processus d'élaboration des rêves.

Un même souvenir peut être la source de deux scènes apparemment sans liens

L'exemple qui vient d'être donné illustre le point que je vais développer maintenant un peu plus : deux scènes consécutives d'un rêve qui paraissent sans liens entre elles peuvent avoir à leur source le même souvenir. Un contenu du souvenir a fourni le matériau de la première scène, tandis qu'un élément connexe de ce souvenir alimente la scène suivante. On peut formuler cela un peu différemment : un souvenir fournit un élément à une scène de rêve et un autre souvenir lié étroitement au premier alimente la scène suivante. Ce phénomène apparaît à trois reprises dans le rêve de Luis, qui est résumé dans le schéma de la figure 6.

Ce schéma montre que le lieu où se passe la première partie du rêve est lié, aux dires du sujet, à un souvenir datant de 10 ans. Il s'agit d'une grande halle d'exposition où avait lieu une foire aux livres que Luis visitait avec la même attitude d'observation et le même sentiment de non appartenance au groupe qui se retrouvent dans la scène du rêve. Au cours de cette manifestation, le jeune homme a approché un ministre suisse. Or, que voyons-nous apparaître dans la scène suivante du rêve, qui est en rupture séquentielle avec la première ? Un premier ministre,

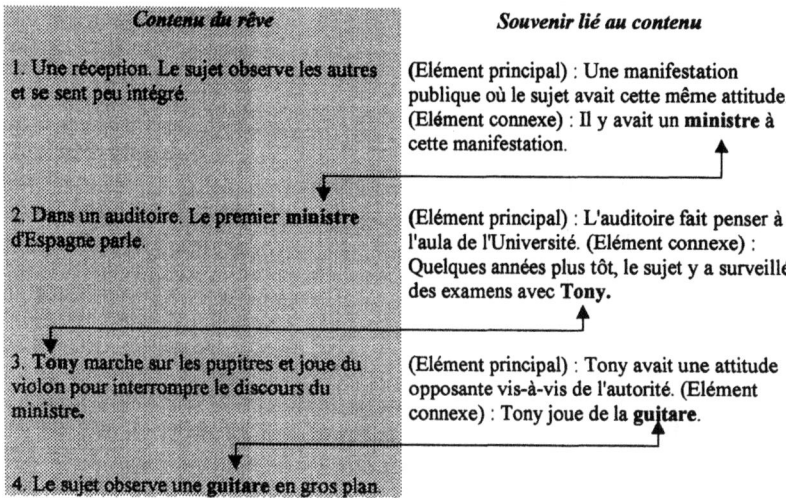

Fig. 6 — Liens entre un souvenir lié à une scène et le contenu de la scène suivante. Rêve de Luis.

mais il est cette fois-ci chef du gouvernement du pays d'origine de Luis. Le discours du ministre a lieu dans un grand auditoire, qui fait penser à Luis, une fois réveillé, au plus grand auditoire de l'université où il a travaillé. Un des souvenirs rattachés à cet auditoire est que, quatre ans plus tôt, le jeune homme y avait surveillé des examens en compagnie d'un de ses collègues nommé Tony. Or, qui apparaît au cours de cette scène de rêve, de manière abrupte? C'est précisément Tony. Parmi les souvenirs liés à Tony se trouve le fait que ce collègue était un excellent guitariste. Voilà qui pourrait expliquer l'apparition inattendue d'une guitare dans la troisième scène du rêve.

Cet exemple n'est pas le seul que nous ayons observé. Nous allons mener une recherche sur ce phénomène — à savoir l'existence d'une source mnésique commune à deux contenus de rêve successifs qui ne semblent avoir aucun rapport entre eux. Pour cela, nous présenterons à des sujets une liste des mots apparaissant dans l'évocation des souvenirs liés à la première scène du rêve et une liste des mots compris dans la description de la scène suivante. Si nos observations concernant le fait que deux scènes successives s'alimentent au même souvenir ont été faites de manière non biaisée, il devrait y avoir un nombre significativement plus élevé d'éléments communs dans cette double liste que dans une double liste contrôle.

Pourquoi les souvenirs sont-ils rarement reconnus en rêve ?

Les contenus de mémoire non reconnus

Au cours de l'entretien consacré à la recherche des souvenirs à l'origine des contenus d'un rêve, seuls une partie d'entre eux sont retrouvés. J'ai acquis cette conviction après avoir mené cette partie de l'entretien en présence d'une ou plusieurs personnes faisant partie de l'entourage du sujet. Dans ces cas, il arrive souvent que les amis ou membres de la famille présents rappellent à la personne interrogée à propos de son rêve tel épisode à l'origine d'une représentation onirique. Par exemple, une femme de 50 ans désigne en rêve une maison par un nom qui, au réveil, lui semble bizarre et inconnu. Mais sa nièce, qui assiste à l'entretien, lui rappelle que, trois semaines auparavant, l'ex-mari de la dame a annoncé qu'il nommerait ainsi sa nouvelle maison.

J'observe aussi ce phénomène avec les étudiants venant d'une université étrangères qui font un stage dans mon laboratoire. Ils sont en général par groupe de trois et, pendant leur stage, partagent leur logement, leurs études et leurs distractions. Chacun d'eux est participant volontaire à l'expérience sur le rêve et ses deux camarades assistent à l'entretien sur le rêve, si le sujet est d'accord. A cette occasion, il n'est pas rare qu'un ou une des deux camarades rappelle au sujet une rencontre, par exemple, ou un aspect de leur pension, qui se retrouve dans le rêve analysé, sans avoir été reconnu par l'auteur du rêve. On peut conclure de ces observations que la mémoire fournit plus de matériau que nous ne croyons à nos représentations nocturnes.

Contenus reconnus au cours du rêve et le lendemain

Bien que de nombreux contenus de rêves soient empruntés à la mémoire, donc aux choses bien connues du sujet, une petite partie seulement de ces contenus est reconnue. Pour que nous puissions avancer un ordre de grandeur quant à ces récognitions, Pierre Willequet a calculé, sur un échantillon de 16 rêves de 16 personnes différentes, le nombre de souvenirs identifiés comme étant à la source de contenus de ces rêves. Un total de 129 souvenirs a été identifié par les sujets. Nous avons tenu compte aussi bien des entités empruntées au souvenir (personnes, objets, maisons, etc.) que des attributs d'entités (un vêtement, une forme de nez, pour une personne, une couleur pour un objet, la disposition des pièces ou une forme de fenêtre pour une maison).

La majorité des contenus empruntés à la mémoire (près des trois quarts) a été identifiée comme telle le lendemain, lors de la séance consacrée à la recherche des souvenirs. Pendant le rêve, les sujets identifient surtout des personnes (elles représentent près de la moitié des contenus identifiés à ce moment-là), nettement moins souvent des lieux et des objets et très rarement des activités. Le lendemain, il y a moins de différences entre les proportions de contenus identifiés dans les diverses catégories. Les objets et les activités sont identifiés un peu plus souvent, les personnes et les lieux viennent ensuite. En ce qui concerne les activités, on constate que la quasi totalité d'entre elles sont identifiées au cours de la séance du lendemain.

Ce dernier point s'explique d'abord par la phénoménologie du rêve. Le rêveur a le sentiment de vivre ce qu'il se représente. Il peut donc, comme c'est le cas dans la vie éveillée, reconnaître des personnes, lieux et objets qui lui sont familiers. En revanche, les activités qui se déroulent dans son rêve lui paraissent naturellement originales. Ce sont des activités présentes et non passées. Une autre raison qui empêche de reconnaître, dans une activité représentée en rêve, la reproduction de quelque chose qui s'est produit dans le passé, c'est que ces activités apparaissent en rêve généralement avec des modifications.

La transformation des éléments de mémoire

Cette modification des sources mnésiques dans les représentations oniriques est un phénomène courant. Tout d'abord, il est extrêmement rare que le rêve emprunte à un souvenir *l'ensemble* de ses caractéristiques. Quelques éléments partiels sont retenus et mêlés à d'autres sources mnésiques ou à des contenus de l'imagination. De plus, les éléments partiels empruntés à la mémoire sont souvent modifiés. Nous avons étudié ce phénomène sur l'échantillon de 16 rêves dont les identifications de souvenirs ont été analysées ci-dessus. Une distinction a été opérée entre les contenus identifiés au cours du rêve et ceux qui l'ont été le lendemain pendant la séance de recherche de souvenirs. Par ailleurs, nous avons réparti les éléments tirés de la mémoire et apparus en rêve dans les deux rubriques : « inchangé » et « modifié ». Je commencerai par donner des exemples des différentes catégories distinguées.

Considérons d'abord ce qui est identifié au cours du rêve. Il peut s'agir d'un contenu de mémoire inchangé : un membre de la famille ou une autre personne connue, la voiture du rêveur, une chambre ou le lieu d'expérimentation, tous éléments représentés fidèlement. Les éléments connus peuvent au contraire apparaître modifiés :

– *C'est ma mère, avec une coupe de cheveux très différente de la sienne dans la réalité.*

– *Il y avait la statue de la Liberté. [Elle ressemblait plutôt à] une statue d'Oscar, sans bras levé.*

– *Le bateau rentrait dans New York. Ça ressemblait plutôt à ce qu'on voit depuis la Tamise quand on arrive à Londres.*

Voici maintenant des exemples de contenus mnésiques reconnus le lendemain :

– *Cette robe noire que je mettais dans le rêve, c'est exactement la robe que portait ma copine X il y a quelques années.* (Contenu mnésique inchangé)

– *Quitter une maison pour aller m'installer dans le living d'une autre maison : c'est en fait ce qui m'est arrivé il y a 7 ans, lorsque je me suis installé temporairement chez des amis en arrivant ici.* (Activité inchangée, mais lieux modifiés par rapport à ceux du souvenir)

– *Le mari jaloux du rêve, il a en fait la tête de l'ex-ami de ma sœur et l'allure d'un patron de bistrot que je connais.* (Souvenirs modifiés par condensation)

La plus grande partie des contenus de souvenirs identifiés comme sources de contenus de rêves (78 %) sont modifiés par rapport à leur modèle réel. Les personnes sont moins souvent modifiées que les autres catégories, en revanche, les lieux et les activités empruntés à la mémoire sont presque toujours modifiés. Au total, la forte proportion de modifications montre que le rêve procède par transformation des éléments de connaissance stockés en mémoire. Ceci pourrait bien expliquer pourquoi nous avons de la peine à reconnaître dans nos rêves une grande partie des éléments empruntés à nos souvenirs.

La majorité des contenus inchangés est déjà identifiée pendant le rêve, tandis qu'une très grande partie des contenus de mémoire modifiés ne sont reconnus que le lendemain, au cours de la séance de recherche de souvenirs. Il ne faudrait pas pour autant en conclure qu'au cours d'un rêve nous ne sommes capables d'identifier que les éléments de mémoire inchangés. En effet, près de la moitié des contenus d'expérience identifiés pendant le rêve sont modifiés. Cela s'explique par le phénomène de dissociation entre l'identité d'une chose et son apparence.

Il faut en effet distinguer l'identité (ceci est ma maison, ou ma mère, ou la voiture de mon frère) et les attributs (les diverses caractéristiques de la mère, la maison ou la voiture). Dans les rêves, on assiste parfois à une dissociation entre ces deux aspects. Les diverses possibilités de conservation d'identité et d'attributs peuvent être résumées ainsi :

IDENTITÉ	ATTRIBUTS
a) Conservée	Conservés
b) Conservée	Partiellement modifiés
c) Conservée	Entièrement modifiés
d) Non reconnue	Conservés (plus ou moins complètement)

Dans le cas a), identité et attributs sont conservés : «C'est mon chien, il est comme dans la réalité avec des poils longs, une couleur noire et feu et la forme typique du colley». En b), certains attributs sont modifiés : «C'était mon chien, mais la couleur de ses poils ne correspondait pas à sa couleur réelle». Il arrive aussi (cas c) que l'identité soit présente, sans aucun des attributs habituels : «J'avais conscience qu'il s'agissait de mon chien, mais il ne lui ressemblait en rien». Très souvent — et cela explique la difficulté à reconnaître les sources mnésiques — se présente le cas d) où les attributs sont complètement ou partiellement conservés, mais l'identité ne l'est pas : «C'était un chien blanc à poils ras, qui me paraissait inconnu. Mais, quand j'y repense, mon premier chien était un chien blanc à poils ras».

Pour compliquer les choses encore, il arrive que seuls la signification subjective et quelques aspects très généraux d'un souvenir soient repris dans le rêve. Tel était le cas du souvenir de la foire aux livres, mentionné plus haut. La halle d'exposition où se tenait la foire n'avait rien de commun avec la pièce où a lieu la réception dans le rêve. Cependant, Luis a la conviction que c'est bien le souvenir de cette halle qui est à l'origine du lieu de son rêve. On remarque que la signification subjective («J'observais les gens avec curiosité et me demandais comment je pourrais m'intégrer à cette population») ainsi que l'attribut objectif «réunion de nombreuses personnes» sont seuls repris du souvenir. Voici un deuxième exemple de cette transposition complète d'un souvenir, pris dans le rêve de Christophe (unités narratives 2.1, 2.2. et 2.3 du schéma de la p. 113). Le rêveur se voit manger dans un restaurant, puis partir sans payer. Quand je lui demande si «partir sans payer» lui rappelle un souvenir, il répond : «J'ai fraudé pour ne pas faire mon service militaire», réponse qui me surprend car je ne vois guère de points communs entre la scène du restaurant et cette fraude. C'est cependant ce qui est venu à l'esprit du sujet. L'impression subjective de ne pas payer son dû (au restaurant, dans le rêve, à la société par l'accomplissement de son service militaire, dans la réalité) lui paraissait identique dans les deux cas.

Dans cet exemple et le précédent, aucun indice «objectif» ne nous assure que le souvenir évoqué est bien à la source du contenu de rêve. En revanche, dans bien d'autres cas, il est certain que le souvenir décrit par le sujet est à l'origine d'un aspect du contenu onirique. C'est le cas de tous les lieux, objets et personnes connus du sujet qui se retrouvent dans le rêve et donc entre autres de tout ce qui a trait à l'expérimentation sur le rêve : présence d'électrodes, des expérimentateurs, des locaux d'expérimentation, de la nécessité de raconter un rêve. On a souvent déploré l'artefact que constitue la situation de laboratoire mais, pour l'étude de l'utilisation des éléments de mémoire, cette condition artificielle constitue une aide précieuse. En rapport avec le problème qui nous intéresse ici, cela permet de voir comment les éléments de mémoire sont transformés. Tantôt, l'ensemble du souvenir est assez bien évoqué : le laboratoire, l'expérimentateur, la tenue du sujet sont fidèlement représentés, mais l'invention propre au rêve apparaît sous la forme d'un aspect bizarre ou inattendu : l'expérimentateur a un écran d'ordinateur en lieu et place de sa tête, ou il annonce que le sujet peut rentrer chez lui, alors qu'il n'a pas encore raconté son rêve. Souvent, des éléments du souvenir se trouvent mêlés à des contenus tout différents. Ainsi, une rêveuse se voit avec les électrodes sur la tête, mais elle est dans la rue et doit aller dormir dans une cabine téléphonique (le lieu où l'on communique avec les autres). Nous avons vu aussi que le sujet peut se représenter en rêve faisant l'expérimentation dans un hôpital qui n'a rien à voir avec les locaux de l'expérience et où il rencontre diverses personnes connues dans le passé. Enfin, une jeune femme voit en rêve qu'elle a une seule électrode, rouge (couleur différente de celle du matériel d'expérience) fixée sur sa tête. Son impression est que l'expérimentateur a commis une erreur : l'électrode est mal placée.

Au total, les changements des contenus de mémoire représentés en rêve sont le produit de trois processus principaux : la sélection, la modification et l'intégration.

La sélection

Le plus souvent, seuls quelques aspects du contenu de mémoire sont repris. On ne représente alors en rêve que

– quelques éléments d'un tout : quelques meubles d'une pièce et un seul de ses murs, par exemple ;

– quelques traits saillants : la silhouette longiligne d'une femme et ses cheveux noirs ;

– un seul attribut : la locomotive du frère, la voix grave d'une personne connue ;

– la fonction ou le comportement : un objet indistinct est employé comme téléphone, ou un personnage inconnu se comporte exactement comme quelqu'un de connu dans la réalité ;

– un des aspects mentionnés ci-dessus auquel s'ajoute la signification subjective du souvenir : une impression de danger ou, au contraire, de paix, le sentiment d'avoir triomphé d'une difficulté, etc.

– un aspect de l'organisation séquentielle d'une histoire, d'un film... ou d'un rêve.

Ce dernier point dérive de l'observation du rêve de Luis où un ministre parle dans un auditoire. Le sujet avait, quelques semaines avant le rêve, lu un de mes articles dans lequel j'expliquais ce qu'est une répétition de canevas (voir le chapitre 4). L'exemple donné dans l'article était le suivant :

1. Un professeur donne un cours dans un grand auditoire ; le rêveur prend des notes ;

2. des étudiants bruyants entrent ; le bruit oblige le professeur à interrompre son cours et partir.

1'. Une étudiante donne, de sa place, le cours. Le rêveur prend des notes ;

2'. la lumière baisse progressivement ; cela oblige l'étudiante à s'interrompre.

1". Le professeur revient accompagné de militaires. Il annonce que les étudiants bruyants seront punis de prison ;

2" Tout reprend comme en 1. : le cours est donné, le rêveur prend des notes.

Dans l'article en question (Montangero, 1991), j'analyse le canevas répété en termes de régulations. La première activité représentée est interrompue par une perturbation. Ce schéma est répété avec un contenu différent. Puis, par une régulation homéostatique, l'état initial est restauré.

Or, au cours du rêve où un ministre parle dans l'auditoire, cette activité est interrompue, à deux reprises, par une perturbation. D'abord, quelqu'un jette une chaise, puis Tony se met à jouer du violon avec véhémence. Il a suffi que je demande au sujet si cet épisode du rêve lui rappelait un souvenir pour qu'il évoque la répétition de canevas illustrée dans mon article. Il est probable que nous utilisons ainsi, dans nos rêves, des canevas tirés d'histoires qui nous ont frappés.

La modification

Je me bornerai ici à donner quelques exemples de modifications, car ce processus sera commenté dans le chapitre suivant où figureront diverses catégories de transformation des sources mnésiques. On peut observer, entre le contenu du souvenir et la représentation onirique, des changements de taille. C'est ainsi qu'une locomotive-jouet peut prendre les dimensions d'une véritable locomotive. Parfois, une dimension seulement change : l'auditoire ressemble à celui de l'université, mais il est beaucoup plus large. Quant aux changements de luminosité, nous en avons vu un exemple dans une des représentations de paysages du chapitre 4. Le bord de mer qui a toujours été fréquenté pendant la journée est vu au cours du rêve dans une semi-obscurité. Enfin, le contenu onirique peut présenter des caractéristiques qui sont exactement l'inverse de celles liées au souvenir. Par exemple, une salle de réception est décrite comme «aérée, éclairée par de nombreuses fenêtres et située au dernier étage de la maison». Dans l'entretien consacré aux termes génériques, je demande au sujet comment il peut résumer, par un terme général, l'ensemble de ces caractéristiques. «C'est le contraire de l'habitude», répond-il.

L'intégration

Les contenus empruntés à la mémoire sont généralement fusionnés avec d'autres contenus, comme on a pu le voir dans les exemples donnés ci-dessus concernant la représentation de l'expérience au laboratoire d'étude du rêve. La fusion peut consister en une condensation, par exemple lorsque l'ami de la rêveuse est doté du visage de son frère. Dans d'autres cas, les éléments du souvenir sont sortis de leur contexte et amalgamés avec ceux qui dérivent d'autres sources.

RÉSUMÉ ET CONCLUSIONS

L'étude du rêve permet d'observer le fonctionnement de la mémoire au cours des trois temps d'encodage, de stockage et de récupération. En ce qui concerne l'encodage, ce que l'on constate au niveau du rappel des rêves et de leur amnésie relative montre qu'il est nécessaire de distinguer la trace laissée dans la mémoire à court ou moyen terme et les possibilités de récupération. Indiscutablement, l'expérience onirique est encodée et laisse une trace puisqu'il est possible de se souvenir d'un rêve lors du réveil ou le lendemain et que l'on peut, à certaines conditions, en donner une description très précise. Pour expliquer les difficultés à récupérer ces traces, il n'est pas besoin de postuler (comme Hartmann, 1982, ou Hobson, 1992) que les capacités mnésiques du cerveau sont très affaiblies lors de l'encodage, pendant la phase de sommeil paradoxal. L'existence de traces mnésiques va à l'encontre d'une telle hypothèse.

L'explication de l'amnésie relative des rêves peut se faire au niveau psychologique, en considérant d'abord ce qui se passe pendant l'encodage. Les diverses stratégies connues pour graver un événement dans la mémoire font défaut pendant le rêve. Quant à ce qui se passe au moment de la récupération du souvenir, il faut souligner le contraste entre les conditions cognitives du sujet au moment où il vit son rêve et au moment où il se le remémore et le raconte. Les raisons d'un oubli du rêve sont alors doubles. D'une part, on sait qu'il est plus difficile de se rappeler une expérience lorsqu'on est plongé dans un contexte très différent par rapport à celui de l'expérience. D'autre part, la nécessité d'adaptation à la réalité nous pousse à oublier la plupart de nos rêves et à donner ainsi la priorité aux contenus de mémoire qui concernent la vie éveillée.

Enfin, la fixation en mémoire à long terme est éphémère parce qu'il est difficile de classer le contenu toujours original et parfois étrange du rêve dans des schémas connus. On peut donc admettre que les rêves sont essentiellement destinés à être oubliés. Cela n'exclut en rien qu'ils aient un impact sur notre comportement éveillé même lorsqu'ils sombrent immédiatement dans l'oubli, ni qu'un travail sur les rêves remémorés ne puisse être fructueux.

Les diverses raisons qui expliquent la difficulté de remémoration des rêves ne doivent pas faire oublier les conditions positives qui permettent leur rappel. D'une part, pendant l'expérience onirique, toute l'attention des rêveurs se focalise sur le contenu, en général assez limité, de leurs représentations, d'autre part, la majorité de ces représentations est de nature imagée. Or, le rappel des images est bien meilleur que celui des contenus verbaux et peut être sujet à une amélioration après un délai. Ces deux conditions qui favorisent la mise en mémoire du rêve ne suffisent pas à en assurer le rappel. Pour que les traces laissées par l'expérience onirique puissent être récupérées, les meilleures conditions sont celles du double récit, nocturne et matinal, proposé par ma méthode. On se souvient qu'un nombre impressionnant de précisions sont données ainsi le lendemain matin après relecture du récit nocturne.

A propos du rappel du rêve, on doit souligner le fait que, malgré le caractère fragmentaire des représentations oniriques sur lequel j'ai insisté au chapitre 4, un rêve est perçu comme une totalité. La récupération se fait généralement pas à pas, en commençant par une scène en fonction des lois bien connues — de récence et de «salience» — de la psychologie de la mémoire. Par la suite, l'ensemble du rêve est reconstitué pas à pas, avec le net sentiment que, malgré leur caractère hétérogène, les diverses scènes sont bien celles d'un même rêve. Ce sentiment d'unité peut tenir à la contiguïté temporelle des impressions du rêve, mais aussi aux relations sémantiques entre scènes, à travers des sources communes.

Ce dernier point nous amène à la question de la mémoire en tant que vaste réservoir dans lequel le rêve trouve ses matériaux. L'accès aux contenus de mémoire déjà fixés — ou du moins à certains d'entre eux — est très aisé pendant le rêve. Nous avons vu qu'une seule scène onirique peut puiser ses sources à des souvenirs nombreux, depuis le vécu le plus récent jusqu'aux souvenirs d'enfance. Comme le signale Fiss (1993), il n'est pas impossible que le rêve fasse aussi usage d'éléments de la mémoire implicite, c'est-à-dire de choses non consciemment enregistrées, ni évocables volontairement. Freud a signalé que les «restes diurnes» apparaissant en rêve étaient parfois des éléments à peine notés ou même ignorés pendant le jour précédent. Il fait état d'une recherche de Poetzl (1917) allant dans ce sens. Poetzl montrait des paysages au tachystoscope pendant une durée si brève qu'il était impossible de distinguer consciemment quoi que ce fût. Cet auteur affirme cependant que les dessins accompagnant les récits de rêves de ses sujets le lendemain comportaient beaucoup d'éléments des paysages perçus ainsi de manière subliminale. Des recherches plus récentes semblent confirmer ces résultats (Shevrin, 1986).

L'étude des souvenirs qui viennent à l'esprit des sujets à propos du contenu de leurs rêves m'amène à proposer une hypothèse sur la manière dont des éléments de mémoire éloignés chronologiquement sont reliés entre eux. Ces souvenirs sont classés ensemble parce qu'ils ont en commun non seulement des éléments objectifs mais encore une signification subjective identique. J'appelle signification objective les contenus de l'expérience vécue dont la définition est partagée par beaucoup d'individus. La signification subjective est le sens que le sujet attribue à cette expérience et la coloration affective qu'elle prend pour lui. Par exemple, parmi les centaines de souvenirs d'escaliers ou de chemins escarpés que j'ai dans ma mémoire, il en existe un nombre restreint auxquels j'attache la même signification subjective, celle de ressentir un soulagement et le plaisir de la découverte après l'appréhension d'un effort. Je parle de signification et non seulement d'affect, car ce qui relie ces souvenirs n'est pas seulement le sentiment éprouvé au cours de ces expériences, mais un ensemble de significations telles que : gravir, marches, difficulté, point de vue nouveau. Au cours du sommeil, les souvenirs ayant une signification subjective commune inspirent un élément central du contenu d'un rêve. Il est possible que ces souvenirs distants temporellement aient été activés déjà pendant le jour précédent, à l'occasion d'une expérience qui provoque la même impression subjective.

Une autre observation découlant de l'étude des souvenirs liés aux contenus de rêves concerne le lien qu'ils peuvent établir entre deux scènes ou unités temporelles consécutives du rêve. Alors que le contenu de ces deux temps successifs ne semble avoir aucun rapport, on s'aperçoit que le deuxième « temps » (la deuxième unité narrative ou situation) puise son contenu dans le souvenir qui a alimenté le temps précédent. Ce phénomène est important pour saisir les liens sémantiques entre les fragments apparemment discontinus et pour rendre compte du sentiment de totalité donné par un rêve aux scènes multiples et décousues.

Bien que les contenus de mémoire jouent un rôle important comme matériaux du rêve, nos représentations oniriques nous semblent très souvent absolument originales, sans rapport avec notre vécu. Cela pose la question de la capacité de reconnaître les contenus de mémoire apparaissant dans les rêves. Signalons d'abord que les rêveurs ont parfois la nette impression de se souvenir de quelque chose au cours du rêve. Dans un de mes rêves, je me déplaçais en ville à bord d'un télésiège qui se dirigeait vers le mur d'une maison et semblait devoir s'y écraser. Soudain, un souvenir me vint à l'esprit : j'ai déjà passé par ici en télésiège et, lorsque le siège s'approche du mur, celui-ci s'écarte pour le laisser passer. Il s'agissait évidemment d'un pseudo souvenir. Parmi tout ce que le rêve peut simuler se trouve donc aussi l'activité mentale de se souvenir.

Quant aux véritables contenus de mémoire, seule une minorité d'entre eux est reconnue pendant le rêve. Les personnes forment la catégorie la plus fréquemment identifiée parce qu'elles ont le caractère le plus unique, tandis que les activités tirées d'un souvenir sont très rarement identifiées au cours du rêve. Cela tient d'une part au phénomène d'hallucination qui fait paraître les activités comme présentes et non comme la reprise d'activités passées. Cela tient aussi aux fréquentes transformations subies par les activités connues lorsqu'elles sont représentées en rêve. Dans l'ensemble, toutes les catégories de contenu tendent à subir des transformations et, pour un échantillon de 16 rêves, 22 % seulement des contenus identifiés pendant le rêve ou le lendemain comme appartenant à la mémoire du sujet se présentent inchangés. La transformation du connu est donc un processus de base dans l'élaboration des rêves. Elle porte sur la représentation des contenus tandis qu'à l'éveil, la transformation résulte d'opérations sur des représentations fidèles, ou qui se veulent telles, du réel (Cassirer, 1972/1923 ; Piaget, Inhelder & Sinclair, 1968). Rappelons pour terminer que l'on peut très bien identifier certains éléments, comme une personne ou un lieu, bien qu'ils se présentent sous une forme différente de leur aspect réel. Ceci s'explique par la dissociation possible, en rêve, entre l'identité des choses et leurs attributs.

Au terme de ce chapitre sur les relations entre mémoire et rêve, pouvons-nous reprendre l'affirmation d'Hervey de Saint-Denys selon laquelle rien n'est dans les visions du rêve qui n'ait d'abord été perçu visuellement ? Faut-il aussi suivre Foulkes (1985) qui définit l'acte de rêver comme une activité de mémoire ? Ces affirmations sont exagérées et Hervey lui-même reconnaissait que les songes font aussi usage de l'imagination. L'étude des rêves montre qu'ils contiennent des représentations d'activités et d'émotions qui n'ont jamais été expérimentées par le rêveur, telles que voler ou réagir de manière inédite ou ressentir des émotions de terreur ou de bonheur indicibles. Certes, nous savons que ces diverses activités existent, elles font partie de notre mémoire sémantique, dont le contenu vient s'ajouter à celui de la mémoire épisodique. Mais encore certains contenus ne correspondent à aucune connaissance préalable et sont, comme le souligne Hunt (1989), le produit d'une imagination créatrice qui possède une sorte de langage visuel spécifique.

Chapitre 6
Les processus en jeu
dans la production des rêves

UN ENSEMBLE DE PROCESSUS EN INTERACTION

En étudiant la manière dont les contenus de mémoire sont utilisés par le rêve, nous avons tout naturellement été amenés à évoquer des processus en jeu dans la production des rêves. Il est temps maintenant de passer en revue tous les processus qui interviennent dans ce but. Nous trouvons des suggestions variées et souvent incompatibles concernant les processus de production onirique chez divers auteurs (travail de déguisement de pensées selon des processus primaires, activation mnésique diffuse avec la mise en jeu de modules et d'un processeur central, traitement en parallèle selon un modèle connexioniste, etc.). En revanche, nous ne trouvons pas un ensemble complet qui rende compte des divers traitements en jeu. Ce chapitre vise à combler cette lacune en présentant l'ensemble des processus et aspects de connaissance à l'œuvre pour construire un rêve.

Le produit fini qu'est une scène de rêve a pour origine les *instigateurs* du rêve. Ceux-ci activent des éléments de connaissance dans la *mémoire autobiographique* et dans l'ensemble de connaissances du sujet (*mémoire sémantique*). Ce ne sont pas seulement quelques contenus de connaissance isolés qui sont activés de la sorte, mais des ensembles d'éléments reliés en réseaux. Parmi ces matériaux, un processus de *sélection* va opérer un choix, puis d'éventuelles *modifications* vont intervenir. C'est ensuite le tour du processus d'*intégration* qui fusionne les divers éléments retenus pour reconstituer des entités (personnes, objets,

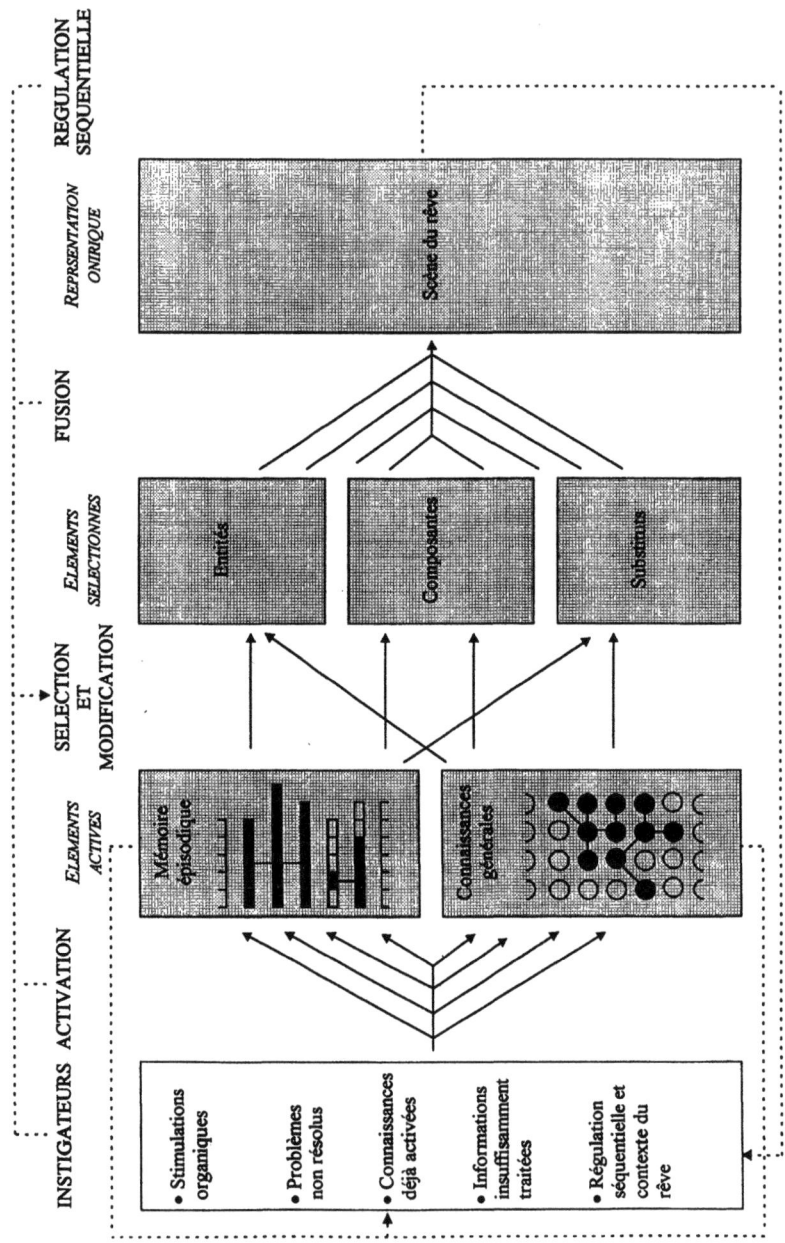

Fig. 7 — Schéma des processus et aspects des connaissances en jeu dans l'élaboration des rêves.

activités, etc.) et la totalité de la scène représentée. Ces significations vont être représentées selon des *modalités de symbolisation* diverses : visuelle, auditive, etc. Un processus de *régulation séquentielle* intervient alors pour trouver une suite à la scène ainsi figurée. La figure 7 récapitule l'ensemble des aspects que je viens d'énumérer, à l'exception du choix de la modalité de représentation.

L'ensemble de ces processus forme une boucle puisque le processus de régulation séquentielle va à son tour provoquer une recherche d'éléments de connaissance, suivie de sélection, modification, etc. Cependant, le déroulement des opérations qui engendrent les représentations oniriques n'est pas en réalité aussi linéaire que je viens de le décrire. Le choix d'une modalité de symbolisation est peut-être en partie déterminé déjà au niveau des connaissances activées. D'autre part, lorsqu'elles sont activées, des connaissances peuvent devenir des instigateurs à l'origine d'une nouvelle recherche d'éléments ou elles peuvent directement fournir le matériau de la scène suivante. D'une manière générale, quand le rêve est en cours, les divers processus travaillent simultanément et entrent en interaction. Voyons maintenant plus en détail les caractéristiques de ces processus présentés dans la figure 7.

LES INSTIGATEURS DU RÊVE

Par instigateurs, je n'entends pas seulement ce qui active certains contenus de connaissance, mais aussi ce qui peut diriger la sélection et l'assemblage des éléments sélectionnés. Ces instigateurs peuvent se trouver tant au niveau organique qu'au plan psychologique. Certains stimuli organiques, comme une digestion difficile ou un bras lié, peuvent jouer un rôle dans le contenu des rêves. Par ailleurs, il se peut qu'une stimulation d'ordre neurophysiologique active certains souvenirs ou certaines images sans avoir à son origine une raison psychologique, comme c'était le cas dans les anciennes expériences de Penfield. Chacun peut d'ailleurs observer, dans sa vie éveillée, l'irruption d'images et de souvenirs sans rapport aucun avec le contexte présent. Dire que ces images sont reliées à un élément du contexte actuel par le cheminement tortueux d'associations est aussi facile à avancer que difficile à prouver. On peut donc accepter la notion d'activation aléatoire, comme nous le proposent quelques auteurs, mais ce phénomène ne peut cependant rendre compte de la plupart des contenus représenté en rêve. En effet, ces derniers sont de toute évidence reliés soit aux préoccupations du rêveur, soit au contexte du rêve en cours. Ils dérivent donc d'instigateurs de nature psychologique.

Quels sont donc ces instigateurs ? La psychanalyse nous propose les désirs refoulés, les jungiens la nécessaire compensation des attitudes diurnes ou l'intervention d'archétypes ancestraux, la psychologie contemporaine évoque souvent l'ensemble des préoccupations des rêveurs, etc. Or, l'étude des contenus de rêves montre qu'ils sont très loin de se limiter aux thèmes mis en avant par les disciples de Freud ou Jung. Quant aux préoccupations quotidiennes conscientes, des recherches récentes révèlent qu'elles reviennent assez peu dans les rêves. Pour savoir quelles préoccupations sont susceptibles d'être figurées en rêve, il faut tenir compte de la loi suivante : ce sont les connaissances insuffisamment traitées qui ont le plus de chances d'être des instigateurs de rêves. Une chose à peine entrevue qui éveille un écho chez le sujet mais à laquelle il ne peut ou ne veut penser par la suite figurera plus sûrement dans ses rêves que l'objet de son attention soutenue pendant le jour.

Cela dit, on constate que diverses catégories de préoccupations, qui, presque toutes, représentent des questions non résolues se retrouvent dans les contenus oniriques. C'est d'abord tout ce qui fait l'objet de recherche et questionnement. Ce sont aussi des expériences négatives comme un épisode humiliant, un choc psychologique, une perte ou un deuil. Tout à l'opposé, les situations gratifiantes mais insuffisamment expérimentées, ainsi que l'idéal privé ou professionnel sont aussi à l'origine de contenus de rêve. De plus, les rêves mettent en scène la préoccupation pour un événement à venir : la nécessité de se souvenir d'un rêve et de le raconter, pour les sujets de nos expériences, la conférence à donner devant un auditoire choisi et critique, pour un universitaire, des événements tels qu'un examen ou un mariage pour tout un chacun. Enfin, les circonstances nouvelles auxquelles il faut s'habituer, que ce soit un nouveau cadre professionnel, un apprentissage, une nouvelle relation, constituent une dernière catégorie d'instigateurs.

Lorsqu'un rêve est commencé, c'est son contenu même qui peut être l'instigateur des contenus oniriques suivants. D'une part, la régulation séquentielle opère en cherchant une suite simplement plausible, ou déterminée par un lien causal ou narratif ou encore par l'appartenance à un même script. Si je rêve de me trouver au volant d'une voiture sur la route, la scène suivante comportera plus facilement un risque d'accident ou le choix d'un itinéraire qu'un repas ou une discussion entre amis. En revanche, si la première scène se passe à la maison, ce sont des éléments de la deuxième série de contenus mentionnés ci-dessus qui apparaîtront plus probablement. D'autre part, les connaissances activées lors de l'élaboration d'une scène du rêve peuvent jouer à leur tour le rôle de nouveaux instigateurs pour la scène suivante.

> **Cinq catégories d'instigateurs psychologiques**
>
> – Les traumatismes légers ou forts (épisodes humiliants, frustrants, pertes et deuils, etc.).
> – Les souhaits, idéaux et principes personnels ou professionnels.
> – Les problèmes en suspens (choix à faire, solution à trouver, curiosité à satisfaire).
> – L'anticipation d'événements du futur proche, appréhendés ou désirés.
> – Les nouveautés dans les circonstances, activités ou relations.
>
> Une préoccupation devient un instigateur, en général, si elle n'a pas été l'objet d'une attention ou d'une réflexion soutenues pendant la veille.

LES CONNAISSANCES ACTIVÉES

Les divers instigateurs activent de nombreux éléments de connaissance à la fois dans le champ de la mémoire autobiographique et dans celui des connaissances générales ou mémoire sémantique. En ce qui concerne le premier de ces champs, un souvenir ou une préoccupation de la veille peuvent réactiver d'anciens souvenirs qui partagent un même contenu objectif et une signification subjective commune. J'ai donné des exemples de ce phénomène à propos de voitures volées ou de montées escarpées dans le chapitre précédent. Dans ces cas, un ensemble de souvenirs contribue à créer une connaissance ou à illustrer une connaissance déjà acquise. Dans d'autres cas, un seul souvenir (ou l'ensemble des souvenirs liés au même élément individuel comme une personne ou un lieu) devient la concrétisation d'un prototype existant dans les connaissances du sujet. Selon Rosch (1976), un prototype est un exemplaire particulièrement représentatif d'une catégorie; par exemple, un chien est plus représentatif des animaux qu'un ver de terre. J'emploie la notion de prototype au niveau d'exemplaires individuels qui illustrent une catégorie. Pour telle personne, par exemple, un mannequin entrevu dans une revue de mode représente le prototype de la femme banale, sans personnalité. Pour quelqu'un d'autre, un chien d'un certaine race est le prototype du «chien qui mord», parce que de nombreuses années auparavant, un chien de cette race avait tenté de mordre son fils.

Par ailleurs, le souvenir d'une personne, d'un objet ou d'un événement « réveille » le souvenir de divers contenus liés à cette personne. Telle jeune femme, par exemple, évoque au cours de son rêve l'ami qui l'a quittée quelques mois plus tôt. C'est alors non seulement l'aspect de cet homme qui est activé dans la mémoire, mais aussi sa voiture, l'appartement qu'il partageait avec la jeune femme ou un comportement blessant qu'il a eu à l'égard de son amie. Dans les représentations oniriques, ces contenus connexes sont parfois seuls à apparaître, représentant la personne par métonymie. Il arrive aussi que ces contenus activés lors de l'élaboration d'une scène du rêve fournissent le matériau nécessaire à la construction d'une scène suivante entièrement nouvelle, comme nous l'avons vu au chapitre 5. La notion de « contenu connexe » nous rappelle que l'activation ne se fait pas sur un seul élément, mais sur un réseau, un ensemble de contenus de mémoire ou de connaissances générales qui sont associés.

La propagation de l'activation d'un élément à l'autre prend des formes diverses selon que le travail se fait dans la classe collective ou la classe distributive. Par classe collective (Carbonnel, 1982 ; Miéville, 1994), on entend tout ce qui va avec un exemplaire en fonction du principe de contiguïté : ainsi « train » va avec « rails », « gare » et « billet de chemin de fer ». La classe distributive est la classe logique, dans son acception habituelle, qui renferme tous les éléments partageant des caractéristiques identiques. Dans cet ordre d'idées, « train » va avec « tram », « bus » et « avion ». L'exemple de l'ami donné ci-dessus illustre les liaisons qui se créent au sein d'une classe collective (ami-voiture-appartement). Dans la classe distributive, les connexions remontent à la catégorie générale qui englobe l'élément activé, puis redescendent dans l'ensemble des exemplaires illustrant cette catégorie générale. Par exemple, un souvenir de train active l'idée englobante de « transports en commun », puis les exemplaires particuliers de cette classe. Voilà pourquoi, dans le rêve, un bus peut prendre la place du train.

Pour les associations entre sous-classes d'une classe distributive comme pour les prototypes ou exemplaires illustratifs, on peut observer un passage de l'abstrait au concret. Ceci est propre à la pensée du rêve et à toute pensée imagée et créative. Ainsi, dans les relations au sein d'une classe distributive, une idée abstraite qui porte sur des sentiments ou des concepts active l'idée englobante, puis des exemplaires concrets de cette dernière. Par exemple, l'idée de conclure un arrangement avec un collègue (dans le sens d'un contrat de coopération) active « arranger quelque chose », puis l'exemplaire d'une sous-classe concrète comme l'action d' « arranger ensemble un rideau ». Ou encore l'idée de « ne pas mémoriser» les choses active d'abord «ne pas retenir», puis une illustration concrète comme «voir s'envoler au loin». Au niveau de ce que j'appelle les prototypes, il peut s'agir également d'entités concrètes qui illustrent quelque chose d'abstrait. Ainsi, l'événement concret «se faire voler sa voiture» vient représenter une constatation abstraite — par suite de son degré de généralité — du genre : «la perte de choses importantes n'a pas nécessairement de graves conséquences». Dans ce cas, à la concrétisation s'ajoute la réduction d'un ensemble de concepts à un seul événement.

Assez curieusement à première vue, l'étude des rêves nous montre que l'activation peut relier aussi un élément et son contraire. Voici le résumé d'un rêve dont nous reparlerons. C'est celui de Solange, une étudiante en droit. Ce rêve comporte de nombreuses oppositions qui révèlent l'activation de significations de sens opposé.

Une femme grande et maigre aux cheveux noirs, avec une mèche teinte en violet, monte précipitamment les dernières marches d'un escalier, mais le mouvement ne la fait pas avancer vers la porte sur le palier (qui est celle du lieu d'expérimentation). Puis, dans une pièce, des post-it de couleurs pastel s'envolent d'un guéridon, passent par la fenêtre et continuent leur vol en s'agrandissant, faisant contraste avec la couleur verte de la campagne. Puis, dans un lieu indistinct, une femme blonde, petite et massive parle, avec la voix harmonieuse d'une personne rencontrée la veille par la rêveuse. La voix se transforme ensuite en une voix d'homme venant d'une radio et parlant de peinture d'un ton léger. La rêveuse s'étonne que la langue parlée soit le français alors que la scène se passe dans une région de langue allemande. Simultanément, des peintures défilent, comme dans une émission de télévision sur un peintre. Puis, une petite tache noire s'agrandit démesurément. La scène change totalement pour faire place à une femme vulgaire, étendue sur un lit, faisant semblant de se débattre alors qu'un homme pose ses deux mains de part et d'autre de son corps. L'homme a un visage de très jeune adolescent et le corps massif d'un adulte.

L'opposition sémantique, ou l'antonymie si l'on veut, se manifeste de plusieurs manières dans ce rêve. En premier lieu, on observe des entités composées d'éléments de significations opposées. La femme en noir, banale et sans relief, a une mèche teinte en violet. L'action de «monter précipitamment vers» a en même temps le sens de «rester sur place». Une femme blonde, prototype de la personne inintéressante pour la rêveuse, parle avec la voix d'une personne intéressante et sympathique. Le présentateur de radio parle d'un sujet sérieux, la peinture, avec le ton léger d'émissions de variétés. Un homme a le corps d'un adulte et le visage d'un adolescent.

Deuxièmement, on observe aussi dans ce rêve un exemple de contraste entre une entité et son comportement : les post-it, destinés à fixer en mémoire et à être collés quelque part, s'envolent. Troisièmement, il existe des oppositions entre deux entités présentes simultanément dans une scène du rêve : les post-it, objets de bureau couleur pastel, et la verte campagne, symbole de vie spontanée, ainsi que la langue française dans un cadre perçu comme germanophone. Enfin, ce rêve procède par contraste entre éléments de scènes successives. A la femme noire, longiligne, élégante, du début, succédera (pas immédiatement, il est vrai) une femme blonde, petite et massive. La voix de femme de ce personnage se transforme en voix d'homme, puis des peintures couleur pastel sont suivies par une tache noire.

Au total, on peut constater que, lors de l'élaboration du rêve, des significations activées ont à leur tour activé leur contraire : banal s'est associé à excentrique, avancer vers à rester sur place, antipathique à sympathique, sérieux à léger et adulte à immature. Ce lien entre significations opposées donne raison aux sémiologues qui, comme Prieto (1975), insistent sur le fait que les systèmes de classes logiques forment une structure oppositionnelle au sein de laquelle l'appartenance d'un objet à une classe exclut son appartenance à une autre classe. Une chose se définit ainsi par sa différence avec ce qu'elle n'est pas. Le logicien, qui tient toujours compte de l'existence de la classe complémentaire, est donc proche de la pensée naturelle dans ses analyses.

La représentation d'oppositions dans le rêve permet d'exprimer la négation, en l'occurrence les idées de «ne pas réussir à avoir de la personnalité», «ne pas progresser vers quelque chose de nouveau», «ne pas retenir ce qui doit être retenu». Les contrastes permettent aussi de représenter l'ambivalence profonde des êtres et des comportements, par exemple, «je désire faire l'expérience sur le rêve (passer la porte du lieu d'expérimentation), mais je ne suis pas sûre de vouloir me connaître en profondeur», ou «les hommes tenus pour forts et potentiellement dangereux ne sont que des êtres immatures».

Les différents types de liaisons entre éléments de connaissance appartenant à une même classe distributive ou collective sont illustrés dans la figure 8.

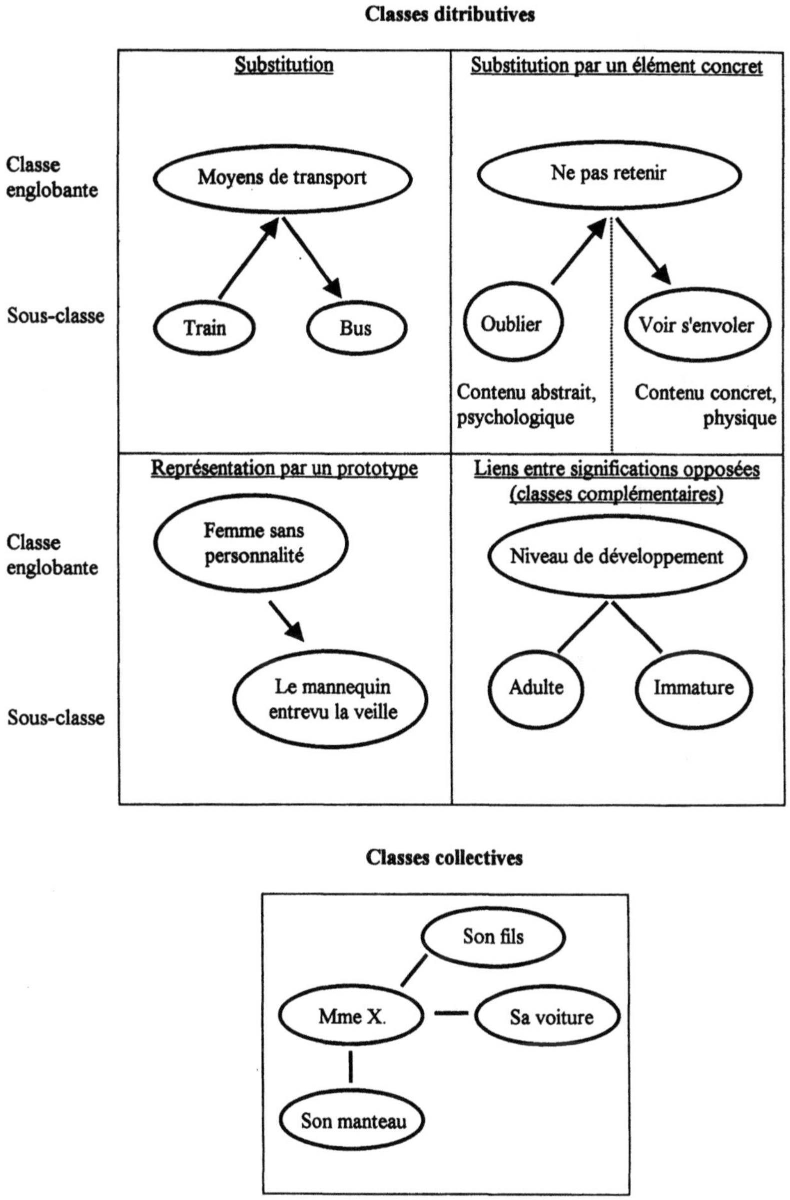

LES PROCESSUS EN JEU DANS LA PRODUCTION DES RÊVES 157

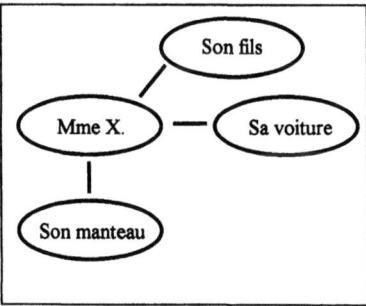

Fig. 8 — Liens entre éléments des classes distributives et collectives.

LA SÉLECTION

Parmi les nombreuses connaissances activées, un petit nombre seulement seront représentées dans le rêve. Il faut aussi tenir compte du fait que les connaissances sont accessibles sous forme décomposée, ce qui laisse la possibilité de faire appel à une composante d'un tout seulement. Le processus de sélection opère un choix de plusieurs manières. Il peut sélectionner une entité (par exemple, une personne ou un lieu) avec son identité et ses caractéristiques et la sortir de son contexte. Comme nous l'avons vu, l'identité seule peut être retenue, l'entité apparaissant alors avec des caractéristiques toutes différentes de celles qu'elle a dans la réalité. Très souvent, une partie des composantes de l'entité sont choisies et, dans certain cas, une seule composante de détail. Ainsi, le nez d'une personne ou la porte d'entrée d'une maison sont les seuls éléments qui évoqueront dans le rêve cette personne ou cette maison.

Le processus de sélection peut aussi retenir non pas la première entité activée mais un contenu qui lui est associé, en vertu des divers liens qui ont été illustrés ci-dessus. Ce sont alors des substituts de l'entité ou des éléments complémentaires qui sont choisis. Si un souvenir en rapport avec ma belle-sœur d'autrefois (la première épouse de mon frère) est l'instigateur d'une scène de rêve, ce peut être ma belle-sœur actuelle (la seconde femme de mon frère) qui apparaît dans le rêve en tant qu'exemplaire de la classe « belle-sœur ». Ceci est un exemple de substitution. On en trouve d'autres, du type de la métonymie : l'ami est représenté par sa voiture de sport, ou la mère par son manteau.

Quant à la complémentarité, elle fait surgir, outre une entité donnée, des contenus associés. Il peut s'agir d'un souvenir en rapport avec l'entité. Par exemple, Tony joue de la guitare; donc, après avoir sélectionné Tony, le processus choisira une guitare, qui peut apparaître dans la scène suivante du rêve. Dans d'autres cas, le contenu associé est une signification en rapport avec l'entité. Ainsi, dans un auditoire, il y a des chaises ; le scénario du rêve cherchant à représenter une perturbation au discours donné dans l'auditoire, c'est une chaise qui va être jetée avec un bruit fracassant.

Pour terminer cette liste des éléments qui peuvent être sélectionnés, il faut mentionner encore trois types de connaissances : l'impression subjective liée à un souvenir, le contenu commun à plusieurs souvenirs et, enfin, l'exemplaire prototypique d'une catégorie. Dans le premier cas, le contenu du rêve pourra par exemple ne retenir qu'un vague élément concret d'un appartement visité et sélectionner l'impression de bien-être

> **Ce qui peut être retenu par le processus de sélection.**
>
> – Une entité (personne, objet, lieu, activité) extraite d'un souvenir.
> Avec son identité (Ceci est ma maison) et ses attributs (forme, couleur, etc.).
> L'identité seule (C'est ma maison, elle ne lui ressemble pas).
> Des attributs ou un attribut (Le manteau de ma mère, non reconnu comme tel).
>
> – Une entité à titre d'exemplaire prototypique (Mme X : la femme sans personnalité), avec ou sans l'identité.
>
> – Divers éléments de connaissance qui permettent de construire une entité originale représentant une idée générale (Un vol de voiture. Une personne menaçante).
>
> – L'impression subjective liée à un souvenir (Bien-être et sécurité d'un lieu).
>
> – Un substitut de l'élément activé (Ma belle-sœur 2 pour ma belle-sœur 1).
>
> – Une entité ou une composante complémentaire à celle qui est déjà activée.
> Représentée simultanément (Avec « voiture », « volant de camion »)
> Représentée successivement (Scène 1 : Tony ; scène 2 : une guitare ; or Tony joue de la guitare)

et de sécurité suscitée dans la réalité par la visite de cet appartement. Pour illustrer le deuxième cas, on rappellera le rêve où l'idée de voiture volée a été sélectionnée à partir de trois souvenirs portant sur ce thème, sans qu'aucune des caractéristiques précises de ces vols vécus ne soient retenues. Quant à la sélection d'un exemplaire prototypique, on se référera aux exemples donnés à propos des connaissances activées. L'ensemble des éléments sur lesquels peut porter la sélection est résumé dans l'encart ci-dessus.

La question importante qui se pose à propos de la sélection est de savoir ce qui la guide, quel que soit le type de sélection en jeu. D'un point de vue général, quatre facteurs me semblent impliqués. Premièrement, le choix se fait en tenant compte des divers instigateurs du rêve. Si un architecte a pour thème de rêve la beauté architecturale intemporelle (instigateur numéro 1) et en même temps la lourdeur de son histoire familiale (instigateur numéro 2), le processus de sélection choisira « cloître » en rapport avec le premier instigateur et, parmi la classe collective dont cet élément fait partie, le processus sélectionnera l'herbe du jardin du cloître qui permettra de représenter quelque chose en rapport avec l'enfance insatisfaite (instigateur numéro 2), plus précisément la pelouse de sa maison familiale mal entretenue par son père. Autre exemple : un rêve ayant pour instigateurs l'idée de solitude suite à l'abandon par un ami et la notion d'absence de maîtrise de sa propre vie, la sélection choisira la voiture de l'ami (que la rêveuse conduira seule et avec difficulté) plutôt que sa casquette.

Le deuxième facteur de sélection est la nécessité de fusionner les éléments sélectionnés. C'est ainsi que seules certaines composantes d'un élément seront retenues afin de former un tout en le fusionnant avec des composantes d'un autre élément. Par exemple, pour la personne qui rêve de conduire une voiture avec autant de difficulté que s'il s'agissait d'un camion, le processus de sélection choisira, parmi les éléments de l'idée « camion », le grand volant incliné qui pourra être figuré à l'intérieur de la voiture. Mais c'est aussi la nécessité de trouver des éléments en rapport avec le contexte du rêve qui intervient et constitue le troisième facteur guidant la sélection. J'ai déjà relevé le fait que, dans le rêve où un premier ministre parle dans un auditoire, la première perturbation qui va interrompre son discours sera choisie parmi les choses susceptibles de se trouver dans un auditoire, en l'occurrence une chaise. En revanche, dans le rêve qui se passe sur une route, une perturbation surgira sous la forme d'une locomotive. Le quatrième et dernier facteur qui détermine les choix du processus de sélection est le fait que des connaissances ont été activées lors de l'élaboration de la scène précédente. Pour trouver les contenus de la scène suivante, il semble que la sélection va d'abord chercher des éléments parmi les contenus associés aux souvenirs ou idées activées précédemment, s'ils se révèlent obéir aux trois autres facteurs. Ajoutons pour terminer que tout le travail de sélection est régi par le principe d'économie à l'œuvre dans la pensée imagée. Les quatre facteurs guidant la sélection sont résumés dans l'encart suivant.

Facteurs guidant la sélection			
Instigateurs	Connaissances activées	Fusion	Représentation onirique
Nécessité de tenir compte des diverses préoccupations	Choix préférentiel parmi les connaissances déjà activées	Nécessité de constituer des totalités avec les éléments sélectionnés	Influence du contenu du rêve en cours

LA MODIFICATION

La plupart des originalités du rêve proviennent d'une combinaison nouvelle d'éléments divers puisés dans les connaissances du sujet par le processus de sélection. Ce qui apparaît comme un travail de création et de transformation de la part du rêve n'est donc souvent que le fruit d'une juxtaposition d'éléments existants. C'est ainsi, par exemple, que le changement de couleur d'un objet ou de comportement d'une personne, par rapport à leurs modèles réels, peuvent résulter de la fusion d'éléments hétérogènes puisés dans le fonds de connaissances. Cependant, on observe aussi des cas indiscutables de modification des éléments sélectionnés.

Les modifications les plus courantes sont des amplifications, des diminutions et des oppositions. Pour les deux premières catégories, le changement opéré sur l'élément de connaissance consiste souvent en une sorte de réglage quantitatif qui amplifie ou diminue la valeur d'un paramètre. Les éléments représentés en rêve sont alors plus ou moins nombreux, grands, colorés, minces, etc., que leurs sources mnésiques ou que les prototypes de connaissances générales. Par exemple, la modification des dimensions peut porter sur la taille des choses et des êtres vivants. Il existe dans notre échantillon de rêves un panda gigantesque et un puma minuscule, une électrode immense ou encore un téléphone tenant dans le creux de la main. Au niveau spatial, telle pièce de maison bien connue, comme la cuisine de la personne qui rêve, peut apparaître plus grande qu'elle n'est en réalité ou alors une seule dimension, comme la largeur d'une pièce, est modifiée. Dans d'autres cas, les murs prennent une perspective déformée ou l'auditoire perd à un certain moment son inclinaison et se trouve doté d'un sol horizontal. Dans ce cas, la modification constitue un changement qualitatif et non quantitatif.

Ce sont en effet aussi des aspects qualitatifs qui peuvent être amplifiés ou diminués, que ce soit un aspect physique ou un trait psychologique. La transformation de la luminosité des lieux peut être vue comme à la fois quantitative et qualitative. Elle se fait indépendamment des conditions de luminosité dans lesquelles un contenu a été vu dans la réalité. Voilà pourquoi le «paysage» d'antennes dont j'ai parlé au chapitre 4, admiré lors d'un bel après-midi d'automne, peut être vu en rêve comme s'il apparaissait de nuit. Ce cadre obscur, compatible avec la scène précédente du rêve, met en relief la beauté des formes admirées. Une autre catégorie de modification remplace des éléments par leur opposé. Ainsi, telle personne, pour laquelle les policiers représentent la contrainte de l'ordre, de la discipline et du sérieux, les représente dans son rêve tout dépenaillés et chantant joyeusement à tue-tête.

Pourquoi interviennent ces modifications diverses? L'hypothèse qui vient immédiatement à l'esprit est que ces changements traduisent une signification activée et l'éventuelle émotion correspondante. Ainsi, «se sentir perdu dans la foule» s'exprime par une modification dans le sens de l'exagération du nombre de personnes et de la grandeur des lieux. «Eprouver un sentiment de malaise et de claustration» sera à l'origine d'une déformation de perspective des murs de la salle ou d'une diminution de ses dimensions. Par ailleurs, les lieux angoissants sont en général sombres, tandis que les scènes où les rêveurs se montrent actifs et heureux baignent souvent dans une lumière vive.

L'existence du processus de modification révèle qu'un traitement des connaissances s'opère pendant le rêve et que ce dernier ne se borne pas à sélectionner et fusionner des éléments de connaissance déjà existants.

LA FUSION OU INTÉGRATION

Ce qui se passe au moment de l'activation des connaissances dont il a été question plus haut peut se comprendre comme un phénomène divergent : quelques instigateurs activent un grand nombre de connaissances. Le processus de sélection opère déjà une certaine réduction parmi ces connaissances activées. Celui de fusion ou intégration va quant à lui réaliser un travail inverse de ce qui s'est passé lors de l'activation. Il s'agit d'un processus convergent qui fusionne les éléments sélectionnés dans le sens «plusieurs à un». Divers éléments de mémoire ou de connaissance générale vont être intégrés en une seule entité. Le phénomène de condensation mis en relief par Freud illustre de manière frappante ce niveau de fusion. Par exemple, un même personnage peut avoir l'identité et l'apparence d'une personne connue, mais le comportement et les habits d'une autre personne.

Le processus de fusion veille aussi à ce que diverses entités soient mises ensemble dans une même situation. On trouvera un exemple frappant plus loin avec l'extrait de rêve d'Ariane, une enseignante de 40 ans. Plus d'une dizaine d'éléments connaissance — souvenirs, connaissances associées et préoccupations de la rêveuse — se trouvent fusionnés dans une scène très brève où la jeune femme reste immobile alors qu'elle est en train d'enfiler ses jeans tandis que l'expérimentateur lui fait deux remarques.

On peut voir la fusion de manière négative comme le résultat d'une absence d'inhibition. Des contenus qui devraient être maintenus séparés sont autorisés à se mélanger. Cependant, les éléments fusionnés ont souvent des points communs. Mais, surtout, la fusion se réalise avec une habilité remarquable, créant, comme le remarque Foulkes (1985), des totalités convaincantes et non rapiécées. Elle obéit en outre à certaines règles. Il est par exemple permis de fusionner le haut d'un visage avec le bas d'un autre, mais pas un côté gauche avec un côté droit tiré d'un autre visage. A ce jour, les études de ces règles manquent totalement.

SYMBOLISATION

Le fait que les connaissances activées se présentent en rêve sous la forme d'images, de bruits, de musique ou de langage, etc., suppose la mise en œuvre de processus de traduction des connaissances en une modalité visuelle ou auditive, etc. N'ayant pas étudié ce point, je n'avancerai que quelques conjectures à son propos. On peut faire l'hypothèse qu'au niveau des connaissances activées déjà, certains éléments sont directement activés avec une modalité sensorielle déterminée, par exemple sous la forme d'images ou de sons. D'autres éléments peuvent apparaître sous une forme conceptuelle et doivent être transposés dans une modalité donnée par le processus de symbolisation. La présence de contenus visuels dont l'origine paraît verbale (voir chapitre 4) parle en faveur d'une capacité de traduction d'une modalité en une autre. Foulkes (1985) a souligné ce point, ainsi que la présence, dans les mécanismes d'élaboration des rêves, de «modules» semblables à ceux qu'on trouve au niveau de la perception visuelle et du langage. Les modules (Fodor, 1983) sont des processus automatiques de décodage du perçu qui nous permettent de faire sens, immédiatement et sans réfléchir, des configurations spatiales ou des paroles perçues. En fait, dans le rêve, c'est un travail inverse à celui des modules de la perception qui se réalise en un premier temps : à partir de significations, on engendre l'illusion de percevoir des formes ou des sons. Quant à l'absence de fonctionnement du processus de symbolisation, dans le cas du «connu non perçu» en rêve (voir chapitre 4), elle n'a pas reçu, à ma connaissance, d'explication à ce jour.

LA RÉGULATION SÉQUENTIELLE

Une des caractéristiques frappantes des rêves est qu'il s'agit presque toujours de représentations de changements. Très rares sont les songes qui se limitent à une image statique. Une fois la première scène élaborée, le processus de régulation séquentielle intervient pour dynamiser les contenus : les personnes agissent ou parlent, les points de vues perceptifs se modifient, de nouveaux événements se déclenchent. Et, de temps à autre, le contenu change du tout au tout, suite à ce que nous avons appelé une rupture. La recherche d'une suite au contexte onirique est donc une tâche constante au sein de l'élaboration d'un rêve.

Nous avons vu au chapitre 4 les six types de connexions grâce auxquels un rêve progresse et nous n'y reviendrons pas ici. L'étude de la proportion de ces différents types de connexions nous a appris trois choses. D'abord, la régulation séquentielle cherche à maintenir la cohérence des représentations. Lorsqu'on découpe un rêve en unités successives, on s'aperçoit que, dans 90 % des cas, la nouvelle unité déclenchée par la régulation séquentielle est compatible avec le contenu de l'unité précédente parce qu'elle en constitue une suite plausible, ou une conséquence, ou plus rarement une suite habituelle au sein d'un script. Deuxièmement, les suites imaginées au cours d'un rêve ont en majorité un aspect original. Les scripts dont il vient d'être question n'apparaissent que dans 11 % des cas et, lorsqu'un lien causal est établi, l'effet peut être surprenant : pour la causalité psychologique, les réponses aux questions sont souvent inattendues; dans le cadre de la causalité physique, on assiste parfois à des effets magiques. La troisième particularité de l'enchaînement séquentiel des rêves est une certaine prédilection pour des aspects narratifs. Non pas que les rêves soient organisés comme des histoires canoniques. Cependant, chaque rêve comporte un ou plusieurs événements qui engendrent une certaine tension ou, pour le moins, créent un certain déséquilibre et, par ailleurs, 30 % des unités narratives sont reliées sous la forme de fragments narratifs.

Au total, au sein de l'ensemble des processus d'élaboration d'un rêve, la régulation séquentielle intervient à la fois pour activer de nouvelles connaissances et pour maintenir une compatibilité entre les connaissances sélectionnées et le contexte du rêve en cours. Quant à la présence de ruptures, qui semblent mettre en défaut la régulation séquentielle, elle n'est expliquée de manière satisfaisante par aucune théorie à ce jour. On peut certes postuler qu'à chaque manifestation phasique qui se traduit par des mouvements oculaires rapides, la régulation séquentielle est prise en défaut (Seligman & Yellen, 1987). Cela n'explique pas les ruptures qui peuvent survenir dans les rêves du sommeil lent. De plus, il n'est pas du tout établi qu'à chaque salve de mouvements oculaires, pendant le sommeil paradoxal, corresponde une rupture dans le contenu onirique.

L'ENSEMBLE DES PROCESSUS : ILLUSTRATION PAR QUELQUES CAS

A l'aide du modèle des processus d'élaboration des rêves que je propose et des données obtenues avec ma méthode, il est possible de reconstituer certaines étapes importantes aboutissant à la représentation d'un rêve. Comme il s'agit d'un ensemble complexe de processus eux-mêmes complexes, je me bornerai, pour illustrer leur fonctionnement, à tenter d'expliquer l'élaboration de scènes isolées de rêves.

Une scène du rêve d'Ariane

La scène se passe dans la chambre d'expérimentation, dont l'aspect correspond à la pièce réelle, à part une affreuse moquette verte et des murs à la perspective déformée. La rêveuse s'habille parce que l'expérimentateur lui a dit qu'il était 9 heures. Elle lève une jambe pour enfiler son jeans, et reste parfaitement en équilibre dans cette position — position qui lui rappelle au réveil celle d'une statue antique — sans arriver à enfiler sa jambe dans le pantalon. Cet échec ne la gêne pas. L'expérimentateur, très différent de ce qu'il est dans la réalité, porte un costume de velours et il a des cheveux longs et d'étranges lunettes, grandes comme un écran de télévision. Il demande à la jeune femme comment elle s'est préparée à l'expérience. Puis il affirme que les gens qui font l'expérience sur le rêve ne sont pas dans la réalité.

Instigateurs

(1) La nouveauté de l'expérience sur le rêve et du cadre dans lequel elle a lieu ainsi que (2) l'anticipation d'être réveillée pour raconter un rêve constituent des instigateurs évidents de cette scène. L'instigateur (2) s'accompagne à la fois de curiosité et d'anxiété. (3) Curiosité de mieux connaître ses rêves grâce aux observations faites par les expérimentateurs et (4) anxiété de produire un rêve et de produire « un beau rêve », comme Ariane nous l'avait dit la veille. (Je réponds invariablement à ce genre de remarque que n'importe quel rêve m'intéresse, mais l'anxiété de bien faire était là.) Cette anxiété cadre avec le souci constant que cette

personne a depuis son enfance (5) de bien faire, de se préparer pour ne pas décevoir, ce qui la culpabilise lorsqu'elle n'est pas bien préparée.

(6) Une autre préoccupation récurrente chez Ariane est le fait de devoir se dépêcher et, en particulier, devoir se hâter le matin pour se lever. Le fait de ne pas pouvoir dormir tout son saoul pendant la nuit d'expérimentation éveille cette préoccupation. Par ailleurs, (7) l'expérience sur le rêve éveille un autre thème, plus profond, qui préoccupe Ariane dans sa pensée vigile : c'est la place trop grande que prend chez elle l'imaginaire par rapport aux exigences de la réalité. Parce que les instigateurs (6) et (7) éveillent des sentiments négatifs ou pour d'autres raisons, (8) un sentiment de malaise va colorer une bonne partie de la scène du rêve.

Connaissances activées

L'instigateur (1) active le souvenir tout frais de la chambre d'expérimentation dans laquelle Ariane dort : la forme de la pièce, la couleur verdâtre des murs, l'aspect et la disposition du lit et de la table. Le tapis active un autre exemplaire de la même classe générale : moquette. L'instigateur (2) active le souvenir de l'expérimentateur et, du même coup, le souvenir d'une personne connue d'Ariane, qui a certains points communs avec l'expérimentateur. Certains détails d'apparence de cette personne sont activés : costume de velours, lunettes, cheveux longs. La curiosité de pouvoir observer sa vie mentale — instigateur (3) — éveille l'idée « Je peux me voir dans celui qui m'observe » et trouve une illustration concrète dans le souvenir d'un dessin humoristique montrant un téléspectateur qui a pour tête un poste de télévision.

L'instigateur (5), déclenché par l'anxiété de bien faire, active une idée générale qui résume un thème autobiographique : ne pas être bien préparée. Une autre idée générale est activée par l'instigateur (7) : se situer dans l'imaginaire ou la réalité. Quant à la préoccupation (6), elle active le souvenir récurrent de l'habillement précipité au lever ainsi qu'un souvenir de la veille : à 9 heures, Ariane a dû s'interrompre alors qu'elle regardait la télévision pour se rendre au laboratoire. Parallèlement, « se dépêcher », « être en mouvement » activent les antonymes : « prendre son temps », « rester immobile » et cette dernière idée active un prototype concret : une statue antique (Ariane est ferrée en histoire de l'art). Enfin, le sentiment de malaise — instigateur (8) — évoque la notion de laideur, déjà réveillée par la couleur des murs de la pièce (Ariane est très sensible à l'esthétique et, par ailleurs, elle n'aime pas le vert).

La sélection

Le processus de sélection choisit l'identité et divers attributs de la chambre d'expérimentation, mais substitue « moquette » à tapis pour satisfaire aux idées de malaise et de laideur. Pour correspondre à ces idées, la sélection choisira « affreux vert » comme couleur et « plastique » comme matière de la moquette. Quant à l'expérimentateur, son identité et sa grande taille seront seules retenues. Sa tenue correspondra à celle de la personne connue à laquelle il fait penser. Guidée par la fusion à venir, la sélection ne retient du dessin humoristique que le détail « écran de télévision », qui sera plus tard fusionné avec « lunettes ».

Du souvenir des levers hâtifs ne sera retenue que l'activité « enfiler son jeans en vitesse » et l'idée opposée, « rester immobile comme une statue ». La notion « 9 heures » est également sélectionnée. Enfin, le choix porte sur les idées « Suis-je préparée ? » et « Ne pas être dans la réalité ».

La modification

Ce processus apparaît dans l'altération de la taille de la chambre qui est représentée plus grande qu'en réalité. La raison de cette modification m'échappe. De plus, la perspective des murs devient déformée, concrétisant le sentiment de malaise de la rêveuse. La source de cette visualisation est à chercher parmi les exemples de décors (théâtraux ou cinématographiques) auxquels Ariane s'intéresse beaucoup. Au réveil, elle qualifiera cette perspective déformée de décor expressionniste.

La fusion

Toute l'ingéniosité du processus de fusion apparaît dans cette situation onirique complètement statique du point de vue de l'action. Huit instigateurs différents et de nombreux éléments de connaissance hétérogènes y sont représentés à l'aide des éléments visualisés et de deux verbalisations. Aux éléments sélectionnés dans le souvenir des lieux — la chambre d'expérimentation — sont intégrés la représentation d'un objet laid (la moquette) et l'idée de perspective déformée des murs exprimant un malaise. Dans ce décor, le rêve situe tout naturellement l'expérimentateur, du moins son identité et sa taille, et fusionne ces éléments avec des attributs d'une autre personne : le costume de velours, les cheveux longs et les lunettes. L'idée de « téléviseur en place de tête », empruntée à un dessin humoristique, trouve sa place dans cet ensemble par une condensation entre la notion d'écran de télévision et de verres de lunettes.

Par ailleurs, le processus de fusion condense en une même action les notions contraires de « s'habiller en vitesse » et « rester immobile comme une statue », d'où le fait qu'Ariane se voit levant une jambe pour enfiler son jeans et restant ainsi dans un équilibre parfait sans pouvoir continuer son action. Enfin, les deux idées « Suis-je préparée ? » et « Ne pas être dans la réalité » sont intégrées sous la forme de verbalisations successives de l'expérimentateur qui demande d'abord « Comment vous êtes-vous préparée ? », puis affirme que les gens qui font cette expérience sur le rêve ne sont pas dans la réalité.

La régulation séquentielle

Etant donné que le passage analysé constitue un seul temps du point de vue de l'action, le processus de régulation séquentielle intervient peu. Il se borne à déclencher la première verbalisation de l'expérimentateur, puis à chercher un deuxième contenu verbal. Ce dernier n'a pas de lien direct avec la première phrase prononcée, mais il est en rapport avec une idée déclenchée par le contexte représenté, celui de l'expérience sur le rêve.

Un passage du rêve de Luis

Comme dans l'exemple précédent le processus de régulation séquentielle avait un rôle mineur, je choisis maintenant un extrait de rêve plus complexe du point de vue de la progression de la situation onirique. Luis est un homme dans la trentaine qui se prépare à donner une leçon d'essai dans une université où il a travaillé quelques années auparavant. Il regrette cette période et le fait qu'actuellement, il n'ait pas sa place dans cette institution. De plus, la rédaction de sa leçon d'essai n'est pas sans lui causer des difficultés. Par ailleurs, il a posé sa candidature dans une autre institution que l'université et cherché à faire appuyer cette candidature par le ministre des affaires étrangères d'Espagne.

Les instigateurs

(1) L'anticipation de la leçon d'essai constitue un premier instigateur de cette scène de rêve. (2) Ce thème est lié aux difficultés éprouvées par Luis dans la rédaction de son travail. (3) Par ailleurs, l'anticipation de la leçon d'essai à l'université éveille le regret de ne plus y avoir sa place. (4) La préoccupation d'avoir le soutien d'un ministre pour sa candidature dans une autre institution constitue un dernier instigateur évident.

Les connaissances activées

L'instigateur (1) active les idées d'auditoire d'université (car la leçon aura lieu dans un auditoire) et de public d'enseignants. Ces idées particulières — l'anticipation d'un type d'auditoire de taille moyenne, ainsi que de certains enseignants de l'Université X — activent les classes englobantes «auditoire» et «enseignants», susceptibles de se relier à beaucoup d'exemplaires qui en font partie.

Le thème (2), celui de la tâche ardue que constitue la rédaction de la leçon à donner, active l'idée de rédaction et donc celle, plus générale, d'écrivain. Quant à l'instigateur (3), il éveille des significations en rapport avec «ne pas avoir sa place», «être anonyme», «ne plus être au centre de l'attention», ainsi que les significations opposées «se faire remarquer», «être au centre de l'attention». Enfin, le dernier instigateur active la notion générale de ministre, homme de pouvoir qui peut aider.

La sélection et la modification

Dans cet ensemble de connaissances activées, les processus de sélection et de modification vont procéder en choisissant des exemplaires superlatifs. La sélection retient pour cadre de la scène onirique un auditoire de l'université, en choisissant non pas l'auditoire probable où la leçon aura lieu, mais la plus grande aula de l'université. Ce choix tient compte du sentiment d'anonymat provoqué par l'instigateur (3). Diverses caractéristiques objectives de la grande aula sont sélectionnées, mais le processus de modification augmente notablement la largeur de la salle, qui paraît immense. Quant au public présent, il sera représenté par une foule d'enseignants. Parmi les exemplaires illustrant la notion de ministre du gouvernement espagnol, c'est le plus représentatif du pouvoir qui est retenu : le premier ministre. Enfin, l'idée de réunion d'enseignants est représentée par le vaste rassemblement d'un congrès et les personnes qui vont parler après le ministre seront des écrivains.

La fusion

Les connaissances sélectionnées parmi ce qui a été activé par les quatre instigateurs sont intégrées en une scène. *Dans le vaste auditoire où se tient un nombreux public, le premier ministre d'Espagne tient la place importante, en bas au pupitre de conférencier, et il prononce l'allocution d'ouverture d'un congrès d'écrivains et d'enseignants. Luis se situe à l'opposé, tout en haut près de la porte, perdu parmi la foule des anonymes.*

Régulation séquentielle et suite de la situation onirique

Pour élaborer une suite à cette unité du rêve, la régulation séquentielle semble surtout guidée par l'instigateur (3), c'est-à-dire le thème de ne pas avoir une place en vue, qui active l'idée contraire «se mettre au centre de l'attention générale». La régulation va faire appel à un schéma relativement courant dans les passages narratifs des rêves, celui d'une action suivie d'une perturbation qui lui fait prendre fin. Comme nous l'avons vu au chapitre 5, parmi les souvenirs de Luis se trouve un exemple d'un tel schéma. En effet, il a lu dans un article l'analyse d'un passage de rêve qui a précisément lieu dans la même aula de l'université. Dans ce passage, un cours est interrompu par des étudiants bruyants. Dans le rêve de Luis, la sélection choisit comme cause de bruit un élément de la classe collective «auditoire» : une chaise.

Quelqu'un, situé tout en haut de l'auditoire comme Luis, jette une chaise qui tombe bruyamment et interrompt l'allocution du premier ministre.

La régulation séquentielle procède alors par répétition de canevas (exactement comme dans le passage de l'article que Luis a lu). Il va y avoir reprise de l'action et une seconde cause de perturbation bruyante va intervenir. Cette cause va être trouvée dans les souvenirs activés à propos de la grande aula de l'Université. Luis y a surveillé des examens en compagnie d'un de ses collègues nommé Tony. Or, Tony représente un bon *alter ego* de Luis parce qu'il a le même statut professionnel et prépare également une leçon d'essai. Comme Luis, c'est un garçon pacifique, mais il a contesté autrefois vivement, de manière verbale, la hiérarchie universitaire. C'est donc Tony qui va jouer le rôle du perturbateur dans le rêve. Il faut savoir aussi que Tony est un excellent musicien amateur. Voilà pourquoi, dans le rêve, il va interrompre le premier ministre en jouant de la musique. Le processus de sélection va choisir le contraire de l'instrument perturbateur. Au lieu d'un tambour ou d'une trompette, le choix se porte sur un violon, instrument exprimant des sentiments d'amour et d'harmonie. D'autres éléments sélectionnés accentuent l'idée de contestation et mettent en scène l'action de se situer au centre de l'attention :

Tony, qui se trouvait près de Luis, descend en marchant sur les pupitres, l'air furieux, un violon à la main. Il s'arrête au centre de l'auditoire et se met à jouer de manière véhémente, ce qui fait taire le premier ministre.

Le début du rêve de Sibylle

Pour donner une dernière illustration du travail des processus d'élaboration des rêves, je pense utile de choisir un exemple simple où l'intervention des différents processus ressort d'autant mieux que le nombre d'instigateurs et d'éléments de connaissances en jeu est plus faible. Pour recueillir ce rêve, l'expérimentation a eu lieu, avec notre polygraphe portatif, au domicile de Sibylle. Les électrodes placées sur la tête du sujet sont reliées à un boîtier fixé à son lit, tandis qu'un câble relie le boîtier au polygraphe surveillé par l'expérimentateur situé dans une pièce voisine.

Instigateurs

(1) C'est l'anticipation d'avoir à raconter un rêve qui constitue le principal instigateur de la situation initiale du rêve. (2) Une certaine anxiété, ainsi qu'une tendance de Sibylle à se culpabiliser pour ce qui ne se déroule pas bien dans sa vie vont transparaître dans le rêve. (3) A cela s'ajoute la nouveauté un peu perturbante pour Sibylle de voir sa chambre à coucher perdre son caractère privé.

Connaissances activées

L'instigateur (3), c'est-à-dire la signification «chambre à coucher perdant son intimité», active la classe plus générale «partie d'appartement sans intimité» et la sous-classe représentative «couloir». L'instigateur (1) va éveiller la représentation de l'expérimentateur et le «script» du déroulement prévu de l'expérience : dormir, être réveillée, parler à l'expérimentateur pour lui raconter son rêve. L'instigateur (2) apportera une modification à ce script.

Fusion

Le cadre de la situation onirique sera fourni, par substitution, par la signification «couloir». C'est dans un couloir que sera située Sibylle en train de dormir et que va commencer à se dérouler le script prévu.

Régulation séquentielle et sélection de nouveaux éléments de connaissance

Mais l'instigateur (3) intervient pour apporter une modification au script : raconter son rêve devient «ne pas raconter son rêve». Pour accentuer cette idée d'échec, la notion de durée intervient. Lorsque l'échec a été bien représenté, la régulation séquentielle agit au niveau de sa prise de conscience comme on va le voir dans le résumé qui suit.

Sibylle dort dans le hall d'entrée d'un appartement. L'expérimentateur arrive et la réveille. Tous deux se mettent à parler de tout autre chose que du rêve que Sibylle vient de faire. Après une longue conversation (sans contenu précis semble-t-il), Sibylle s'exclame soudain : «Mais je devais te raconter mon rêve!»

RÉSUMÉ ET CONCLUSIONS

Le modèle des processus d'élaboration du rêve proposé dans ce chapitre se caractérise d'abord par la pluralité des processus qu'il implique. Il n'est pas possible de comprendre comment se produisent les rêves si on se borne à invoquer un ou deux processus comme la condensation et le déplacement, ou un travail de traitement de significations en parallèles, ou encore l'intervention de scripts ou de modules. Sept processus distincts doivent être pris en considération : les instigateurs qui déclenchent et orientent le contenu du rêve, l'activation de connaissances reliées en réseaux qui fourniront le matériau du rêve, la sélection et la modification éventuelle d'éléments activés, la fusion ou intégration des éléments en un nombre limité d'entités formant une seule scène, le choix de la modalité de représentation et enfin la régulation séquentielle, qui assure l'intervention de changements et la progression du rêve.

Les instigateurs de nature psychologique sont constitués de ce qui n'est pas résolu ou n'a pas été traité suffisamment. Dans ce qui n'est pas résolu entrent les problèmes sans solution, pour lesquels on ne sait quelle décision prendre, ainsi que les pertes ou frustrations dont on n'a pas encore fait son deuil. Quant à «l'insuffisamment traité», ce peut être un événement qui, par sa nouveauté ou par l'émotion qu'il a suscitée, demande d'être pris en considération beaucoup plus qu'il ne l'a été dans la vie éveillée. L'anticipation d'événements importants est aussi un instigateur parce qu'elle entre dans ces deux catégories des questions non encore résolues et insuffisamment traitées.

L'activation des connaissances se fait au sein des souvenirs et des connaissances générales, avec un va-et-vient constant entre eux. Pour saisir quelque chose au contenu des rêves, il est important de tenir compte de la manière dont les connaissances stockées dans notre mémoire peuvent se relier entre elles. Un souvenir activé se relie à d'autres qui ont un même contenu objectif et une même signification subjective. Un élément de connaissance ou de mémoire active, à travers la catégorie générale dont il fait partie, un réseau constitué d'autres exemplaires de la même classe, collective ou distributive. Ce faisant, l'activation porte parfois sur un exemplaire prototypique d'une notion générale, peut choisir une représentation concrète de l'abstrait et peut porter sur les antonymes ou contraires, qui permettent la représentation de la négation ou de l'ambivalence.

La sélection peut retenir n'importe quel élément qui a été activé, de préférence s'il correspond à plusieurs instigateurs et peut se relier au contenu du rêve en cours. Grâce au phénomène de décomposition des connaissances, ce qui est sélectionné peut être non seulement une entité, mais son identité seule, ou ses attributs ou encore un seul attribut. Les entités choisies sont parfois des prototypes concrets, alors que dans d'autres cas une impression subjective seule est retenue d'un souvenir.

La modification amplifie, diminue ou ajoute des attributs ou des actions, en accord avec la tonalité générale d'une scène de rêve. La fusion construit des totalités avec des éléments hétérogènes activés par plusieurs instigateurs. C'est elle qui donne au rêve son caractère « économique », c'est-à-dire la capacité de signifier beaucoup avec peu d'éléments. Enfin, la régulation séquentielle vise au changement tout en cherchant à maintenir la cohérence de la séquence. Au point de vue du contenu, elle produit des séquences originales, en évitant généralement les suites les plus attendues et, au point de vue des relations entre unités séquentielles, elle enchaîne les événements de la même manière que les épisodes vécus saillants qui nous restent en mémoire.

La pluralité des processus d'élaboration, nous la retrouvons au niveau de chacun d'eux. C'est un ensemble d'instigateurs qui orientent le rêve. Les connaissances dont ils déclenchent l'activation se relient en réseaux. La sélection et la fusion vont certes limiter le nombre de représentations qui seront produites, elles n'en portent pas moins sur un vaste ensemble d'éléments reliés aux divers instigateurs. La régulation séquentielle, tout en procédant pas à pas à partir de chaque scène ou unité séquentielle du rêve, peut déterminer une suite en se fondant sur divers liens possibles entre unités.

Si la multiplicité caractérise donc les processus psychologiques qui produisent un rêve, leur deuxième aspect frappant est l'interaction constante et la coordination des multiples éléments en jeu. Par exemple, l'activation des connaissances est influencée à la fois par les instigateurs, les représentations oniriques en cours et les connaissances précédemment activées. La sélection est un processus qui tient compte de tous les autres. Elle fait des choix en fonction de la multiplicité des instigateurs, elle est déterminée en partie par les connaissances déjà activées, elle obéit à des nécessités de fusion et de régulation séquentielle.

Le même principe de coordination se retrouve au sein de chacun des processus, entre leurs éléments divers. Les différents instigateurs se relient au sein des significations et des représentations chaque fois que cela est possible. Les éléments de souvenirs et de connaissances générales, d'une part, se relient en réseau, d'autre part, se composent les uns aux autres grâce à la fusion. Bref, les processus d'élaboration des rêves se comportent comme les musiciens d'un orchestre symphonique qui joueraient non pas un morceau du répertoire, mais une improvisation. Cette coordination d'un ensemble dont le but est de produire des représentations qui captent l'attention du rêveur et évoquent un maximum de significations avec un minimum d'éléments mérite notre admiration. Elle est d'autant plus stupéfiante qu'elle se réalise à une vitesse très élevée.

Dans les illustrations données du travail et de la collaboration des divers processus de production des rêves, les représentations oniriques sont rattachées à des instigateurs tels que l'anxiété de bien faire, la tendance à se culpabiliser, le questionnement sur l'importance de l'imaginaire par rapport au réel dans la vie du sujet, etc. En attendant de discuter le problème de l'interprétation du rêve (chapitre 8), il faut signaler que ces instigateurs n'ont pas été trouvés à l'aide d'une théorie de la personnalité et du rêve, ni à partir d'un clé symbolique préexistante. Ces instigateurs sont dérivés des données fournies par les sujets à propos des sources mnésiques de leurs rêves et des significations attachées à leur contenu manifeste.

Il n'en reste pas moins que le type d'analyse que j'ai donné en exemple ne permet plus de faire une distinction devenue classique dans la psychologie du rêve anglo-saxonne depuis une vingtaine d'années. Je veux parler de la différence entre «the study of dreams» (l'étude des rêves) et «the study of dreaming» (l'étude de la fonction onirique ou des processus en jeu dans le rêve), cette dernière étant l'objet des recherches en psychologie expérimentale et cognitive du rêve. Dans la perspective que je propose et à l'aide du modèle des processus d'élaboration qui vient d'être exposé, on s'intéresse avant tout aux processus en jeu dans le rêve (*study of dreaming*), mais on peut rendre compte aussi du contenu particulier d'un rêve (*study of dreams*).

Chapitre 7
Les capacités cognitives pendant le sommeil

ASPECTS POSITIFS ET DÉFICITS DE LA PENSÉE PENDANT LE SOMMEIL

Au cours du sommeil, lorsque l'activité du cerveau se ralentit ou se voit partiellement inhibée et que la volonté n'a plus prise sur notre fonctionnement mental, que reste-t-il de nos capacités cognitives ? Une question qui se pose est de savoir si toutes les fonctions impliquées dans la connaissance se trouvent diminuées ou si certaines d'entre elles restent intactes ou sont même améliorées. Plus généralement, des visions différentes du fonctionnement mental pendant le sommeil s'opposent, comme nous l'avons vu au chapitre 2. Tout d'abord, en ce qui concerne la nature de la pensée pendant le sommeil comparée à celle de la pensée en éveil, certains auteurs postulent une hétérogénéité très grande. C'est le cas du point de vue freudien qui conçoit les processus d'élaboration du rêve comme régressifs et différents des processus de la pensée rationnelle et éveillée. D'autres auteurs, en revanche, parmi lesquels je me situe, insistent sur la parenté des mécanismes psychologiques à l'œuvre pendant le sommeil et pendant l'éveil. On y observe les mêmes fonctions cognitives, avec certaines particularités du travail mental pendant le sommeil. Des variations de fonctionnement sont d'ailleurs aussi observables au cours de l'état de veille. Une seconde opposition se greffe sur la première, sans nécessairement se confondre avec elle. Elle départage les auteurs qui insistent sur la désorganisation donc le dysfonctionnement de la pensée pendant le sommeil et ceux qui soulignent l'efficacité des processus cognitifs en jeu dans les rêves.

Pour éclairer un peu cette question du niveau cognitif au cours du sommeil, ce chapitre propose d'abord une brève analyse des capacités requises pour rêver, puis présente successivement les déficits et les points positifs que l'on peut relever dans les fonctions cognitives en jeu dans le rêve. La dernière partie sera consacrée à la question de la résolution de problèmes en rêve. Avant d'examiner ces différents points, je donnerai un exemple de rêve auquel je me référerai par la suite.

Le rêve est celui de Francis, un étudiant post-gradué qui se prépare à soutenir sa thèse de doctorat.

Je suis dans une espèce de plaine... tellement grande que je vois la courbure de la terre. C'est comme dans La ronde des heures du film Fantasia... la même impression lunaire. Le sol est un carrelage clair qui donne la perspective. Derrière moi, il y a une construction romaine en arc de cercle, avec des colonnades. Je suis face au ciel que je sens menaçant, il est noir et plein d'étoiles toutes également brillantes. Les étoiles représentent quelque chose d'absolu, de divin. Elles sont comme l'origine de l'ombre, l'ombre des objets. J'essaie de faire une démonstration aux étoiles, et j'ai peur de les décevoir. Pour la démonstration, je prends trois choses dans le sol, qui paraît homogène, mais qui est fait de milliers de petits cercles qui tournent. Je me suis baissé et j'ai pris trois cercles un à un, et j'ai arrêté leur mouvement... [parce qu']en apparence, ils ont exactement le même aspect quand on ne les arrête pas. Les cercles se sont mis à grandir. Le premier cercle est constitué de points qui sont tous reliés les uns aux autres... c'est une chaîne causale : A cause B, qui cause C, etc. Je dis : « Ce premier cercle représente que tout est lié, mais sans raconter nécessairement la même chose ». Le deuxième cercle est comme une étoile. Chaque point est relié au centre. C'est l'idée que rien n'est lié l'un par rapport à l'autre, mais que tout a une même origine. Les points racontent la même chose (le centre de l'étoile), mais ils ne sont pas liés causalement les uns par rapport aux autres. Le dernier cercle est une combinaison des deux premiers. Ces cercles sont à la fois la même chose et différents. Je dis aux étoiles : « Je ne sais pas lequel choisir parce que les trois en fin de compte racontent la même chose, mais les trois ne sont pas la même chose ». Pendant que je parle, je sens qu'une autruche comme celles de Fantasia, avec un nœud papillon, l'air cruche, est cachée derrière la colonnade et qu'elle me regarde. A la fin, j'ai l'impression d'être au cinéma, l'autruche vient à l'écran et sourit.

Les compétences requises pour rêver

Le rêve de Francis contient, dans le passage qui concerne les trois cercles, des éléments d'un niveau intellectuel plus sophistiqué que ce n'est le cas pour la grande majorité des rêves. Cependant, il possède aussi toutes les caractéristiques des représentations oniriques les plus habituelles. La vision domine, avec des images originales comme une immense plaine carrelée et un ciel noir dont toutes les étoiles sont également brillantes ou encore la représentation de sortes de rouages et, enfin, d'une autruche sortie tout droit de l'ancien film de Walt Disney, *Fantasia*. Le sujet y est actif, ramassant des éléments du sol et faisant des commentaires à leur sujet. Quelques verbalisations accompagnent donc les représentations imagées. L'ensemble des événements est assez absurde et incohérent : le lieu ne ressemble à rien de réel, le sujet tient des discours aux étoiles, un sol plein et homogène est en fait constitué de petits rouages qui tournent et qui, une fois sortis du sol, se mettent à grandir. Comble du grotesque, une autruche avec un nœud papillon observe le sujet et lui sourit à la fin. Si l'on ne considère que cet ensemble incohérent, en laissant de côté pour l'instant les idées plus complexes, quelles sont les compétences cognitives nécessaires pour le produire ?

Rappelons d'abord que les images, impressions et phrases qui constituent un rêve sont des signifiants qui évoquent des choses absentes et que cela suppose donc la fonction de représentation ou fonction symbolique. Il est difficile de penser qu'un nourrisson ou un chien, qui ne manipulent jamais de symboles lorsqu'ils sont éveillés, puissent produire en sommeil des images précises et les organiser de la sorte.

Foulkes (1985) a souligné le caractère perceptivement cohérent des images du rêve. Il est vrai que, même dans un contenu bizarre et assez absurde comme celui du rêve de Francis, l'effet perceptif pour le rêveur est cohérent et crédible grâce à une bonne évocation des formes et positions relatives et des impressions visuelles sans importante lacune ni déformation. Nous savons, par ailleurs, toujours grâce à des recherches de Foulkes, que plus les capacités du sujet dans le domaine de l'imagination visuelle augmentent, plus le rappel des rêves est fréquent chez l'adulte et meilleure est l'organisation des rêves chez l'enfant. On peut donc affirmer que, pour effectuer un rêve avec des formes variées et des effets de perspective, le sujet doit avoir ce qu'on peut nommer une « intelligence visuo-spatiale » d'un niveau évolué.

Une autre condition cognitive à l'élaboration d'un rêve est la présence d'un stock de connaissances et de souvenirs qui serviront de matériau à la mise en scène onirique. Il serait trop long de dresser ici la liste des significations et souvenirs ayant fourni les éléments du rêve de Francis. Cela va d'éléments naturels à des objets manufacturés, de notions tirées de la réalité à de purs produits de fiction, d'idées géométriques ou abstraites à la description d'émotions. Des souvenirs tels que celui d'un bâtiment en Espagne ou d'un film vu plusieurs fois et l'anticipation d'une situation stressante (la soutenance de thèse) alimentent également ce rêve. Si nous prenions comme exemple les rêves d'un enfant de sept ans, le nombre des significations en jeu serait certes plus réduit, mais la diversité de ces significations et des expériences à l'origine des représentations oniriques serait néanmoins importante.

Pour produire un rêve, il faut en outre organiser séquentiellement le contenu. La connaissance de liens de cause à effet, de suites habituelles d'événements, d'enchaînements d'événements propres aux histoires livresques ou filmées est donc une condition supplémentaire à l'activité onirique telle que nous la connaissons. Le rêve donné en exemple ci-dessus n'est pas spécialement complexe ou riche du point de vue de son organisation séquentielle. Peu d'actions s'y succèdent : le sujet contemple les étoiles, puis se baisse par trois fois pour ramasser un élément et le commenter, puis l'autruche apparaît en gros plan. Cette simple suite s'appuie cependant sur un ordre cohérent : le sujet procède à la démonstration *après* avoir pris conscience que l'on attend de lui une telle démonstration. Il se baisse pour ramasser chaque élément commenté *avant* de le montrer, et le troisième élément vient à point *après* les deux premiers dont il constitue la synthèse.

La dernière capacité cognitive que je mentionnerai est la possibilité de se prendre soi-même comme objet de description. Dans la pensée vigile, cette capacité survient relativement tard chez l'enfant car elle exige une «décentration» par rapport au point de vue spontané qui consiste à voir les autres et à commenter le perçu plutôt que de tenter de s'imaginer soi-même et de commenter ses propres activités. La représentation de soi en rêve avec quelque précision (soit dans l'apparence, soit dans le comportement) — qui, selon Foulkes (1982), n'apparaît qu'après l'âge de 7 ans — exige une telle capacité de décentration.

Les déficits cognitifs pendant le sommeil

Bien des auteurs, frappés par les déficiences cognitives révélées par le contenu des rêves, ont dressé un parallèle entre la pensée du rêve et diverses pathologies mentales. Hobson (1992) affirme qu'on trouve dans les deux cas des phénomènes d'amnésie, de désorientation, d'hallucination et de confabulation. Plus d'un siècle auparavant, Maury (1862) estimait que le sommeil constitue un engourdissement de l'esprit autant que des membres. Il signalait que la perception, l'attention, la mémoire, les facultés de jugement et la volonté étaient affaiblies. Par ailleurs, divers auteurs ont souligné le caractère régressif des représentations oniriques. Koukkou & Lehman (1993), par exemple, affirment que cette régression s'observe à la fois dans la manière de traiter l'information et dans le niveau des connaissances accessibles au moment du rêve. Examinons point par point quelques capacités cognitives qui semblent détériorées pendant le sommeil.

La crédulité des rêveurs face à leur propre production onirique a de quoi surprendre. Prenons l'exemple de Francis, qui ne s'étonne pas qu'une autruche avec un nœud papillon l'observe et qui se sent tenu de faire une démonstration à un groupe d'étoiles. Pas un instant, il ne se dit : « C'est impossible que tout cela soit réel ». Il existe donc une lacune importante de l'appréciation critique de ce qui est perçu en rêve, comme si un seul niveau de conscience, le plus élémentaire, celui qui enregistre et décode la présence des éléments, était en jeu. Rechtschaffen (1978) a analysé cette lacune en l'appelant « singlemindedness », un terme qu'on pourrait traduire par « unidimensionalité de l'esprit ». Il s'agit d'un déficit de l'attention, qui se réduit à une « chaîne » ou un « canal » de pensées, sans accompagnement, comme c'est le cas dans l'état d'éveil, par des chaînes de pensées alternatives. Le contenu de la pensée n'est pas mis en relation avec d'autres contenus de connaissance. Ce déficit de réflexion critique n'est pas constant puisque certains rêveurs prennent conscience qu'ils sont en train de rêver et que beaucoup d'autres manifestent parfois quelque surprise tout en dormant devant tel ou tel contenu de rêve. C'est le cas de Solange dans le rêve donné en exemple au chapitre précédent pour les nombreuses oppositions qu'il mettait en scène. Solange s'étonne à un moment que le présentateur de la radio parle français alors qu'elle se croit dans une région où l'on parle allemand. En revanche, elle ne manifeste aucune surprise devant le fait qu'une personne monte précipitamment des marches d'escaliers sans avancer ou que des feuilles de papier s'agrandissent tout en volant dans la campagne. On voit donc que les capacités critiques n'apparaissent que très momentanément.

Par ailleurs, la mémoire des événements du rêve, ce qui correspondrait à la mémoire de travail en éveil, est déficiente. Nous avons vu lors de l'analyse de l'organisation séquentielle que chaque temps du rêve est le plus souvent lié à ce qui le précède immédiatement. Les liens avec les événements antérieurs du rêve sont rarement établis. Le rêveur vit donc dans le présent le plus immédiat, le plus restreint.

En ce qui concerne la logique, il est rare d'observer une chaîne de raisonnement — comme dans le rêve de Francis lorsqu'il établit des liens entre les trois sortes de cercles. Même dans ce cas exceptionnel, il n'est pas certain que la «démonstration» portant sur les trois rouages soit claire et convaincante pour d'autres que pour le sujet. Dans d'autres cas, le sujet s'aperçoit au réveil que des déductions dont il était très satisfait pendant son rêve sont en fait absurdes. Pour la logique en jeu dans la catégorisation ou la classification, nous avons vu qu'elle est laxiste. Une relation d'identité semble établie, au niveau des processus d'élaboration des rêves, entre un exemplaire et tout autre exemplaire de la même catégorie générale. Antrobus (1978) note ces équivalences et aussi des fusions entre des objets ou événements différents pourvu qu'ils possèdent en commun quelques caractéristiques. Au total, lorsque nous rêvons, nous ne nous disons pas : «Ce bus est comme le train que j'ai dû prendre hier» ou «Ce manteau me fait penser à ma mère». Pendant le rêve, le bus prend la place du train et le manteau qui encombre la voiture de la rêveuse est perçu comme un manteau quelconque, sans renvoyer à l'idée : «Ma mère prend trop de place dans ma vie».

Parmi les déficits cognitifs du rêve, on peut signaler les bizarreries, c'est-à-dire les impossibilités ou les incongruités qui, tout en ne constituant qu'une minorité des contenus oniriques, se rencontrent dans la plupart des rêves. Ces bizarreries révèlent une lacune dans la tâche de simulation de la réalité que semble se donner tout rêve. Ce sont à première vue des dysfonctionnements dont le rêveur ne comprend ni l'origine ni le sens à son réveil. Certains auteurs les traitent en effet comme des incohérences résultant de l'interférence de phénomènes extérieurs aux significations élaborées au cours du rêve. Elles seraient, par exemple, le produit d'activations aléatoires du cerveau (Hobson, 1992) ou de l'interdit jeté par une instance de censure sur les contenus à l'origine du rêve (Freud, 1967/1900). Nous pouvons cependant nous demander si les bizarreries oniriques ne sont pas plutôt le produit signifiant de règles de productions particulières à la pensée pendant le sommeil (voir à ce propos Willequet, 1998).

Pour résumer les divers déficits cognitifs révélés par les contenus de rêve, je ferai appel à deux lacunes générales : la première concerne le contrôle des activités cognitives, la seconde le cloisonnement entre contenus sur lesquels porte cette activité.

Les fonctions de contrôle à l'œuvre dans tout travail cognitif non automatisé semblent très relâchées pendant le rêve. Les contenus ne sont pas évalués de manière critique, ce qui se passe à un moment donné n'est généralement pas confronté à un événement antérieur ni à un but souhaité et le contrôle séquentiel fait parfois totalement défaut, permettant de brusques hiatus dans les représentations. Par ailleurs, la pensée du rêve ne respecte pas les cloisonnements entre contenus de connaissance. On note tout d'abord une absence de cloisonnement thématique. Par exemple, le domaine professionnel peut se mélanger avec le domaine privé et des préoccupations très diverses peuvent se représenter simultanément. Les cloisonnements spatiaux et temporels sont également abolis : une rue de Londres peut se trouver à New York et un personnage défunt peut sembler vivant et actif. Ce sont enfin les séparations entre classes logiques ou entre séries causales ou pragmatiques distinctes qui disparaissent.

Le niveau intellectuel : de la pensée enfantine aux contenus formels

Dans un ouvrage de Cohen (1979), on peut trouver une discussion du niveau intellectuel en rêve qui s'appuie sur la distinction des stades du développement logique de Piaget. Cohen affirme que l'esprit, pendant le sommeil, est organisé généralement par des structures de pensée peu évoluées du type des opérations concrètes (niveau de l'enfant de 6 à 10 ans environ), voire par des modes d'organisation plus primitifs, comme ceux du petit enfant ou du nourrisson. Cependant, cet auteur affirme qu'on trouve parfois dans les rêves des exemples de pensées très élaborées reposant sur la structure logique la plus complexe selon Piaget, celle des opérations formelles. En ce qui me concerne, j'ai très rarement observé ce dernier cas. Le rêve de Francis nous en donne cependant un exemple.

La similitude que je peux voir entre la pensée du rêve et celle de l'enfant se trouve d'abord dans la prédilection pour les représentations concrètes et imagées. Il arrive qu'un jeune enfant traduise de façon imagée des termes abstraits pour les apprendre et les manipuler plus facilement. C'est le cas d'un enfant de 6 ans de ma connaissance qui, pour mémoriser le nom des jours de la semaine, attribuait à chaque jour une forme et une couleur. Cette nécessité de traduire l'arbitraire du langage par des images concrètes se retrouve dans les rêves. Une autre similitude avec la pensée du jeune enfant (de l'enfant préopératoire, selon Piaget), c'est la tendance à relier les choses deux à deux, sans unir de plus grands ensembles dans une même relation. J'ai observé cette tendance dans une séquence d'un de mes rêves. J'y voyais une mésange déposer une larve sur ma jambe et je savais que j'allais assister à la formation d'un oiseau. La larve en effet se transformait en chenille, celle-ci prenait ensuite la forme d'une membrane recouvrant un œuf, et je savais qu'un œuf, puis un oiseau, allaient successivement apparaître. Cette succession de transformations aberrantes du point de vue de la réalité biologique obéissait cependant à la logique enfantine des relations par deux éléments : il était logique de voir une larve dans le bec d'un oiseau, larve et chenille avaient une forme identique, la membrane ovoïde ressemblait à une grosse chenille qui aurait avalé un œuf, d'où le lien entre cette membrane et l'œuf qui allait suivre.

Je n'allongerai pas l'analyse des régressions intellectuelles pendant le sommeil et en viendrai maintenant aux concepts sophistiqués que l'on trouve dans le rêve de Francis. D'une part, ce rêve illustre les trois temps d'une dialectique : le premier cercle représente la thèse, le deuxième l'antithèse et le troisième la synthèse des deux. Francis est justement tout imprégné de l'œuvre d'un auteur (Piaget) dont la pensée procède par ce mouvement dialectique. Les trois cercles et les commentaires faits à leur sujet évoquent, d'une part, des idées éminemment abstraites, d'autre part, des relations complexes entre les éléments. Les relations évoquées par le rêveur sont de nature diverse : la notion de lien causal, celle d'origine commune, et l'idée qu'il peut y avoir à la fois une relation de ressemblance et de différence entre deux choses. Francis oppose un premier ensemble fait d'éléments qui se causent les uns les autres, mais n'ont pas d'origine commune, à un second ensemble d'éléments qui tous ont la même origine, sans avoir de relation actuelle les uns avec les autres. Sa démonstration contient un troisième temps puisqu'il présente l'ensemble qui combine les propriétés du premier et du second ensemble. Au total, ce rêve représente les idées sophistiquées d'un intellectuel qui se réfère à toutes sortes de notions abstraites que l'on trouve chez des scientifiques ou des philosophes. Pour ce dernier point, on aura remarqué l'allusion au mythe de la caverne de Platon, à travers l'idée d'« ombre des objets ». Tout cela montre indiscutablement que nous pouvons représenter en rêve des significations très complexes et abstraites et les relier en une séquence de plus de deux temps.

Faut-il en conclure que le raisonnement formel peut se dérouler, intact, au cours d'un rêve ? A considérer le rêve de Francis, cette conclusion paraît exagérée. Tout d'abord, le but et le thème de la démonstration ne sont pas explicités : la question reste ouverte de savoir ce qu'il faut démontrer et en quoi l'existence des trois cercles illustra la thèse, l'an-

> **Récapitulation des déficits de la cognition pendant le rêve**
>
> *Lacunes dans le contrôle des représentations*
> - Absence d'évaluation critique (par exemple, du caractère bizarre) et du test de réalité (distinction entre l'imaginaire et le réel).
> - Lacune ou absence de mise en relation du contenu de l'attention avec d'autres contenus de connaissance générale ou de mémoire épisodique.
> - Déficiences dans les liens entre contenus successifs du rêve : perte de mémoire d'événements antérieurs ou du but recherché, brusques rupture thématiques, enchaînements logiques rares, souvent réduits à deux temps et parfois erronés.
>
> *Indifférenciations : levée des cloisonnements entre contenus de pensée de domaines distincts*
> - Mélange de préoccupations et de thèmes divers.
> - Amalgame spatiaux (lieux hétérogènes) et temporels (souvenirs de périodes distinctes).
> - Equivalence entre catégories distinctes, pour autant qu'elles appartiennent à la même classe (englobante ou collective).
>
> *Difficultés d'abstraction*
> - Tendance à représenter concrètement des notions abstraites.

tithèse et la synthèse fournit une démonstration convaincante. De plus, certains contenus n'ont pas de signification claire. Que veut dire, par exemple, «les points racontent tous la même chose»? Pour saisir tout le sens de cette suite de pensées, il faudrait beaucoup d'explications de la part du sujet. On voit ici la lacune d'accommodation signalée par Piaget. Le discours ne tient pas compte du point de vue d'éventuels interlocuteurs (qui n'auraient pas l'omniscience des étoiles d'essence divine auxquelles s'adresse le rêveur). Le dernier point qui trahit le caractère incomplètement formel de la pensée du rêve, c'est la nécessité d'appuyer le discours sur des objets concrets, les trois rouages, et donc l'incapacité de s'en tenir à la manipulation de symboles et de signes du langage, ce que ferait la pensée formelle.

Les capacités intactes ou améliorées

La plupart des auteurs qui, de Maury à Hobson, ont signalé les faiblesses et régressions de la pensée pendant le rêve admettent que, sur certains points, les capacités cognitives sont intactes, voire améliorées au cours du sommeil. Ce fait a été parfois expliqué par une sorte de phénomène de compensation : la mise en veilleuse de certaines fonctions cognitives permettrait l'amplification ou l'épanouissement d'autres fonctions. C'est une idée dont Hobson signale la présence déjà chez Wundt, un des pères de la psychologie scientifique. Quelles sont les capacités qui semblent ainsi soit bénéficier, soit ne pas souffrir de l'état de sommeil dans lequel est plongé le rêveur ?

Tout d'abord on sait que les mécanismes de production langagière fonctionnent tout à fait normalement. Selon Heynick (1986), il est possible de composer en rêve des phrases à la fois originales et parfaitement correctes du point de vue syntaxique. Le contenu verbal du rêve de Francis en est un exemple et bien d'autres illustrations de la bonne tenue du langage peuvent être données. Quant à la production d'images, elle est d'une qualité supérieure à ce qui se passe pendant l'éveil. Qui donc est capable, pendant le jour, d'évoquer avec une précision absolue les traits de telle personne ou les mouvements de gens qui se battent ? Qui encore pourrait sur le champ avoir une image précise de choses qui n'existent pas, comme une araignée à deux pattes, une immense plaine pavée ou un abonnement de chemin de fer muni d'un écran de télévision ? Et, pour revenir au rêve de Francis, ce dernier pourrait-il, lorsqu'il est éveillé, former une image nette et mouvante des autruches de *Fantasia* ? Or, nous trouvons tout cela dans des représentations oniriques que les rêveurs ont visualisées avec réalisme. On a également signalé les possibilités de traductions en images visuelles de sensations auditives ou tactilo-kinesthésiques (Hunt, 1989).

Un autre point fort de la pensée pendant le sommeil est l'accès à des contenus de mémoire récents ou anciens. Certes, il ne s'agit pas d'un accès intentionnel et il existe peut-être des cheminements préférentiels dans les contenus de mémoire et d'autres contenus non accessibles. Dans l'ensemble, cependant, les exemples donnés dans le chapitre sur la mémoire montrent combien rapidement on accède à des souvenirs multiples et parfois très anciens.

Pour terminer, je signalerai deux aspects positifs de la cognition : la capacité de produire des représentations originales et de créer des effets esthétiques intéressants. Ce dernier point est évidemment laissé à l'ap-

> **Récapitulation des capacités intactes ou améliorées**
>
> – Capacité de production verbale intacte.
> – Accès aisé et rapide à des contenus de mémoire.
> – Capacité améliorée de produire des représentations imagées.
> – Grande originalité des contenus.
> – Valeur esthétique de scènes et décors de rêves.

préciation subjective de chacun. Il est indiscutable que certains rêves plongent leur auteur dans une émotion d'admiration esthétique. Quant au chercheur sur le rêve, une de ses récompenses, c'est de découvrir constamment des scènes et scénarios frappants, dignes d'inspirer des peintres, des romanciers ou des cinéastes. En ce qui concerne l'originalité des productions oniriques, elle ne fait de doute pour personne et ne cesse de me surprendre. Il n'est pas de scène réaliste ou de souvenir ravivé qui ne contienne des éléments originaux et la personne à l'imagination la moins vagabonde crée chaque nuit des personnages, des lieux et des événements inédits.

CRÉATIVITÉ ET RÉSOLUTION DE PROBLÈMES EN RÊVE

Les capacités cognitives intactes ou améliorées pendant le sommeil suffisent-elles à trouver, pour des problèmes réels, des solutions qui paraissent valables lorsqu'on est en état d'éveil ? La question se pose car il arrive depuis des siècles que des personnes attribuent à un rêve une de leurs créations ou inventions. Dans le domaine de l'art, Voltaire expliquait ainsi la genèse d'un de ses poèmes, Tartini la composition d'une sonate pour violon, Coleridge certaines créations poétiques et Stevenson la trame de ses romans. Sur le plan de la technique, Elias Howe affirmait être venu à bout de l'invention de la machine à coudre grâce à un rêve qui lui donna l'idée de percer le chas au bas — et non au haut — de l'aiguille et l'on connaît d'autres inventions plus récentes attribuées également à un rêve. Par ailleurs, qu'un sportif découvre de cette manière une nouvelle façon de tenir son club de golf, on peut le concevoir, mais que plusieurs découvertes scientifiques aient la même origine, voilà qui ne laisse de surprendre. Pourtant, le chimiste Kekulé affirmait, à la fin du XIXe siècle, avoir trouvé trente ans plus tôt la structure moléculaire du benzène grâce à des images hypnagogiques. Des points représentant des molécules se rassemblaient pour former un serpent, le serpent ondulait, puis se mordait la queue, ce qui au réveil suggéra à Kekulé de chercher une structure circulaire à sa molécule. Une autre découverte fameuse due, d'après son auteur, à un rêve est celle de la transmission chimique de l'influx nerveux par Otto Loewi dans les années vingt du XXe siècle. Plus près de nous, Shepard (1984) nous apprend que l'idée à la base de ses expériences sur la rotation mentale lui est venue en songe.

On voit donc que pour beaucoup d'auteurs le rêve est lié à l'invention et à une invention qui peut se révéler utile dans la solution de problèmes. L'opinion selon laquelle les représentations oniriques permettent de résoudre des problèmes était soutenue par les pères de la psychanalyse ; on la trouve plus particulièrement chez Adler et aussi chez Freud et Jung. Cette idée est fréquemment invoquée par les chercheurs qui travaillent sur le rêve depuis les années soixante. Parmi eux, les pionniers ont été Breger (1967), qui a souligné l'existence de cette fonction du rêve, et Dement (1972), qui a conduit avec ses étudiants une expérience à ce sujet, dans des conditions peu contrôlées. Plus tard, on peut lire par exemple chez Cohen (1979) que le fait de représenter de manière nouvelle les préoccupations en rêve peut, dans certaines conditions, permettre de résoudre des problèmes. Baylor & Deslauriers (1987) affirment que les problèmes ouverts ne sont pas seulement représentés en rêve, mais élaborés, de sorte qu'on peut y trouver des éléments de solutions. La même idée se retrouve chez d'autres auteurs comme Greenberg, Schwartz et Katz (1990).

Mais de quels types de problèmes parle-t-on ? On en trouve deux catégories principales : premièrement, les questions en rapport avec l'affectivité du sujet et ses relations à autrui et à la réalité, deuxièmement, les problèmes plus objectifs et plus cognitifs en rapport avec des questions pratiques, techniques ou intellectuelles. Je ne m'étendrai pas sur la première catégorie qui relève de la psychologie de l'affectivité et de la personnalité. On notera simplement que plusieurs expériences démontrent une fonction de régulation d'humeur des représentations oniriques (par exemple, Kramer & Roth, 1973 ; Cartwright, 1986), certaines d'entre elles s'intéressant plus particulièrement à l'adaptation au stress (par exemple, De Konninck & Koulack 1975 ; Kramer, Kinney & Scharf, 1982). Ces expériences, dont les résultats n'ont pas toujours été confirmés, amènent à la conclusion que rêver d'une situation problématique aide à la supporter, à y faire face (Greenberg & Perlman, 1975).

Pour les problèmes d'ordre cognitif, à part les cas de découvertes signalés plus haut, aucune recherche expérimentale n'a démontré clairement que la solution recherchée était découverte grâce à un rêve. Du point de vue théorique, la conception la plus communément évoquée en ce qui concerne les solutions créatives est celle de Wallas (1931), qui postule la nécessité d'une période d'incubation pendant laquelle on ne pense plus au problème. La solution jaillit ensuite, comme si elle était le fruit d'un travail inconscient pendant l'incubation. De cette conception, on pourrait tirer l'idée que le rêve fournit l'occasion de ce travail inconscient productif. Blagrove (1992) met cependant en doute cette idée, et je retrouve chez cet auteur la position à laquelle j'ai été amené à la suite d'études de cas conduites dans mon laboratoire depuis 1988. Avant d'exposer cette position, je résumerai les résultats de ces études qui portent sur 15 sujets, dont un sous-groupe de 5 sujets auxquels nous avons posé des problèmes et 10 sujets chez qui nous avons étudié la représentation en rêve de leurs problèmes professionnels. Les questions professionnelles étaient soit d'ordre scientifique (chez trois étudiants rédigeant une thèse de doctorat), soit d'un autre ordre (architectural, artistique ou pratique).

Solutions à un problème posé la veille

Pour un premier groupe de sujets, l'expérience sur la découverte de solutions en rêve a consisté à présenter à chacun d'eux, pendant la journée précédant l'expérience, un problème dont la solution est assez contre-intuitive et ne peut s'obtenir en appliquant simplement un algorithme connu. J'ai présenté les résultats de cette expérience dans une série de cours à l'Université de Turin en 1990, cours qui ont fait l'objet d'une publication de cette université, ainsi que dans un chapitre en langue anglaise de l'ouvrage de Cavallero & Foulkes (1993). Je me bornerai donc à résumer ces résultats à grands traits.

Au niveau de la technique de l'expérience, les problèmes étaient posés environ 8 heures avant l'heure du coucher, puis à nouveau au moment du coucher, pendant cinq minutes. Le sujet ne trouvant pas la solution, je lui annonçais que le problème lui serait présenté encore le lendemain matin. Pendant les deux nuits expérimentales consécutives, les sujets — cinq étudiants en psychologie, âgés de 22 à 25 ans — étaient réveillés à chaque phase de sommeil paradoxal, à l'exception de la première. Un des sujets n'a pas pu participer à la deuxième nuit d'expérience. Nous avons obtenu 25 récits de rêve au total. Le matin après le réveil, le problème était à nouveau posé au sujet et, s'il en trouvait la solution,

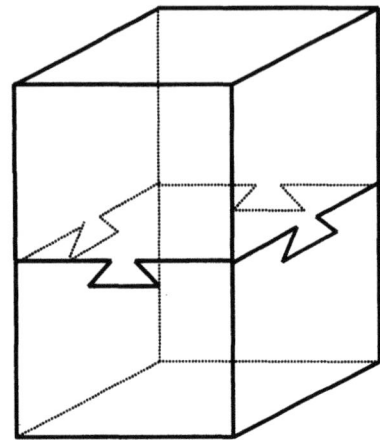

Fig. 9 — Problème des deux pierres.

c'est un nouveau problème qui était posé en vue de la deuxième nuit d'expérience.

Voici deux exemples de problèmes posés. Le premier se présente sous la forme d'un dessin qui est commenté comme suit : « Des archéologues ont trouvé dans une pyramide ces deux grandes pierres posées l'une sur l'autre (voir figure 9). Comment a-t-il été possible de les mettre ainsi, malgré la forme de l'encoche qui se trouve sur les quatre côtés ? »

Pour trouver la solution à ce problème, il faut imaginer des rainures sur la face supérieure du cube de dessous dans lesquelles on a glissé le cube de dessus. Ces rainures ne joignent pas les encoches qui se font face, mais celles de deux côtés adjacents. Elles ne forment donc pas une croix, mais deux lignes parallèles et diagonales. La pierre supérieure a ainsi été mise en place en étant glissée diagonalement sur la pierre inférieure.

Le deuxième problème est le suivant : « Un nénuphar en croissance double chaque jour sa surface. Il met 30 jours pour couvrir entièrement la surface d'un bassin. Combien de jours faut-il pour que deux nénuphars semblables, plantés le même jour, couvrent la surface du bassin ? »

Dans aucun des 25 rêves obtenus, on ne trouve la procédure ou l'idée clé permettant de résoudre le problème posé, mais, chez quatre sujets sur cinq, des éléments du problème apparaissent dans un des rêves de chaque nuit. Par exemple, un sujet, en racontant un rêve, décrit « un très vieil aqueduc, fait de pierres bien posées les unes sur les autres». Les pierres du sommet ont un trou sur le côté, ce qui fait penser aux encoches des pierres du problème. Une voie de chemin de fer passe sur l'aqueduc. Ceci peut sembler une amorce de solution, mais l'idée clé permettant la résolution du problème, celle de rails en diagonal sur lesquels glisser une des pierres, fait totalement défaut. Chez un autre sujet auquel le deuxième problème a été présenté, on trouve plusieurs bassins et une tonalité générale verte et rouge, comme des fleurs de nénuphar, mais nulle trace de l'idée clé, c'est-à-dire qu'un jour avant de couvrir entièrement le bassin, donc le vingt-neuvième jour, le premier nénuphar en couvre la moitié.

La représentation des éléments de problèmes en rêve, signalée le lendemain à la fois par les sujets et par deux juges, apparaît dans un court passage de rêves relativement longs, comme si le souvenir du problème posé surgissait à un moment donné et était utilisé au service du scénario en cours. Par exemple, le vieil aqueduc apparaît dans un rêve mettant en scène la nature menacée par la technologie. La rêveuse doit trouver un habitat adéquat pour des phoques. A un moment donné, elle voit les phoques se déplacer sur l'aqueduc formé de pierres superposées. Comme un train approche, les phoques se jettent dans les trous qui se trouvent sur les côtés. Quant au second exemple, les bassins apparaissent au moment où une chaleur insupportable se manifeste dans un lieu où la rêveuse est séquestrée. L'eau de ces bassins semble être une solution pour abaisser la température ambiante.

L'absence de traitement des données du problème dans l'ensemble des 25 rêves ne tient pas à un manque d'intérêt des participants à l'expérience. Ces derniers choisissaient en effet celui des problèmes posés qui les intéressait le plus et ils étaient tous désireux de trouver la solution. On ne peut déduire de ce résultat qu'il est impossible de traiter un problème en rêve. Cependant, il faut conclure que de tels traitements sont rares, alors que l'évocation de données du problème en suspens est fréquente.

Un résultat très frappant de cette étude est que quatre sujets sur cinq ont trouvé la solution du problème retenu, le matin après la première ou la deuxième nuit d'expérience. La réussite ne peut être pronostiquée à partir de la présence d'éléments du problème dans les rêves du sommeil paradoxal, car cette présence se constate aussi chez le sujet n'ayant pas réussi à trouver la solution le lendemain. En revanche, contrairement à ce sujet, les quatre autres personnes se représentaient en rêve comme capables de réagir adéquatement aux situations dans lesquelles elles étaient impliquées. Par ailleurs, on ne peut non plus attribuer la réussite au délai de huit heures qui s'est écoulé entre la tentative de résolution du soir et celle du matin. En effet, un même délai s'est déjà écoulé entre la première présentation du problème et celle faite avant l'extinction des feux.

Blocage dans la rédaction d'un travail scientifique

La lacune qui m'est apparue dans la technique de recherche concernant des problèmes posés tient au caractère extérieur et artificiel du problème dont il faut trouver la solution. J'ai pensé qu'en se concentrant sur des problèmes professionnels qui se posaient naturellement aux sujets et qui leur tenaient à cœur, les possibilités d'obtenir des solutions grâce à un rêve pouvaient être plus grandes. Aussi, pour les dix sujets suivants, c'est l'apparition de problèmes d'ordre professionnel qui a été étudiée. Par ailleurs, comme ces sujets étaient actifs professionnellement, il n'était pas possible d'analyser en détail plusieurs rêves obtenus lors d'une nuit expérimentale. Nous les avons donc réveillés à deux reprises seulement, pendant la troisième et la quatrième phase paradoxale d'une nuit d'expérience. L'entretien du lendemain portait sur un rêve. La seconde nuit expérimentale était facultative pour ces participants.

Trois de ces sujets sont des étudiants qui travaillaient à une thèse de doctorat au moment de l'expérience et se trouvaient embarrassés pour poursuivre et terminer leur travail. Il s'agissait de personnes âgées de 26 à 40 ans, dont le domaine d'étude était respectivement les sciences économiques, la pharmacie et la sociologie. Nous avons travaillé avec eux sur quatre rêves au total. Les trois sujets ont trouvé qu'un passage de leurs rêves était en rapport avec leur thèse de doctorat. Deux d'entre eux ont repris leur travail après l'expérience, tandis qu'un troisième a abandonné sa préparation au doctorat par la suite.

John, qui cherchait un modèle informatique, a fait d'abord un rêve mettant en scène un souvenir assez lourd pour lui : la décision prise, quelques années plus tôt, d'abandonner son travail en tant que jeune responsable de l'entreprise familiale pour entreprendre de nouvelles études. Mais, au lieu d'être accompagné de doutes et de vague culpabilité comme cela avait été le cas dans la réalité, cet épisode est mis en scène dans son rêve comme une décision juste et bénéfique. L'analyse détaillée de ce rêve selon les diverses parties de ma méthode a apporté à John un grand soulagement et semble lui avoir donné l'énergie de repartir avec confiance dans son travail de doctorat. Le second rêve de John est celui qui est résumé au chapitre 3 où il donne à d'autres personnes un moyen de sortir de difficultés. Au moment où nous l'avons réveillé, John n'a pas tout de suite récupéré ce rêve, mais il a prononcé la phrase suivante : *La solution, c'est le codage des adresses en couleur !* Il avait entendu cette phrase, apparemment à la fin de son rêve, et estimait, plein d'enthousiasme, que c'était là une idée à exploiter pour poursuivre sa thèse. En effet, cet étudiant s'est remis au travail et a soutenu son doctorat un an plus tard.

Avant de s'endormir la veille de l'expérience, John avait, à la demande de l'expérimentateur, essayé de reformuler le problème auquel il se heurtait dans son travail et il avait fait quelques croquis à ce sujet. Or, un des croquis était un schéma informatique dans lequel les « adresses » entre deux cases étaient colorées de couleurs différentes, verte et rouge. Le rêve n'avait donc pas inventé une solution, mais mis en relief une solution déjà rapidement esquissée parmi d'autres.

Un phénomène analogue peut s'observer dans le deuxième cas, celui de Renée. Une métaphore d'une solution envisagée pendant la veille apparaît dans le rêve, mettant ainsi l'accent sur cette solution. Renée doit procéder à des mesures de pression sur des comprimés. Or, l'appareil de mesure ne peut fonctionner lorsqu'il est placé au niveau du comprimé. Momentanément bloquée dans son travail, Renée envisage comme possibilité de mesurer la pression indirectement. Lorsque elle est réveillée par l'expérimentateur pour la deuxième fois, elle commence par rire en disant : *Le bus est parti en arrière !* Il s'agit d'une de ces phrases amalgames qui rendent mal compte du contenu du rêve. En fait, Renée a rêvé *de prendre un bus après avoir consulté l'horaire, afin de se rendre à la gare. Au moment de partir, le bus, au lieu d'aller dans la direction de la gare, a pris une direction opposée, puis, après un détour, s'est rendu dans la bonne direction.* Renée a vu, dans cet épisode, une illustration de l'idée de détour qui pouvait s'appliquer à son problème de mesure de pression. Elle a ensuite repris sa recherche de doctorat en tentant d'obtenir ses mesures indirectement. L'expérience sur le rêve lui a été bénéfique, nous a-t-elle dit, entre autres parce qu'elle a dû expliquer son problème à un « Candide », ce qui l'a poussée à clarifier la question.

Le troisième sujet de ce groupe n'a pas surmonté son blocage après l'expérience dans notre laboratoire. Jean a commencé son travail de doctorat depuis plusieurs années, mais cela fait plusieurs mois qu'il tend à le laisser de côté. Il a amassé beaucoup de résultats et les a analysés minutieusement. Sa motivation est tombée à la fois parce que le titre de docteur ne lui semble plus nécessaire pour poursuivre sa carrière et parce qu'il n'entrevoit pas très bien comment tirer au mieux parti de ses résultats. Après l'analyse d'un assez long rêve, il estime qu'un passage fait allusion à sa thèse en cours de rédaction. Jean estime que cette image illustre le fait qu'il a analysé ses données avec beaucoup de soins, probablement trop de minutie, sans entrevoir ce qui pouvait être finalement obtenu avec ces résultats.

Représentation de problèmes professionnels chez des architectes et des artistes plasticiens

Comme les contenus oniriques ne sont pas les plus aptes à représenter des problèmes scientifiques abstraits, nous avons inclus dans l'expérience sur la découverte de solutions en rêve sept sujets dont les problèmes professionnels peuvent relativement bien se représenter de manière visuelle. Il s'agit de trois architectes âgés de 32 à 40 ans, de trois artistes (un céramiste et deux peintres) âgés de 40 à 50 ans et d'un dessinateur de machines de 45 ans. Deux des architectes ont des contenus architecturaux dans leurs rêves et le troisième architecte ainsi que deux artistes ont des représentations oniriques de nature esthétique, tant par leurs caractéristiques que par l'émotion qui les accompagne. Le troisième artiste, un peintre, n'a pas de contenu en rapport évident avec son art, mais il décode son rêve de manière métaphorique en termes de création picturale. Nous verrons cet exemple dans le chapitre suivant. Aucun de ces participants à l'expérience n'a estimé trouver dans ses rêves une solution valable du point de vue professionnel. En effet, le contenu de leurs rêves n'offrait rien, à leur avis, qui soit à la fois réellement nouveau et réalisable. Pourtant, certaines de leurs représentations oniriques m'ont paru originales et intéressantes. Voyons quelques exemples de ces représentations.

Chez les architectes, nous trouvons d'abord un reflet de préoccupations d'ordre professionnel telles que l'accord entre ce qui est construit et l'environnement, la recherche d'une couleur adéquate et originale, ou le souvenir de problèmes précis qui se sont posés dans des chantiers. L'un de ces architectes, Oswald, un homme d'une trentaine d'années qui se décrit comme assez soucieux dans sa profession, remarque lui même que l'appartement qu'il représente dans la première partie de son rêve «condense beaucoup de [ses] problèmes professionnels courants».

Ça se passe dans un appartement, sous les toits, c'était une invitation, une sorte de fête, et je ne devais pas trop bouger à cause des fils des électrodes que j'avais sur le visage. Pour accéder à l'appartement, on entrait par un escalier étroit et raide. Il y avait ma mère, et puis les parents de P. ou de L. Ils m'expliquaient comment on avait fait la rénovation de la toiture, qui était hyper compliquée. Les ouvriers devaient entrer par un trou dans la toiture... un vélux. Et comme je discute avec le parent de quelqu'un, je sens que je commence à avoir froid... Il y a une zone où il y a un peu d'humidité, je vois que la peinture qu'on a refaite a craqué, ça doit être l'humidité qui remonte. Le sol est en béton comme celui des trottoirs de Genève, mais d'une couleur bleue.

Dans ce court passage surgissent les problèmes liés à la rénovation d'anciens appartements que cet architecte vient de connaître : les questions d'humidité, d'accès à la maison par les ouvriers, de réfection de toiture, de recherche d'une couleur (le bleu) et de rapports avec les propriétaires-parents (en effet, Oswald vient de rénover l'appartement de ses propres parents).

Les soucis professionnels précis ne sont cependant pas ce qui revient le plus régulièrement dans les huit rêves des architectes et des artistes. Le dénominateur commun de ces rêves, c'est la mise en image de principes ou règles qu'ils utilisent dans leur travail professionnel et la représentation de l'idéal qu'ils visent. Dans l'extrait ci-dessus, deux principes appliqués par Oswald se retrouvent : faire paraître une pièce plus grande grâce à un accès étroit (l'escalier raide) et utiliser des matériaux publics (en l'occurrence le béton des trottoirs) pour des espaces privés. La suite de ce rêve illustre une troisième règle et aussi ce qui serait un type de projet idéal pour cet architecte.

On m'appelle pour me présenter à quelqu'un dans l'immeuble d'en face. Je traverse la rue et rentre dans cet immeuble. J'ai l'image d'une grande tour, très haute, avec un grand vide intérieur, une cour sur laquelle donnent les fenêtres.

La règle illustrée dans cette scène consiste à donner aux escaliers et espaces intérieurs communs le caractère de lieux de vie sociale, plutôt que de simples voies de passage. Placer des fenêtres qui s'ouvrent sur un escalier ou une cour intérieure atteint ce but, selon Oswald. Par ailleurs, la grande tour représente ce que cet architecte aimerait faire par dessus tout : élaborer un projet de A à Z plutôt que de rénover. Ce qu'il souhaite, c'est de connaître «l'acte de construire neuf, sans le poids de tout le passé qu'il y a dans les bâtiments à rénover».

On retrouve ce mélange de principes appliqués dans la profession et de vision idéale dans le rêve d'un second architecte, Yvon, qui a été présenté au chapitre 3. On se souvient qu'il s'agit d'un escalier de pierre descendant vers une porte métallique qui donne sur l'admirable spectacle d'un cloître. Le sol dallé de pierres dans lequel est creusé l'escalier (voir figure 10) représente une solution envisagée par Yvon pour un projet dans une ville d'art italienne aux constructions moyenâgeuses. Le problème auquel sont confrontés les architectes contemporains qui construisent dans de tels lieux est qu'il faut « employer de la pierre pour rester en harmonie avec le matériau environnant », mais qu'il est exclu de construire avec de la pierre, celle-ci ne pouvant être utilisée qu'en placage, comme décor. Plaquée sur un mur de béton, la pierre n'est qu'une décoration artificielle, ce qui n'est pas le cas si la pierre est posée sur la terre. « Si vous marchez sur une pierre posée au sol, même si cette pierre n'a que quelques centimètres d'épaisseur, vous avez l'impression de marcher sur quelque chose de fort ». Le dallage de pierre du rêve d'Yvon est donc la mise en image d'une solution qui était jusque là restée au stade de l'idée et qui vise à garder à la construction architecturale l'impression de force et de masse.

La porte métallique au bas de l'escalier illustre le problème que posent les portes dans les conceptions de cet architecte. Yvon remarque que « dans toutes les grandes architectures classiques, il n'y a jamais de porte », celle-ci étant un élément qu'il qualifie de « vulgaire ». La porte est donc pour l'architecte une contrainte, et c'est bien ainsi qu'elle apparaît dans le rêve : elle interrompt le mouvement vers l'avant, oblige à faire un effort et un pas en arrière. Esthétiquement, sa matière jure avec celle de l'escalier comme avec le cloître sur lequel elle s'ouvre.

A part cet élément, le court rêve d'Yvon met en image une vision de l'architecture idéale. Pour lui, les œuvres architecturales valables doivent être dépouillées, épurées, donner l'impression, comme les églises romanes, « d'immenses monolithes sculptés », « d'éléments qui sont comme creusés dans la masse ». L'architecture « s'exprime comme une masse taillée, modelée ». Cette impression est parfaitement rendue par le rêve, sous la forme de l'escalier creusé dans le sol et dépouillé de tout accessoire, escalier qui suggère en outre le mouvement, « la descente dans une matière forte ». Quant au cloître contemplé dans la seconde partie du rêve, il symbolise également une architecture très épurée.

Le troisième architecte qui a participé à l'expérience représente aussi une vision esthétique assez idéale, bien que son rêve ne contienne pas d'éléments architecturaux. A la fin de ce rêve, Philippe *contemple une voiture dans un lieu d'exposition. C'est un petit spider, un cabriolet sans pare-brise « absolument magnifique ». Le rêveur voit le capot rouge, aux formes rondes et élégantes, une capote en daim bleu couvrant l'habitacle ouvert du cabriolet (à la manière de ce qu'on appelait autrefois un*

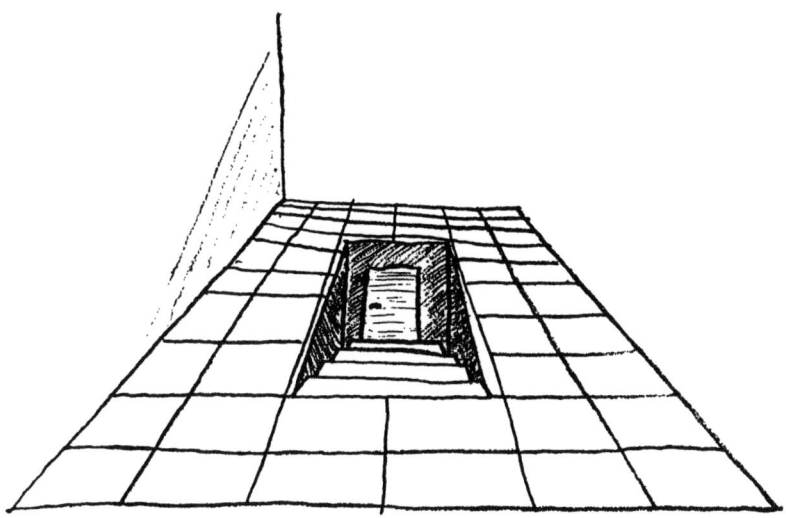

Fig. 10 — Dessin d'Yvon (l'escalier).

tonneau), ainsi qu'un petit grillage dans la carrosserie, très raffiné qui recouvre un casier où sont rangés des gants de conduite jaunes. Cette voiture illustre plusieurs aspects de l'idéal esthétique de cet architecte : la recherche d'une forme très belle et travaillée, le contraste des matériaux, l'un naturel (le cuir) et l'autre artificiel, ainsi que le jeu de couleurs complémentaires. Il est intéressant de constater que, dans une salle de spectacle refaite par Philippe et son associé un ou deux ans après l'expérience, on retrouve ces mêmes aspects.

Chez deux des sujets artistes, les images oniriques qui représentent une sorte d'idéal esthétique apparaissent soit sous la forme de visions originales, soit sous celle d'un spectacle déjà perçu dans la vie réelle. Ce dernier cas s'observe dans le rêve de Manon, une femme peintre de 50 ans, dont j'ai présenté un passage de rêve au chapitre 4, à propos de paysages oniriques. Elle revoit dans son rêve avec émerveillement un «paysage» de grandes antennes qui symbolise pour elle «la beauté de l'art». Elle voit dans ces antennes «de belles sculptures d'art contemporain... quelque chose de technique... de très pur».

Dans son second rêve, Manon représente *un décor architectural très original, une façade de bâtiment en arc de cercle, posée sur le sol et sous laquelle quelques personnes dont la rêveuse se déplacent à quatre pattes. La scène est lumineuse, l'atmosphère très positive, et Manon a l'impression de travailler sur une découverte qu'elle vient de faire, avec le sentiment d'avoir trouvé un sens à ce qu'elle cherchait. La rêveuse voit la scène à la fois de l'extérieur et de l'intérieur. La façade couchée, percée d'ouvertures symétriques qui sont comme des puits de lumière, est éclairée par le soleil tandis qu'à l'intérieur, Manon et quelques autres personnes, avec lesquelles elle se sent en synergie, avancent sur un sol de terre, frais. Les personnages ont des vêtements blancs, simples, en accord avec la clarté du bâtiment et du lieu, et des corps jeunes et bronzés en harmonie avec le sol de terre.* « C'est une belle image onirique, dit Manon, c'était magnifique ». Son activité et son sentiment dans cette scène lui semblent une représentation idéale du travail artistique. Incidemment, cette vision me paraît tout à fait originale et me semble pouvoir inspirer les travaux futurs de l'artiste. Mais celle-ci voit dans son rêve une figuration d'une sorte d'idéal et non pas un contenu transférable dans son travail artistique.

C'est encore un exemple de vision idéale que nous trouvons dans le rêve de Jérôme, un céramiste, sous la forme d'un spectacle qu'il trouve dans son rêve à la fois fascinant et joyeux. *Il s'agit d'une machine, qui est en même temps une salle. La machine aspire de la matière et la recrache, colorée.* « C'est sublime », commente Jérôme. *L'entrée de cette salle inaccessible est une espèce de porte dans laquelle entre la matière, des fragments de terre qui se trouvent absorbés et* « *ça ressort sous la forme de magnifiques couleurs pastel* ». « *Vous prenez une matière brute, elle ressort ordonnée* ». Dans la reformulation en termes génériques, Jérôme parlera de transformation et de transmutation. Il ajoutera que ce que fait cette machine, c'est transformer une matière en quelque chose qui ait du sens, ce qui est pour lui le travail de tout artiste. Ce céramiste trouve-t-il que son rêve lui fournit des éléments intéressants pour son travail ? A cette question, il répond que cette scène de son rêve ainsi qu'une autre scène où figure un peintre habillé en arlequin et qui fait des pitreries peuvent être exploitées dans son travail, « pas en tant qu'image immédiatement utilisable, mais, par contre, au niveau du terreau, de l'ambiance. C'est pas la forme des choses qui est intéressante, mais le fond qui est soulevé là. Je ne m'en serais pas souvenu de ça [sans l'expérience sur son rêve], ça m'apporte un éclairage qui pour moi est extraordinaire ». De ce rêve, il tire entre autres l'idée que seuls la joie et le plaisir sont le moteur de la création, du progrès. A un autre moment dans le rêve, Jérôme entend la formule *Voir c'est prendre*, une formule laconique qu'il trouve très riche de sens, « puissante ». Elle signifie pour lui que si l'on arrive à visualiser un phénomène, on le comprend. Cette formule définit le travail de l'artiste qui, pour Jérôme, consiste à révéler le réel, à discerner dans la réalité ce qui peut révéler d'autres « couches » non visibles. C'est une formulation inédite de son rôle d'artiste.

Par ailleurs Jérôme établit un parallèle entre le phénomène qui se passe dans le malaxeur et le travail que nous sommes en train de faire avec son rêve. Cela illustre la capacité du rêve à exprimer plusieurs thèmes simultanément. Yvon aussi a vu dans son rêve d'escalier et de cloître une sorte de représentation de l'expérience qu'il fait avec nous.

Parfois la mise en image onirique d'une idée professionnelle encore vague n'aboutit pas à la représentation d'un idéal, mais permet d'évaluer cette idée de manière critique. C'est ce qui se passe dans le second rêve d'Yvon.

Le rêveur roule en voiture très vite. Il voit soudain un bâtiment industriel qui semble barrer la route. Quand il s'approche, le bâtiment se trouve sur le bord de la route. C'est une sorte de hangar qui comporte beaucoup d'aspects originaux et décoratifs. Le bâtiment est en tôle de couleur, avec des bandes verticales rouges, jaunes, bleues. La forme n'est pas orthogonale. En passant rapidement devant le hangar, Yvon voit une structure sur laquelle doit être placé un auvent. C'est une structure très travaillée, très « design », avec des crochets en forme de harpon. Le rêveur sait que ce hangar est l'œuvre d'un architecte connu et admiré.

Commentant au réveil cette vision, Yvon affirme : « Tout dans cette construction devrait me montrer que c'est un bâtiment sans qualité, mais j'ai conscience qu'il a été fait par un architecte de valeur ». Le jeune architecte admet qu'il faut chercher soit à anoblir, soit à rendre surprenant un bâtiment industriel. Mais son rêve lui montre le danger de « perdre de vue l'utile pour des effets de décor ». La mise en image d'idées architecturales envisagées auparavant par Yvon lui permet de juger de manière critique ce qu'il nomme « un esthétisme complaisant », qui lui rappelle les œuvres d'un architecte connu. Donc, à côté de représentations qui illustrent un idéal architectural, les rêves d'Yvon concrétisent des solutions qui ne se révèlent pas bonnes. Déjà, dans son premier rêve, un détail lui avait servi à renoncer à une idée qu'il avait envisagée dans son travail. Il s'agit d'une couleur vert-brun qui devait suggérer celle des prés brunis par le soleil. Commentant la représentation d'un tel pré dans son rêve, Yvon remarque qu'« il n'y a que la nature qui puisse reproduire cette couleur de manière valable ».

La solution d'un problème pratique en rêve

Le seul exemple de solution réellement originale et réalisable du point de vue du sujet est celui d'une lampe imaginée pendant le sommeil paradoxal par le dessinateur en machines. La veille, il avait emménagé dans un nouveau logis et s'était aperçu que sa table de travail était mal éclairée. Selon la zone de la table dans laquelle il travaillait, une ombre gênante se manifestait. Dans son rêve, *le dessinateur se voit dans sa chambre de travail, devant sa table, qui prend toute la largeur de la pièce (il serait impossible de passer de l'autre côté). Il cherche une solution au problème d'éclairage et imagine d'abord deux lampes sur un bras horizontal. Puis, il se représente une seule lampe avec un bras articulé, sur le modèle d'un pantographe de dessinateur. Il se dit que la solution doit être bonne si le bras de la lampe a une longueur égale à la diagonale de la table. Il est satisfait de sa trouvaille qui lui permettra de travailler dans les différentes zones de la table tout en ayant un éclairage bien centré sur la zone choisie.*

Au réveil, le dessinateur estime qu'il n'a jamais vu une lampe de ce modèle et que la solution rêvée est tout à fait valable. La recherche de souvenirs et la reformulation du rêve font ressortir que le problème d'éclairage renvoie à un autre thème important pour le sujet. Ayant emménagé avec une amie, il cherche à préserver, pour elle comme pour lui, des espaces de vie où chacun peut vaquer à ses activités sans empiéter sur ni gêner les activités de l'autre membre du couple. D'où l'importance dans le rêve d'éclairer chaque zone de manière focalisée et satisfaisante.

Conclusions de la recherche sur la découverte de solutions en rêve

L'ensemble des 39 rêves étudiés pour cette recherche a fait l'objet d'un examen détaillé, grâce à des entretiens avec les sujets qui duraient plusieurs heures pour chaque rêve et aussi grâce à l'utilisation de deux juges qui cherchaient la présence de solutions dans ces rêves. Or, nous n'avons trouvé qu'une solution qui fût à la fois totalement originale et jugée par le sujet immédiatement utilisable pour résoudre son problème. Pourtant, la représentation d'éléments de problèmes posés par nous ou de contenus en rapport avec les préoccupations professionnelles des participants ne manquent pas dans ces rêves. Comment expliquer cette rareté de solutions jugées satisfaisantes ?

Tout d'abord, lorsqu'on pose des problèmes, les sujets n'arrivent pas au cours de leurs rêves à concentrer leur attention uniquement sur le problème. Par ailleurs, la pensée en sommeil ne peut évaluer de manière critique la justesse d'une solution ni diriger des tâtonnements, ce qui explique l'absence de procédures ou d'idées nouvelles dans notre échantillon.

Quant aux architectes et artistes, ils ont face à leurs rêves une attitude somme toute adaptative qui consiste à les séparer radicalement des produits de leur pensée vigile. Peut-être que le travail que nous faisons avec eux, en révélant les rapports des contenus de rêves avec des souvenirs et des problèmes non professionnels, ne favorise pas l'établissement de liens avec leurs problématiques professionnelles. Tout ceci pourrait expliquer pourquoi certaines représentations qui me paraissent intéressantes ne sont pas retenues par les sujets comme des solutions applicables dans leur travail.

En revanche, nous observons beaucoup de contenus oniriques qui expriment de manière originale des principes de travail et les idéaux professionnels des rêveurs. Faire réfléchir les sujets sur ces représentations se révèle stimulant pour eux, au point que deux sujet sur trois qui étaient bloqués dans leur travail sont repartis d'un pied neuf. Cela ne nous permet évidemment pas d'avancer un quelconque pourcentage de réussite, vu le petit nombre d'effectifs. Ce qui importe, c'est de constater que l'examen du contenu d'un rêve peut être utile dans la poursuite d'un travail difficile.

La principale conclusion que je retire de cette étude est que, en dépit de la rareté de la présence dans les rêves de solutions utilisables, le simple fait de rêver constitue un travail mental qui prépare l'esprit à repartir sur les problèmes de manière nouvelle. En effet, les rêves contiennent souvent des représentations inédites de concepts, principes et idéaux professionnels. Et lorsque ces représentations ne portent pas sur les questions à résoudre et le domaine professionnel, elles résultent d'un fonctionnement producteur de nouveautés. Cette sorte d'exercice de la créativité peut expliquer pourquoi les sujets auxquels nous avons posé des problèmes les résolvent pour la plupart après une nuit de sommeil.

RÉSUMÉ ET CONCLUSIONS

Quand le psychologue analyse les capacités cognitives en jeu dans le rêve, il retrouve la plupart des fonctions qu'il a coutume de considérer dans la pensée vigile. Il peut observer non seulement la capacité de produire des images et des paroles, mais encore le rôle de la mémoire épisodique et des connaissances générales d'où sont tirés les contenus oniriques et aussi la présence d'impressions de nature perceptive ainsi que diverses capacités d'organisation des connaissances. En effet, les significations représentées sont classées, assemblées et reliées de manière séquentielle.

L'esprit en sommeil n'est pas anarchique et ne se caractérise donc pas par la désorganisation. Il manipule des symboles en créant avec eux des totalités — chaque scène du rêve — qui sont le plus souvent cohérentes. Il choisit les contenus et les modes d'enchaînement susceptibles de simuler des épisodes vécus et de représenter plusieurs significations simultanément.

Même lorsque le réalisme et la cohérence des contenus oniriques font défaut, il persiste des formes élémentaires d'organisation. Ainsi, dans une séquence absurde, des liens existent souvent entre les éléments pris deux à deux. Ou encore, quand une signification se substitue à une autre ou se fusionne avec elle de manière surprenante, on constate fréquemment l'existence d'un lien entre les deux significations sous forme de l'appartenance à une même classe.

La pensée du rêve est donc, dans une certaine mesure, régressive plutôt qu'incohérente. Elle a plusieurs points communs avec le fonctionnement cognitif vigile de l'adulte qui laisse vagabonder son esprit et avec celui du jeune enfant. C'est une pensée concrète et imagée, qui tend à relier les éléments par deux, manque d'esprit critique et se révèle incapable de construire de longs récits clairs et homogènes. Ces limites n'empêchent pas que tous les contenus de connaissance soient susceptibles d'apparaître en rêve, y compris des notions scientifiques ou philosophiques complexes et abstraites. Cependant, elles ne sont pas traitées exactement comme elles le seraient dans un raisonnement formel d'adolescent ou d'adulte.

Dans l'ensemble, si l'on retrouve dans le rêve les fonctions mentales de l'esprit en éveil, on remarque aussi un fonctionnement particulier fait de limites et de points forts. Les limites ou lacunes dans le traitement des informations en rêve relèvent d'une difficulté à rester dans l'abstrait et d'une absence de contrôle des représentations. Nous avons vu que cette absence se fait sentir aux niveaux de l'évaluation critique des contenus, de leur mise en relation avec d'autres contenus du savoir et de leurs liens avec ce qui précède ou suit dans le rêve. Ce dernier trait se traduit par une médiocre « mémoire de travail » du contenu onirique pendant qu'il se déroule. Le manque de contrôle est aussi responsable d'une lacune signalée par Piaget (1945), c'est-à-dire l'inconscience de la signification des symboles et métaphores employés.

Par ailleurs, une autre lacune générale du fonctionnement cognitif pendant le sommeil réside dans la levée des distinctions ou cloisonnements entre domaines de connaissance distincts. Pendant l'éveil, dans notre pensée dirigée vers l'adaptation, nous ne mélangeons pas, par exemple, les contenus économiques et chiffrés avec des contenus émotionnels, des questions professionnelles avec des problèmes privés, les loisirs avec les questions existentielles. C'est pourtant ce qui se passe au cours du rêve, où nous mettons ensemble ces domaines divers, ainsi que des éléments tirés de lieux distincts ou de périodes différentes.

L'ensemble des lacunes que je viens de récapituler nuit à la valeur communicative du rêve qui paraît souvent opaque au rêveur lui-même. De plus, ces lacunes ne favorisent pas le traitement efficace de problèmes. Mais ces limites cognitives de la pensée pendant le sommeil doivent aussi être vues comme une absence d'inhibition et une plus grande liberté de fonctionnement qui ont des effets très positifs sur la valeur des représentations oniriques. En se conjuguant avec les capacités cognitives qui restent intactes ou sont améliorées pendant le rêve, ce fonctionnement plus libre aboutit à des représentations originales, parfois très valables d'un point de vue esthétique et toujours riches de significations. Rappelons que les capacités non diminuées pendant le sommeil permettent de puiser des contenus dans la mémoire du sujet et de produire des signifiants imagés ou verbaux.

Ce fonctionnement particulier favorise-t-il ou empêche-t-il la découverte en rêve de solutions qui s'avèrent très intéressantes dans la vie éveillée? Il faut mettre à l'actif du rêve le témoignage de quelques artistes, techniciens, scientifiques et sportifs qui estiment avoir fait une découverte grâce à un songe. Dans notre recherche portant sur 15 sujets avec lesquels nous avons longuement analysé 39 de leurs rêves, l'un des participants affirme avoir trouvé une solution à son problème dans le contenu d'un rêve. On voit que les rêves du stade paradoxal contiennent rarement une représentation apte à répondre à une question précise d'ordre professionnel ou posée par une tierce personne. Il resterait à étudier les rêves du sommeil lent, en particulier ceux de l'endormissement, pour savoir si les découvertes utilisables y sont aussi peu fréquentes. Mais comme nous nous souvenons rarement de ces rêves, leur rôle dans la découverte de solutions est nécessairement limité. Comme le note Blagrove (1992), les solutions apparaissant en rêve peuvent avoir déjà été trouvées pendant la veille, et c'est ce qui s'est produit dans notre recherche. Ou alors ce sont des solutions à une situation onirique, non valables comme telles pour les problèmes de la vie éveillée.

Ce qui s'observe dans notre recherche, c'est qu'une solution esquissée pendant l'état de veille est mise en image en rêve, permettant soit de lui donner du relief, soit de constater qu'elle n'est pas bonne. Par ailleurs, le cas de résolution d'un problème pratique nous montre que les représentations oniriques peuvent occasionnellement contenir des solutions nouvelles et valables. Mais on ne peut s'attendre à de telles découvertes que si elles consistent en une configuration, une seule vision imagée. Je doute en revanche que l'esprit, pendant le sommeil, puisse fixer suffisamment son attention et contrôler une démarche de recherche en plusieurs temps, avec confrontation au but souhaité.

Les rêves n'en sont pas moins précieux pour avancer dans la recherche de solutions, pour deux raisons. D'abord, ils contiennent la représentation de principes de travail et de l'idéal professionnel. Si le sujet réfléchit à ces contenus, l'alliance de sa réflexion éveillée et de sa créativité onirique peut produire d'excellents résultats. Ensuite, le simple fait de rêver — de quoi que ce soit — favorise la reprise de problèmes anciens de manière nouvelle.

Chapitre 8
Donner un sens aux rêves

GÉNÉRALITÉS : L'INTERPRÉTATION ET LA REFORMULATION

Les rêves ont-ils un sens ?

Ce n'est pas parce qu'une idée est communément acceptée depuis des millénaires qu'il faut s'abstenir de la considérer de manière critique. Une approche scientifique du rêve exige donc que l'on soumette à examen l'idée que les contenus oniriques ont un sens en rapport avec le vécu des rêveurs.

Commençons par les arguments qui mettent en doute cette hypothèse. Le principal de ces arguments est le contenu même des rêves. Dans la presque totalité des cas, il s'agit soit de suites de scènes incohérentes, soit de représentations cohérentes mais d'une banalité extrême. Rappelez-vous, par exemple, le rêve de Solange fait de fragments étranges où une femme marche sans avancer, puis des feuilles s'envolent tout en s'agrandissant, puis une autre femme apparaît dont la voix se transforme en celle d'un présentateur de radio, etc. Si Solange se mettait à raconter cela pendant la journée, en affirmant que ces contenus lui viennent à l'esprit, ne dirait-on pas que ses propos sont dénués de sens ? Y a-t-il plus de sens à la scène du rêve de Luis dans laquelle un collaborateur de l'Université joue du violon de manière frénétique pour interrompre le discours d'un premier ministre ? Quant à des rêves plus réalistes, comme ceux qui représentent le rêveur dans une activité de loisir ou dans une conversation banale avec un ami, il est difficile d'y voir une signification de quelque importance pour la personne qui rêve.

On objectera que la signification des rêves n'est presque jamais immédiatement saisissable et qu'elle exige une interprétation. Et cet effort d'interprétation aboutit régulièrement, dans le cabinet des psychanalystes, à l'établissement d'une relation entre le contenu des rêves et le vécu des rêveurs. A cela, je répondrai que le sens donné au rêve dépend des théories préexistantes de l'analyste plus que des particularités du contenu analysé. On sait très bien que l'interprétation d'un songe est de nature diverse selon qu'elle se passe chez un analyste freudien ou jungien, par exemple. De plus, rien ne nous assure que les associations d'un patient et de son analyste n'aboutiraient pas exactement aux mêmes contenus s'ils prenaient comme point de départ la description d'un tableau surréaliste ou du dernier film visionné.

Les explications de nature neurophysiologique ne font que conforter la mise en doute de l'existence d'une signification des rêves. Dans cette optique, le contenu des rêves apparaîtra comme le fruit d'une activation aléatoire de cellules du cerveau. Les tenants de ce point de vue ne manqueront pas de rappeler les expériences de Penfield qui obtenait, à l'aide de stimulations électriques, des descriptions d'images et de scènes vécues semblables à des rêves. On a aussi soutenu que les représentations oniriques ne sont que le trop-plein d'informations superflues dont le cerveau se purge. Même en se plaçant à un point de vue strictement psychologique, quelques auteurs mettent en doute l'idée que les contenus oniriques aient un sens. On se rappelle que c'est le cas de Foulkes pour qui il n'y a pas d'intention sémantique dans les processus d'élaboration des rêves. Ces derniers viseraient simplement à produire des représentations plausibles et à les enchaîner de manière cohérente.

Cette dernière théorie est, à mon avis, difficile à soutenir parce que toute syntaxe consiste à organiser des signifiants dans le but d'exprimer des significations. De plus, l'examen d'innombrables rêves au cours de longs entretiens avec les personnes qui les ont produits m'a convaincu que les rêve ont *du sens*, ce qui est d'ailleurs tout à fait différent que de prétendre qu'ils ont *un sens*. En effet, un rêve n'est pas la traduction cohérente d'un message. Il contient toujours des éléments disparates et renvoie à plusieurs thèmes ou plusieurs épisodes de la vie du sujet. S'il n'a donc pas une signification, il est en revanche riche de contenus suscités par ce que j'ai appelé, au chapitre 6, ses instigateurs.

Si les représentations oniriques étaient dénuées de sens, pourquoi y trouverait-on si souvent ce qui préoccupe le sujet : l'anxiété d'avoir à raconter un rêve dans le cadre de nos expériences, l'anticipation d'un examen à venir, les problèmes relationnels avec des membres de la famille, voire des soucis pratiques comme la nécessité de trouver un meilleur éclairage sur une table de travail ? Reprenons l'exemple du rêve de Solange sur lequel je reviendrai en détail plus loin. Derrière cette séquence incohérente se dessine un même thème plusieurs fois répété et accompagné de sentiments identiques. Par ailleurs, la rêveuse met par trois fois en scène une femme d'aspect différent mais qui est toujours, selon ses dires, d'une grande banalité et incapable de se mettre en valeur. Ce rêve apparemment incohérent est donc une mise en images de quelques thèmes qui sont loin d'être indifférents pour Solange.

En conclusion, il est impossible de penser que c'est par hasard, par le simple jeu d'excitations aléatoires de cellules nerveuses ou dans l'unique but de représenter quelque chose de plausible que les contenus oniriques sont élaborés. Ainsi, Sibylle ne rêve pas de n'importe quoi mais de l'homme qui l'a quittée, de sa rage et de son impuissance devant cet événement et des parallèles qu'il offre avec les relations qu'elle avait avec son frère. Le rêve de Luis n'est pas une fantaisie complètement gratuite mais une narration qui évoque, en termes hyperboliques, l'épreuve universitaire qu'il anticipe et redoute à la fois ainsi que son désir de se trouver au centre de l'attention générale. Or, ces rêves ne sont pas des exceptions : la totalité des récits de rêve que nous avons recueillis contiennent des représentations en rapport avec des souvenirs saillants, des préoccupations des rêveurs et des nouveautés dans leur existence.

En quoi consiste une interprétation ?

Interpréter un rêve revient à appliquer son contenu au vécu du sujet en montrant que des éléments de ce contenu évoquent des situations passées ou présentes ou constituent une anticipation et éventuellement une mise en garde concernant l'avenir. Je ne vais pas, dans ce paragraphe, examiner en détail ce qui se passe dans diverses sortes d'interprétations mais procéder à une analyse schématique et théorique du processus d'interprétation. J'aborderai ce problème d'abord en termes de relations entre signifiants et signifiés, puis de façon plus descriptive en insistant sur la décomposition du processus en plusieurs temps.

La définition de la distinction entre signifiant et signifié a été faite au début de ce livre et je n'y reviendrai pas. La première ligne de la figure 11 représente schématiquement, en prenant pour exemple le mot « maison », ces deux notions, le référent auquel elles renvoient ainsi que la configuration sonore (la séquence de sons) qui correspond au mot « maison ». Notez qu'une image mentale peut jouer le rôle de signifiant (ligne 2 de la figure 11). Dans le rêve, l'image mentale d'une maison est perçue comme si elle était le référent lui-même, c'est-à-dire qu'elle paraît être une maison réelle. A cette maison imaginée en rêve correspond ce que j'appelle le signifié de premier degré, en d'autres termes, les significations immédiatement décodables que j'attache à la maison représentée, par exemple : « c'est un bâtiment d'habitation, il est vaste et austère ». L'interprétation du rêve consistera à attribuer à ce signifiant une signification différente — le signifié de deuxième degré — qui peut s'appliquer au vécu du sujet. Par exemple, un psychanalyste pourra y voir une évocation du sein maternel dans lequel le sujet voudrait retourner. Une autre interprétation verrait dans la maison une représentation de la sphère privée de l'individu, en opposition avec sa sphère publique ou professionnelle. Dans ce deuxième cas, le signifié de deuxième degré est plus proche du signifié de premier degré que dans le premier cas.

Selon la conception freudienne, le signifié de premier degré constitue un écran qui cache la signification intéressant le thérapeute. Selon une autre conception, dans laquelle je me situe, le signifié de deuxième degré se découvre en considérant attentivement le signifié de premier degré. Pour interpréter un rêve avec une bonne probabilité d'évoquer des significations qui y sont présentes, il s'agit donc de s'attacher au contenu manifeste et non de s'en éloigner par des associations.

Les psychanalystes ont raison de faire des interprétations selon leur méthode, pour autant que cela se révèle utile au processus thérapeutique. Mais s'il s'agit de savoir quelles significations sont véhiculées par un rêve, il vaut mieux ne pas avoir d'idées préconçues quant à ces significations et laisser simplement le sujet exprimer les idées et impressions attachées aux éléments oniriques.

A part quelques cas rares, tout contenu de rêve est transposé avant d'être rapporté au vécu du sujet. De l'expérience onirique au décodage des significations intéressant le vécu du sujet, on peut distinguer trois temps. Celui de la description d'abord. Il s'agit d'une désignation ou dénotation d'un élément du rêve, par exemple : « Je suis sur un échangeur d'autoroute ». Cette description s'accompagne de significations de premier degré : l'échangeur est la transition entre une autoroute et une autre. Le deuxième temps est une transposition soit métaphorique, soit en termes plus généraux de l'élément du rêve. J'insiste personnellement pour que les sujets ne se lancent pas dans une traduction métaphorique, mais formulent le contenu du rêve en termes plus généraux. Par exem-

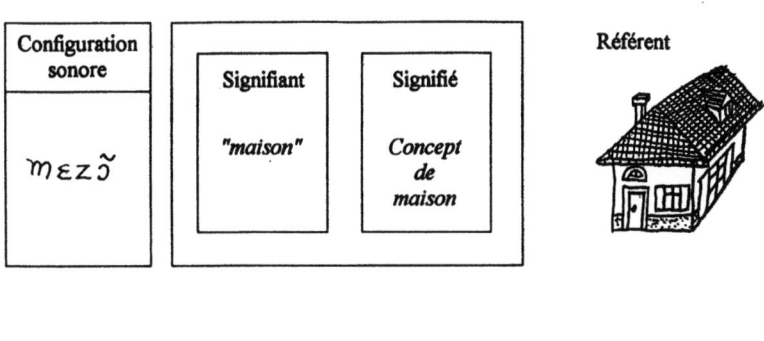

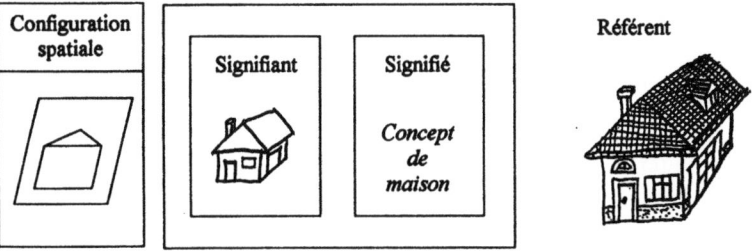

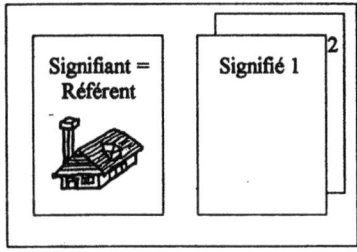

Fig. 11 — Signifiants, signifiés, référents dans le langage, l'image mentale et le rêve.

ple, l'échangeur peut être désigné par sa fonction qui est de permettre de changer de direction. Puisqu'on cherche une signification englobante ou générale, on laissera de côté l'idée qu'il s'agit de direction dans un itinéraire routier. Le troisième temps consiste alors à appliquer cette signification généralisable au vécu du sujet, par exemple, «Je suis à un moment de mon existence où je dois faire un choix qui en modifiera le cours ».

Pour les expériences menées dans mon laboratoire jusqu'ici, les sujets savent que le but de la recherche est de mieux comprendre en quoi consiste un rêve et comment il est produit, et non de faire des interprétations. Toutefois, la reformulation en termes génériques que je propose, ainsi que les données de la recherche de souvenirs liés au rêve, permettent au sujet d'y voir des significations en rapport avec son vécu. L'expérience s'arrête en général sur la formulation nouvelle, mais on verra que certains participants à l'expérience passent spontanément au stade de l'interprétation. Il est arrivé qu'un participant ne respecte pas la consigne donnée pour la reformulation et qu'il se lance immédiatement dans une interprétation. Dans ce cas, le deuxième temps de la recherche de signification, celui de la formulation en termes génériques, est escamoté pour être entièrement guidé par le troisième temps, c'est-à-dire la nécessité d'appliquer le rêve à son vécu. Voici ce que cela donne. Le sujet, Jean-Paul, est un peintre dans la quarantaine.

Dans le tableau ci-après ainsi que dans ceux qui suivent, la colonne de gauche contient, en italique, le récit de rêve ou son résumé. Dans la colonne de droite figure la reformulation effectuée lors de la dernière partie de l'entretien par la personne qui a fait le rêve. J'aimerais suggérer aux lecteurs de commencer par la lecture de la colonne de gauche, de haut en bas, et après seulement de lire la reformulation (colonne de droite) correspondant à chaque partie du récit.

Résumé du rêve	*Reformulation*
Dans la cave, le sujet est étendu sur un lit de camp.	Je suis dans une attitude de contemplation. La cave, c'est le lieu de toutes les abominations. Ce sont les égouts, les viscères, ça s'oppose à la tête. J'associe la cave au lieu de création.
Il entend des rythmes, un bruit métallique venant du réservoir de mazout, comme si un esprit malin frappeur se manifestait. Cela inquiète le sujet.	Mon réservoir à idées n'est pas complètement vide, puisqu'il résonne. Cette inquiétude, c'est l'angoisse créatrice, le doute constructif.
Il entend son chien aboyer au premier étage, et se demande pourquoi il aboie, ce qu'il veut lui dire.	Mon instinct se manifeste. Je dois laisser libre cours à mon instinct, agir avec spontanéité.
Il voit la véranda où se trouve le chien, une pièce ouverte, lieu d'accès et de passage. Il se dit que le chien ne va pas descendre, que c'est à lui de monter.	Peut-être que d'aller de la cave au chien dans la pièce ouverte, c'est le chemin que je fais chaque fois que je crée.

Dès qu'il reformule l'idée de cave, Jean-Paul se réfère à une convention métaphorique : «bas» et «haut» dans l'espace représentent le bas et le haut dans une échelle de valeurs. La cave est donc «le lieu de toutes les abominations». Puis, il insère le concept de cave dans une métaphore plus concrète : les pièces de la maison représentent les parties du corps, la cave renvoie donc à l'idée de viscères. Cette transposition étant faite, le lieu du rêve est traduit en termes d'un élément vécu, la création artistique. C'est là l'idée qui va diriger tout le reste de la reformulation. Le réservoir devient le réservoir à idées picturales, l'inquiétude face à un bruit est l'angoisse créatrice et le chien, qui renvoie pour Jean-Paul à la notion d'instinct, représente l'instinct dans la création picturale. Ce peintre a l'habitude de partir de formes et couleurs simples et il les complexifie ensuite. Il voit dans son rêve une injonction à commencer par quelque chose de très complexe, mais spontané, qu'il pourrait épurer par la suite.

La signification attribuée par Jean-Paul à son rêve illustre ce qu'est habituellement une interprétation. C'est l'aboutissement de la démarche (ici, l'application à la création artistique) qui guide le choix des termes utilisés pour désigner de manière plus générale le contenu du rêve. C'est donc le troisième temps qui inspire le deuxième. Je crois que l'on a plus de garanties de trouver les significations représentées en rêve si on procède différemment. Il s'agit de reformuler le contenu du rêve (deuxième temps) en s'inspirant des notions et impressions attachées à l'expérience onirique, dont la description constitue le premier temps du processus.

L'hypothèse de notions générales intermédiaires entre les instigateurs et le contenu du rêve

A la base de la partie de ma méthode intitulée «la reformulation en termes génériques» se trouve l'hypothèse suivante. Un rêve serait l'illustration concrète et particulière de notions plus générales liées aux instigateurs (les questions en suspens, événements nouveaux, etc.). On se rappelle que c'est en passant par sa classe englobante qu'une idée évoquée par un instigateur trouve une représentation concrète (par exemple, «accord de coopération» devient travail manuel en commun) ou active son contraire («banal» renvoie à «extravagant»). Demander à quelqu'un de reformuler le contenu de son rêve en utilisant la catégorie surordonnée, la fonction générale ou l'impression attachée à ce contenu permettrait ainsi de retrouver les significations intermédiaires entre les instigateurs et les représentations oniriques.

> **Récapitulation**
>
> *Les temps de l'élaboration du rêve*
>
> 1. Préoccupation. Exemple : devoir prendre une décision qui changera le cours de la vie.
> 2. Idée englobante ou attachée. Exemple : changer le cours, la direction.
> 3. Représentation onirique : exemplaire concret de la signification 2. Exemple : un échangeur d'autoroute.
>
> *Les temps menant à l'interprétation*
>
> A) Dénotation et significations du premier degré.
> Exemple : je suis sur un échangeur d'autoroute. C'est ce qui assure la transition entre un itinéraire et un autre.
>
> B) Transposition par la reformulation en termes génériques (signifiés du second degré).
> Exemple : ce qui permet de changer de direction.
>
> C) Application de B (le signifié du second degré) au vécu.
> Exemple : je dois prendre une décision qui peut changer le cours de ma vie.

Tant qu'on décrit le rêve de manière littérale, on n'y voit presque jamais une signification intéressant le rêveur. Dès que le contenu est traduit dans les catégories plus générales qui l'englobent, l'ensemble du rêve a plus de cohérence et des thèmes en rapport avec le rêveur surgissent. Et même si l'on ne s'intéresse pas à une interprétation, cette partie de l'entretien permet de préciser des aspects de l'expérience onirique.

Que font les sujets quand on leur demande de reformuler leur rêve ?

La consigne donnée dans la dernière partie de l'entretien (voir p. 83) contient des exemples qui visent à expliquer ce qu'on attend du sujet. Dans ces exemples, les termes choisis pour la reformulation entretiennent des liens divers avec l'élément du contenu onirique. Les participants à l'expérience utilisent ensuite ces diverses relations, ou certaines d'entre elles, et parfois d'autres liens. Voici au total les catégories que nous trouvons dans les reformulations en ce qui concerne la relation entre la formulation nouvelle et l'élément du rêve.

Une caractéristique saillante pour le sujet. Le sujet isole la caractéristique qui lui paraît résumer le mieux l'impression laissée par la personne, l'objet ou l'événement du rêve. Par exemple, Jean-Paul désigne le fait d'être couché sur un lit de camp comme « une attitude de contemplation ». Une autre personne aurait peut-être retenu la signification « au repos », ou « passif ». Dans le rêve de Solange, une femme (brune, couchée, en sous-vêtements noirs assez vulgaires) est simplement désignée comme « une femme vulgaire ».

La classe surordonnée. Le recours à la classe englobante pour désigner un élément du rêve peut consister en un substantif plus général (« un moyen de transport » pour un train), une expression verbale (« changer de niveau » pour « descendre un escalier ») ou en un qualificatif résumant des caractéristiques (« disproportionné » pour qualifier une salle beaucoup plus large que longue). Dans d'autres cas, il s'agit d'une catégorie dont l'élément du rêve est un prototype (« Cette femme, c'est la ménagère inintéressante »).

La fonction. Dans cet ordre d'idées, un train sera « ce qui m'emmène vers mon but », le premier ministre, « celui qui détient le pouvoir », la sonnette, « ce qui attire l'attention », et une porte, « un accès en même temps qu'un obstacle ».

L'impression subjective liée à l'élément. Il peut s'agir des idées et sentiments engendrés par l'élément dans le rêve ou dans la réalité. Le train devient « ce qui m'entraîne, passif et enfermé » (impression ressentie dans le rêve) ou « la routine quotidienne » (manière dont le train est ressenti dans l'existence de quelqu'un qui le prend chaque jour).

La signification reliée à l'élément du rêve par métonymie (relation de partie à tout, ou de divers éléments d'une même classe collective). Ce décodage suppose une référence à ce qui est connu dans la vie éveillée. Par exemple, un manteau noir encombrant la voiture devient « ma mère prend trop de place », car, au réveil, le manteau a été reconnu comme celui de la mère du sujet. Ou une locomotive jouet est interprétée comme une référence au frère de la rêveuse qui aimait beaucoup jouer aux trains miniatures.

La « cible » d'une métaphore. Le contenu onirique est vu comme la traduction métaphorique d'une signification généralement plus abstraite. La cave devient les viscères (ici, on passe du concret au concret) et le chien, l'instinct (passage d'une entité concrète à une notion psychologique). Lakoff (1993) insiste sur l'existence, dans l'esprit humain, d'un vaste système de métaphores qui permet de comprendre des concepts relativement abstraits en termes plus concrets. Ces métaphores «conceptuelles» (il s'agit en effet d'un phénomène de pensée plus qu'un phénomène linguistique) consistent en un ensemble de correspondances entre le domaine cible (le concept que l'on veut évoquer) et le domaine source d'où l'on tire la métaphore. Lakoff affirme que le système des métaphores, employé de manière généralement inconsciente dans la pensée éveillée, joue un rôle générateur dans les rêves en permettant d'exprimer de manière concrète ce qui est à exprimer.

Faire ressortir une opposition. Dans ce cas, le sujet, au lieu de trouver une nouvelle formulation pour désigner l'élément du rêve, montre son opposition par rapport à un autre élément onirique ou par rapport à ce qu'il est généralement dans la réalité. Ainsi, des mèches de cheveux violettes, éléments voyants, extravagants, sont présentées comme un contenu qui ne fait que confirmer la banalité de la personne qui la porte. Ou le fait qu'une pièce de réception soit claire, aérée et située à l'étage supérieur d'une maison est reformulé par ces mots : «C'est contraire aux habitudes».

Faire ressortir une ressemblance. Très spontanément, certaines personnes notent les ressemblances qui existent entre divers contenus de leur rêve. Par exemple, un sujet se demande s'il y a une relation entre deux véhicules, un scooter et une locomotive, tous deux noirs et brillants, qui apparaissent à des moments différents de son rêve.

Evoquer le souvenir relié à l'élément du rêve. Ce processus s'observe déjà dans le décodage de métonymie qui a été présenté ci-dessus. Parfois, un contenu de rêve est désigné par l'événement qui lui est relié dans la réalité. «Un guéridon» est reformulé en termes de «convivialité» parce que, la veille, la rêveuse avait eu un échange agréable et chaleureux avec d'autres personnes autour d'un guéridon.

Désigner un comportement par son objectif. «Mon père m'appelle et me dit qu'il y a une surprise» devient «Mon père utilise un moyen pour que nous soyons ensemble».

L'APPORT DE LA REFORMULATION EN TERMES GÉNÉRIQUES : QUELQUES EXEMPLES

Variété de modes de reformulation et apport à la compréhension de l'expérience onirique : le rêve de Solange

Solange est une étudiante en droit de 22 ans qui, la veille de l'expérience, est allée visiter dans une autre ville le logement qu'elle y occupera bientôt. Sa logeuse et son appartement lui ont fait excellente impression. Solange est peu émotive et s'adapte très bien aux conditions de l'expérience sur le rêve, mais elle ne se souvient pas de son rêve lorsqu'elle est réveillée une première fois vers 2 h 30. Un second réveil à 5 h 15 produit le rêve que nous connaissons déjà.

RÉCIT DE RÊVE	REFORMULATION
Une femme chinoise, longue et mince, habillée de noir, avec quelques mèches de cheveux violettes,	Une femme sans personnalité, avec une pointe d'excentricité qui ne fait que confirmer sa banalité,
monte sans cesse les trois dernières marches, rapidement, mais elle ne progresse pas. Elle n'atteint jamais la poignée de la porte — la porte est un peu comme celle d'ici (lieu d'expérimentation).	reste bloquée sur une étape. Je pense qu'elle est consciente de l'idée d'échec. Il se passe des choses derrière la porte, elle a une certaine avidité de les connaître, mais elle n'arrive pas à... entrer dans la profondeur des choses.
Dans l'appartement visité la veille, des post-it s'envolent d'un guéridon et sortent par la fenêtre. Puis je change de place, je vois, de l'extérieur de la maison, défiler les feuilles ; elles volent et deviennent de plus en plus grandes. Ces feuilles ont une couleur pastel qui jure avec le paysage très très vert.	Dans un lieu plein de bien-être, de sécurité, ce qui sert à retenir quelque chose, à ne pas l'oublier, fuit ; c'est une tentative ratée de retenir quelque chose. Ces choses fuient depuis la convivialité, le coeur (le guéridon) vers l'extérieur. Ces choses qui grandissent, c'est une croissance non maîtrisée. Ces objets ne sont pas à leur place, comme décalés. C'est le choc de la nature, un peu sauvage, et de l'objet de bureau, quelque chose de plus abstrait, fonctionnel.
Dans un lieu indistinct, une petite femme blonde et massive parle, avec la voix chaleureuse de la personne que j'ai vue hier.	Une femme, avec le profil de la ménagère inintéressante, sans aucun charme, parle avec une voix chaleureuse, charmante, qui ne correspond pas à ses caractéristiques.
Dans un sous-sol, la voix se transforme en celle d'un présentateur de radio qui parle d'un peintre, en disant qu'il ne dessine pas comme lui, qu'il peint les couleurs de son enfance. Parallèlement, je vois défiler les peintures, des formes qui se développent,	Dans un lieu renfermé et dont on ne peut pas sortir, un vecteur (il transmet quelque chose), d'une grande banalité, qui essaie d'affirmer sa personnalité, parle de la peinture — c'est pour moi le mystère de la création. En même temps, quelque chose

de l'orange et du jaune avec de petites pointes noires.	d'harmonieux et lent prend place, de manière incontrôlable. On ne voit pas le pientre maîtriser, contrôler. J'ai le sentiment d'être dépassée. Les couleurs, c'est vif, mais vide (peut-être comme la mèche violette, au début). Dans ces couleurs qui partent dans tous les sens, les taches noires fixent les oeuvres, comme des clous.
Tout à coup, une tache noire grandit, elle prend de l'ampleur, comme si elle supprimait le reste.	L'élément qui veut fixer quelque chose, capte toute l'attention et, comme les post-it avant, grandit de manière incontrôlable.
Une femme longiligne, portant des sous-vêtements noirs, vulgaires, étendue sur un lit, se débat, comme si on l'empêchait de partir. Elle pourrait très bien s'en aller. Un homme au coprs immense, comme un adulte bien baraqué, et au visage d'adolescent met ses mains de part et d'autre de la femme.	Une femme vulgaire, impuissante à se mettre ne valeur, a une possibilité concrète de s'enfuir, mais quelque chose la retient. Elle voit l'issue, mais elle ne sait pas l'atteindre. L'homme [qui fait semblant de la retenir] est immature (le visage, c'est ce qui exprime la personnalité), mais il a une enveloppe de quelqu'un plein de maturité.

Avant de passer aux commentaires sur l'apport de la reformulation en termes génériques à la compréhension du rêve, j'aimerais faire remarquer que Solange utilise spontanément une grande variété de modes de reformulation. Elle isole une caractéristique (le caractère chaleureux d'une voix ou vulgaire d'une personne), ou désigne un élément par sa classe englobante (la femme blonde est le prototype de la ménagère inintéressante ; monter sans avancer devient « rester bloquée sur une étape »), ou par sa fonction (les post-it sont ce qui sert à ne pas oublier, les taches noires fixent les choses). Elle remplace certains contenus par l'impression subjective qu'ils ont évoquée pendant le rêve (des couleurs vives mais vides, un flux non maîtrisé qui donne à Solange l'impression d'être dépassée) ou dans la vie éveillée : la peinture est pour elle le mystère de la création et l'appartement représenté en rêve est désigné par l'impression de bien-être qu'il a suscitée la veille. Un contenu est traité comme une métaphore ; c'est la porte du début, qui est conçue comme un accès à la connaissance. Enfin, Solange fait ressortir plusieurs oppositions. Par exemple, les mèches de cheveux violettes sont une pointe d'excentricité qui contraste avec la banalité de la personne ou les taches noires ont pour rôle de fixer les peintures en s'opposant à leur défilement.

Ce travail de reformulation a pour première conséquence de faire comprendre beaucoup mieux certains aspects de l'expérience onirique. Malgré tout le soin que nous prenons à obtenir une description précise du rêve, certains éléments n'apparaissent pas au cours de la séance des précisions. Rien n'avait été dit, par exemple, sur le fait que la femme chinoise du début du rêve avait une certaine avidité à ouvrir la porte du palier et qu'elle était en proie à un sentiment d'échec tandis qu'elle montait les marches d'escalier sans avancer. De plus, l'envol des feuilles pouvait être compris comme un spectacle indifférent ou amusant, alors qu'il s'en dégageait pour la rêveuse une impression de flux non maîtrisé. De même, la phrase «Je vois défiler les peintures, des formes qui se développent» ne rend pas l'impression ressentie en rêve, d'une part, d'un développement lent et harmonieux, d'autre part, d'une absence de maîtrise et de contrôle. Les couleurs orange et jaune et les petites taches noires des peintures avaient été décrites objectivement. La reformulation recrée les significations qui leur étaient attachées, celles d'un aspect vif mais dénué de profondeur pour le rouge et l'orange et de points de fixation pour les taches noires. De même, certains des nombreux contrastes qui jalonnent ce rêve nous auraient échappés si Solange ne les avait pas signalés lors de cette dernière partie de l'entretien.

On voit donc qu'au cours du travail de reformulation, ce sont souvent des significations du premier degré — celles qui sont immédiatement appréhendées pendant l'expérience onirique — qui sont rendues explicites. Cependant, notre sujet a aussi joué le jeu de recherche de significations plus générales. Désigner des mèches violettes par la notion de tentative d'excentricité qui ne fait que confirmer la banalité témoigne de ce passage à ce que j'appelle les significations du second degré. On observe aussi ce passage lorsque le contraste entre les feuilles qui s'envolent et la campagne est traduit comme une opposition entre le monde fonctionnel et artificiel du travail et le monde sauvage de la nature. La reformulation de toute la scène des post-it et de ce qui se passe dans le sous-sol sont aussi de clairs exemples d'une recherche de termes génériques. Chaque contenu du rêve est désigné par un terme moins spécifique mais qui lui est très proche parce qu'il s'agit d'une signification qui englobe celle du contenu ou qui l'accompagne.

Le deuxième apport important du travail de reformulation est de dégager des thèmes dont les scènes du rêve sont une illustration particulière. Le rêve de Solange, qui semble au premier abord si varié et décousu, apparaît ainsi comme un ensemble de variations sur quelques thèmes récurrents. Les trois femmes qui apparaissent successivement ont en commun un manque de personnalité, une manière de ne pas s'affirmer, de ne pas savoir ni vouloir progresser, franchir des limites. En reformulant la dernière partie de son rêve, Solange dit que la femme couchée sur le lit «voit l'issue, mais ne sait pas l'atteindre», et cela nous montre la similitude avec la femme du début qui ne réussissait pas à atteindre la porte. De plus, Solange souligne elle-même les similitudes entre l'envol des post-it dans la deuxième scène et le défilement des peintures dans une scène suivante. Dans les deux cas, il s'agit d'un flux incontrôlable qui se double d'une croissance incontrôlable lorsque les feuilles grandissent et que, plus tard, la tache noire se développe. Au total, nous voyons ici qu'un fragment de rêve — 10 minutes de représentations pendant le sommeil paradoxal — consiste à traiter un nombre limité de thèmes en produisant des représentations variées de chacun d'eux.

L'interprétation d'un tel rêve reviendrait à voir comment les thèmes qui s'en dégagent s'appliquent au vécu de Solange, aux problèmes qu'elle se pose, aux buts qu'elle se fixe. Notons en passant que le thème des choses qui défilent et qu'on ne peut retenir est peut-être une allusion au fait que Solange a été réveillée une première fois et n'a pas été capable de récupérer son rêve. Mais la difficulté de retenir ce qui devrait être retenu s'applique probablement à d'autres expériences de la vie de Solange. Pour le savoir, nous aurions dû procéder au troisième temps de la démarche interprétative, mais cela ne correspondait pas à notre contrat ni à une demande de la part du sujet. On entrevoit cependant tout le parti qu'on pourrait tirer des données de la méthode cognitive exposée dans ce livre dans le but de faire réfléchir le sujet à son vécu diurne.

Un mélange de reformulation et d'interprétation : le cas d'Eliana

Eliana est une étudiante de 23 ans qui habite chez ses parents. Dix mois avant de participer à l'expérience, elle a perdu sa chienne K. à laquelle elle était très attachée. La mère d'Eliana avait laissé le portail du jardin ouvert et la chienne s'est fait écraser par une voiture. Elle était paralysée et il a fallu la piquer. Quatre mois plus tard, le père d'Eliana, inquiet du chagrin de sa fille, lui a offert un autre chien du nom de Y.

Au cours de la séance de reformulation de son rêve, Eliana fait intervenir des interprétations en rapport avec son vécu qui sont signalées en caractère gras dans la colonne de droite du tableau suivant.

RÉCIT DE RÊVE	REFORMULATION ET INTERPRÉTATION
Je suis dans ma maison et j'entends mon père qui m'appelle et me dit que je dois aller dans la cour parce qu'il y a une surprise.	Je suis dans le lieu familial. Mon père veut m'avoir près de lui, il m'annonce une belle surprise, un moyen de me rendre heureuse.
Je vais dans la cour et je vois ma chienne K, derrière un grillage, avec mon chien Y qui est très petit. Je suis très heureuse de	Dans le lieu convivial de l'été, je suis heureuse parce que je vois K et **je m'étais dit : «Je voudrais te voir encore une fois»**.

voir K. Elle me regarde avec ses yeux bleus, sans expression. J'ai peur qu'elle ne mange Y et je l'entoure de mes bras pour la prier de ne pas lui faire de mal. Elle est immobile et je ne sens pas le contact avec elle. Comme s'il n'y avait que de l'esprit.	L'important dans cette scène c'est la séparation (le grillage) et l'absence de contact. C'est comme si elle disait : «Je suis ici, confinée dans un lieu particulier, mais je suis ici». Y est blanc : c'est la simplicité et le bonheur. Il est très petit, je peux le contrôler. **Comme K est morte, elle pourrait être jalouse de Y. J'ai besoin** que les deux chiens soient différents par la couleur et le sexe. je veux souligner la différence pour ne pas oublier K.
Je ne comprend pas la différence entre Y qui est un mâle et K qui est une femelle et je regarde leur ventre. Je vois le ventre sans poil et me demande par où K fait pipi.	
Je cours dans la cuisine pour appeler ma mère. Elle hache du persil avec un hachoir et je la vois avec un tablier blanc. Elle est complètement absorbée dans son travail et ne fait pas attention à moi. Je lui dis que K est vivante et que j'avais raison de ne pas la faire piquer. Ma mère me dit que c'est impossible parce que K est morte pour toujours. La cuisine est sombre.	Ma mère s'occupe de la famille. Elle porte un élément de mon père (le tablier) : c'est l'union de mes parents. Je cherche à obtenir son attention. Je veux lui démontrer que j'avais raison. C'est comme dire : **j'ai souffert, si tu m'avais écoutée, tu aurais été plus attentive (et K ne serait pas morte)**. Ma mère qui me répond, c'est la voix de la réalité.
Je sors avec ma mère et je vois Y blanc et petit qui court derrière K et cherche à attraper sa queue. Y est blanc, très joli et heureux et K est distante.	Je vois le contraste entre les deux chiens : la couleur de K est sombre et le blanc de Y, c'est la luminosité, c'est la vie. Il agit comme un chien vivant. Tandis que **K est morte** et elle ne peut pas se comporter comme elle le ferait dans la vie.
K saute la barrière qui sépare la cour du jardin, mais Y reste avec moi dans la cour. Pendant ce rêve, j'ai le sentiment d'avoir plus de maturité, d'être déjà diplômée de l'université, c'est l'année prochaine.	Elle retourne où elle est et je ne cherche pas à la retenir. **Peut-être que j'espère qu'avec la maturité, je pourrais élaborer le deuil, pas seulement celui de K, mais de tout ce qui est séparation, besoin de contact.**

Alors que la consigne donnée est de traduire les éléments du rêve en termes plus généraux, Eliana ne peut s'empêcher de passer de temps à autre au stade de l'interprétation, en signalant comment certains contenus renvoient à son vécu. Il est vrai que, dès qu'un rapport entre le contenu d'un rêve et des problématiques ou événements personnels a été entrevu, il est difficile de s'en tenir à l'exercice proposé lors de la reformulation. Cependant, en court-circuitant ce temps de la reformulation ou en l'abrégeant pour passer à des interprétations, on se prive d'un support qui peut se révéler très riche pour comprendre le rêve, tant du point de vue de sa construction que des significations personnelles qu'il évoque.

Quoi qu'il en soit, le rêve d'Eliana est une jolie mise en scène d'un deuil accompli. Une dernière fois, la jeune fille se donne la joie de revoir sa chienne morte, mais elle la représente comme ne faisant plus partie intégrante du monde des vivants : l'animal a les yeux fixes, échappe au contact et, après être venu rendre visite à sa maîtresse, il repart dans son au-delà. On aura noté aussi la possibilité que donne le rêve de se sentir plus avant dans le temps, doté non seulement d'un âge un peu plus avancé, mais encore d'une maturité de caractère plus grande. Ce qui est bien illustré avec ce cas, c'est combien le rêve peut établir un trait d'union entre le passé et l'avenir.

Comprendre l'organisation d'un rêve et interpréter son contenu grâce à la reformulation : le rêve de Luis

La reformulation

J'ai déjà présenté les circonstances de la vie de Luis, un enseignant de 37 ans, à l'époque où il a fait son rêve (chapitre 6, p. 168).

RÉSUMÉ DU RÊVE	REFORMULATION
Une réception a lieu dans une pièce très aérée, tout en haut d'un immeuble. *Les gens parlent un verre à la main et ils se déplacent.* *Le sujet est seul, comme s'il cherchait quelqu'un de connu et en même temps, il observe les autres.*	Dans un lieu de réception contraire aux habitudes, les gens ont des interactions informelles et artificielles. Je ne m'identifie pas à ces gens et [j'agis] comme si je cherchais un intermédiaire qui me permette de m'intégrer au sein du groupe.
Dans un amphithéâtre de l'université immense, très large et très en pente, les auditeurs sont disséminés. Le sujet est tout en haut, derrière, près de la porte.	Dans un local tout ce qu'il y a de plus universitaire, frappant par son caractère dangereux (la pente) et disproportionné, à l'opposé de ce que l'on pourrait attendre, les gens n'ont pas d'interaction, au contraire de la première scène. J'ai toujours une position d'observateur, un peu en retrait.
Le premier ministre espagnol fait un speech d'introduction à une rencontre entre enseignants et écrivains. *Quelqu'un jette une chaise en signe de protestation parce qu'il se trouve situé trop derrière. Cela fait beaucoup de bruit et le premier ministre s'arrête.* *A peine recommence-t-il à parler que Tony descend, du haut de la salle, en marchant sur les pupitres, l'air furieux et décidé. Il tient dans une main le manche de son violon et l'archet. Arrivé au centre de l'auditoire, il se met à jouer du violon avec véhémence. Le conférencier s'arrête.*	Celui qui détient le pouvoir parle d'une réunion de personnes qui font partie de l'univers du savoir. Un observateur critique réagit violemment à son statut particulier (en retrait) et cela interrompt [celui qui détient la parole et le pouvoir]. Le pouvoir se réaffirme. Un élément perturbateur, un personnage qui veut se faire remarquer, attire l'attention avec véhémence. Il utilise un instrument en le détournant de sa fonction, en opposition avec ce qui est attendu, à titre de provocation, et du coup focalise toute l'attention.
Tony s'arrête de jouer et s'assure que tout le monde l'a repéré. Puis il se remet à	Il prolonge sa provocation avec une véhémence exagérée (la corde cassée).

jouer et une corde saute. *Ayant fini, il reprend son violon sous le bras et remonte, métamorphosé, satisfait d'avoir accompli quelque chose de très fort.*	Il a terminé, c'est le repos. On peut voir l'effet cathartique d'une scène complètement démesurée.
Dans une ambiance détendue, le sujet, situé de biais, voit en gros plan une guitare sans trou de résonance. On a commencé à dessiner le trou, un dessin compliqué en arabesques. On a aussi commencé à tailler une entaille en biseau le long d'une partie du dessin.	Dans l'intimité, je suis toujours observateur, mais d'un ensemble de détails. Je vois, selon ma perspective, un instrument à la sonorité particulière, incomplet, inutilisable. C'est un travail en cours de réalisation, compliqué (les arabesques), précis et soigné (l'entaille en biseau). Il y a trop de choses par rapport à ce qui pourrait être l'essentiel.

L'interprétation

Après ce travail de reformulation, Luis a voulu aller jusqu'à l'interprétation de son rêve. Lors d'une séance supplémentaire, il a procédé à ce troisième temps — par rapport à la description du rêve et à sa transposition en termes généralisables — qui consiste à appliquer les significations plus générales au vécu du rêveur. Luis voit d'emblée des rapports entre le contenu de son rêve et la présentation qu'il se prépare à faire dans le cadre de l'Université. Au moment où il fait ce rêve, il travaille par intermittence à la préparation de cette présentation. Par ailleurs, on se souvient que Luis a cherché un appui politique à sa candidature dans une institution non universitaire. Les propos interprétatifs de Luis n'ont pas toujours suivi l'ordre des scènes de son rêve. Dans la transcription qui suit, j'ai rétabli cet ordre. En ce qui concerne la première scène, celle de la réception, j'avais beaucoup insisté, au cours de la reformulation, pour que Luis désigne en termes plus généraux la disposition des lieux. La description du rêve précisait en effet que la réception avait lieu dans deux pièces en enfilade : une grande pièce dans laquelle le rêveur se trouvait, qui s'ouvrait sur une plus petite pièce, surélevée par rapport à la première. Luis m'avait répondu qu'il ne trouvait rien pour reformuler ces éléments. Au contraire, au cours de l'interprétation, il leur accorde une signification.

« Qu'il y ait deux parties inégales, tant au niveau de la dimension que de la position relative... par rapport à mon travail, ça pourrait traduire le fait que la plus grosse partie est accomplie et puis, il faudrait passer à la partie la plus petite... mais plus haute... les dernières choses, donc un peu plus élevées que les autres. [Dans le rêve], j'étais distant par rapport à l'entrée de cette seconde pièce. C'est comme si je me disais : « Et si j'allais faire un tour là-dedans ? »

La deuxième scène, c'est le pouvoir politique en même temps que le pouvoir académique. On annonce que les écrivains vont parler; ça me fait penser que quelqu'un va être confronté à une situation de présentation de quelque chose qu'il a écrit : la présentation que je dois faire. Je suis tout en haut dans la salle qui a une pente dangereuse : ceux qui risquent se trouvent tout en haut. Et celui qui lance la chaise, de même que Tony, ça pourrait être des *alter ego*. Cette scène veut dire à ceux qui détiennent le pouvoir : « Voilà, je suis toujours là; il faut que je vous secoue un petit peu parce que sinon vous, vous ne me remarquerez même pas, je ferai toujours partie de la grande masse... ». C'est peut-être le fait qu'il faut que je me lance, que je me manifeste, que je sois au devant de la scène. D'abord (la chaise renversée), c'est une protestation contre la place trop en arrière. C'est presque un exercice autoréféré, je fais ça presque pour moi-même. Et puis (l'intervention de Tony), c'est carrément attirer l'attention de tout le monde. L'atmosphère universitaire me manque et dans le rêve, je suis près de la sortie et puis, je me retrouve au centre. « Voilà, je suis encore là, regardez moi ». Et l'issue que j'attends, c'est la transfiguration, une métamorphose. (Question de l'expérimentateur sur le fait que c'est Tony et non Luis qui agit ainsi dans le rêve). Ça serait quelqu'un qui serait plus à même de faire ça que moi. Je me verrai difficilement faire ce genre de protestation, si énergique. Les risques pris en descendant cet auditoire (la pente), c'est le risque de ne pas être compris dans ma présentation, que mon travail ne soit pas accepté.

La scène de la guitare signifie que mon projet de travail est fait, et bien fait, mais il manque la réalisation. Il faut juste poursuivre un peu ce qui est déjà entamé. (Réaction de l'expérimentateur : seule une petite partie du travail est faite sur la guitare.) Oui, il faut poursuivre, mais en enlevant une certaine complexité (les arabesques). Il faut compléter la réalisation en simplifiant. Il faudrait focaliser sur un nombre restreint de problèmes intéressants, les travailler à fond et laisser de côté les problèmes périphériques.

Commentaires

Considérons d'abord la reformulation en termes génériques de ce rêve. Une fois de plus, elle fait ressortir des points communs et des oppositions entre les divers contenus du rêve et permet de dégager quelques thèmes importants dont le rêve est une mise en scène. Au niveau des points communs, Luis remarque qu'il a une position d'observateur dans les trois scènes. Et, lorsqu'il faut agir pour réaliser des buts souhaitables (protester, se faire remarquer), l'action est déléguée à d'autres personnages du rêve. Mais il devient clair que les deux protestataires sont là pour représenter le rêveur. Comme lui, ils sont situés dans une position à l'écart et pleine de risque. Quant à Tony, il a dans la vie éveillée exercé le même poste que Luis et se prépare au même type d'examen.

La reformulation et les remarques lors de l'interprétation soulignent un aspect mis en lumière par l'analyse de l'organisation séquentielle : la reprise d'un même canevas qui consiste à perturber le discours de l'orateur et à se faire remarquer. Il semble que la première action, celle de la chaise renversée, soit une sorte d'ébauche de scénario de protestation qui va être repris, amplifié et détaillé en plusieurs temps dans les actions suivantes avec l'apparition de Tony.

La séquence d'événements apparemment très divers apparaît ainsi à l'analyse avoir plus de continuité. Les ruptures entre les trois grandes scènes cachent quelques points communs. Dans la première, Luis a une position d'observateur en retrait par rapport aux interactions des autres invités, et nous retrouvons une position semblable (mais illustrée très différemment dans le rêve) au cours de la seconde scène. De même, cette deuxième scène se termine par un apaisement spectaculaire et elle se prolonge par la troisième scène dans une atmosphère paisible avec, comme autre point commun, la présence d'un instrument de musique.

Dans ce cas comme dans les précédents, le travail de reformulation fait aussi ressortir les contrastes dans la construction du rêve. Contrastes entre le monde onirique et le monde réel : par exemple, la salle de réception est située dans les hauteurs et donne une impression aérée qui est tout le contraire des salles de réception habituelles. Le grand auditoire de l'université a des proportions inusuelles, avec sa largeur démesurée. Le violon sert à intervenir bruyamment comme le ferait un tambour ou une trompette et non à susurrer des mélodies sentimentales. La guitare est dépourvue d'un aspect essentiel, son trou de résonance. Luis fait aussi remarquer des oppositions entre les scènes successives : l'aspect informel et de sociabilité de la réception contraste avec le côté formel et sans interactions de ce qui a lieu dans l'auditoire. La véhémence des protestations dans un lieu public est suivie de la détente et de la contemplation dans un lieu intime.

Ce jeu de ressemblances et de discordances n'est pas intéressant seulement pour celui qui cherche à comprendre la construction des rêves. Cela permet de mieux dégager les thèmes traités par ces représentations. Le squelette thématique du rêve apparaît : «Je suis un observateur en retrait, mal intégré; je désire protester contre cette situation, me placer au centre de l'attention; cela provoquerait de grandes satisfactions; mais il reste que mon travail est très inachevé ».

L'interprétation faite par Luis montre qu'il est facile d'établir des liens entre les significations générales dégagées du contenu onirique et le vécu du sujet. Dans ce cas, le contenu du rêve est interprété en fonction d'un problème essentiellement, celui de la préparation à une épreuve universitaire. Luis aurait pu aussi développer une interprétation traitant de ses problèmes d'intégration ou de son rapport à l'affirmation de soi énergique. En fait, il est très difficile d'interpréter un rêve en tenant compte des divers thèmes qu'il renferme. Dès qu'un des thèmes est sélectionné, il organise sémantiquement la suite du travail.

Le rôle d'épisodes vécus dans la reformulation et la compréhension des significations en jeu : le rêve de Sibylle

On se souvient qu'avant de demander au sujet de reformuler son rêve en termes génériques, nous l'incitons à chercher les sources mnésiques du rêve. Les résultats de cette recherche sont indispensables pour comprendre les significations véhiculées par les représentations oniriques comme on le verra avec l'exemple de Sibylle. Neuf mois avant de produire ce rêve, la jeune femme a été abandonnée par l'ami avec lequel elle vivait. C'était un jeune homme au physique avantageux et à l'attitude séductrice, aimant éblouir les autres avec sa coûteuse voiture de sport. Il avait un comportement assez immature et, au lieu de venir en aide à sa compagne quand elle était en difficulté, il lui jetait des défis. Au moment où elle participe à notre expérience, Sibylle est encore très affectée par cette rupture. Elle se sent incapable de commencer une nouvelle relation amoureuse forte et sereine et se trouve un peu sans but et sans direction dans son existence.

Le récit de rêve

L'assistant vient me réveiller. Nous discutons longuement et, soudain, je prends conscience que je devais lui raconter mon rêve...

Je suis seule dans une Maserati rouge que je conduis difficilement. La route est dans un paysage... comme un décor de film en carton-pâte. Puis, mon ex-ami est à côté de moi. Il voit que je suis en difficulté et me jette le défi de montrer comment je sais conduire... Je me trouve en face d'une locomotive qui a l'air d'un modèle réduit agrandi. Je la pousse hors de la route avec la voiture.

Mon ami est à côté de moi, debout au bord d'une rue. Il a le visage de mon frère quand il avait 13 ans et dit : «Je n'ai plus envie de te voir». Je le gronde comme un enfant, puis je lui tire les cheveux, comme une bagarre d'enfants, mais je ne sens pas de résistance. Je soulève une Vespa noire et je la renverse. L'essence se met à couler du réservoir très près de mes pieds. Je lance un projectile sur mon ami et il atterrit... sur deux personnages auxquels je n'en voulais pas, un jeune couple d'amoureux. Ils glissent et tombent...

Résumé de la reformulation

Pour abréger, la reformulation du rêve faite par Sibylle sera résumée. Pour elle, la scène avec l'expérimentateur, c'est la culpabilité de ne pas avoir accompli un devoir. La suite représente l'inadéquation entre elle-même et son ami, du moins la partie de lui «m'as-tu-vu». Elle doit se débrouiller pour trouver la solution de cette inadéquation. Puis, elle découvre un obstacle (la locomotive) qu'elle pousse de côté facilement. La scène suivante montre son ami avec son côté immature. Elle ne sait quelle attitude prendre, alors elle essaie d'être une mère, ensuite d'être une enfant, au même niveau que lui. Mais rien de cela n'agit sur l'ami. La Vespa renversée, c'est la réalisation de l'envie physique de se décharger de sa rage. Cela produit un danger très proche (la perte d'essence). Pour finir, elle essaie encore d'atteindre son ami, mais ce sont deux personnes qui n'ont rien à voir avec cette querelle qui sont atteintes.

L'interprétation

Ce dernier point me fait dire : «Votre geste agressif, au lieu d'atteindre celui qui est visé, il atteint ce qui représente l'amour». Sibylle poursuit dans cette veine en interprétant son rêve comme suit.

[Pour la scène de culpabilité de ne pas avoir raconté son rêve] «Vis-à-vis de cette expérience de rupture que j'ai eue, j'ai un sentiment de culpabilité, depuis le départ, quoique ce ne soit pas moi qui l'aie décidée, je me dis que c'est ma faute..., que j'ai fait un faux pas ou que j'aurais pu l'éviter.»

[Scène de la voiture] «C'est le sentiment d'inadéquation à une certaine partie du caractère de cette personne, contre laquelle j'ai toujours essayé de lutter. [Mais] je n'ai jamais eu d'aide de sa part; il disait : «Moi je suis comme ça, c'est donc bien, si toi tu n'es pas comme ça, c'est ton problème». [Au volant de la voiture], alors que je m'attendrais à une aide, c'est la réaction contraire qui arrive. Ça s'est produit plusieurs fois dans la réalité. Chaque fois qu'il y avait une demande d'aide de ma part, c'était le refus. [Expérimentateur : en poussant la locomotive, vous relevez le défi] C'est peut-être la nécessité de montrer que je suis capable de faire quelque chose.

[L'aspect immature de l'ami dans la scène suivante] Au moment de la rupture, il s'est exprimé d'une façon très enfantine et ça m'a tourné dans la tête pendant des mois parce que je n'arrivais pas à croire que quelqu'un pouvait considérer les choses comme ça. [La Vespa renversée], c'est peut-être parce que la période qui a suivi la rupture, c'est une période assez incroyable de force physique, je gagnais tous les matches de tennis. [Le danger représenté par l'essence qui coule], c'est le danger de perdre toute son énergie. [Et le projectile qui fait tomber les amoureux], cette agressivité que je nourris vis-à-vis de l'autre personne... m'empêche peut-être de vivre des relations plus sereines avec d'autres hommes. »

Commentaires

La reformulation fait comprendre beaucoup mieux le ressenti accompagnant le rêve, par exemple le fait que pour la première scène, Sibylle met la responsabilité sur elle-même et non sur l'assistant qui ne lui demande pas de raconter son rêve. Comme dans les cas précédents, cette reformulation fait ressortir des ressemblances entre éléments du rêve et le rend ainsi moins décousu. L'ami est ressenti comme un obstacle, au même titre que la locomotive qui surgit soudain, mais il est un obstacle dont il est difficile de se défaire, contrairement à la locomotive. Le rêve oppose ainsi cet homme, face auquel Sibylle se sent impuissante d'agir, et ce sur quoi elle agit avec force (la locomotive, la Vespa) et parfois sans le vouloir (le couple d'amoureux). Par ailleurs, la curieuse attitude de réprimande, lorsque l'ami dit qu'il va la quitter, et la scène de querelle enfantine qui suit prennent du sens grâce à la reformulation. L'ami au visage du jeune frère, c'est une représentation de l'immaturité qui entraîne une attitude maternelle. Le passage de cette attitude à la querelle d'enfants, c'est le triomphe de l'immaturité et aussi un essai de changement de stratégie qui traduit le désarroi de celle qui ne sait pas comment communiquer avec son ami.

En lui-même, le contenu du rêve de Sibylle n'aurait guère de sens si nous ne connaissions les souvenirs qui sont à sa source. Aussi, la séance consacrée à la recherche de souvenirs est-elle indispensable pour comprendre le rêve car elle permet de savoir qui est l'ami représenté et quelles ont été ses relations avec le sujet. De même, il est très important de savoir que la voiture est celle que possédait l'ex-ami, que la locomotive est liée au souvenir du frère de la rêveuse. La description des relations qu'elle a eues avec son frère à l'adolescence éclaire l'effet de condensation entre le visage du jeune frère et la personne de l'ami. En effet, dès que son frère est devenu adolescent, Sibylle n'a plus pu profiter de sa force physique pour avoir le dessus sur lui dans des querelles dues à la trop grande place accordée au frère par leurs parents. La recherche de souvenirs permet aussi de comprendre que la Vespa du rêve représente par métonymie un homme qui ressemble beaucoup à l'ex-ami de la rêveuse. L'interprétation que Sibylle fait de son rêve montre combien il est proche, dans son contenu, de souvenirs, attitudes et problèmes de la jeune femme. Même si toute interprétation ajoute quelque chose à son substrat, on ne peut nier que le rêve de Sibylle ait du sens parce qu'il met en scène ces souvenirs, attitudes et problèmes si importants pour elle. Quant à la dernière scène, elle peut être vue comme une sorte de mise en garde. Le deuil de la rupture n'est pas fait, mais les dangers de la rage impuissante qu'elle suscite sont évoqués. Peut-être était-ce là le début d'un processus de deuil. J'ai eu l'occasion de rencontrer Sibylle, deux ans après ce travail sur son rêve, et j'ai constaté avec plaisir qu'elle avait noué une nouvelle relation amoureuse stable et satisfaisante.

RÉSUMÉ ET CONCLUSIONS

Les chercheurs qui abordent l'étude du rêve avec les méthodes de la psychologie expérimentale et de la psychologie cognitive laissent souvent de côté la question de l'interprétation pour deux raisons. Premièrement parce que cette question a trop longtemps oblitéré l'importance du rêve lui-même et deuxièmement parce l'interprétation ne relève pas d'une démarche scientifique. Au début des années soixante, après des décennies de psychologie du rêve axée seulement sur l'interprétation, au détriment d'une étude de la nature du rêve, le programme de recherche à entreprendre dans l'esprit de la psychologie scientifique était incroyablement vaste. Il s'agissait de connaître la fréquence des rêves et leur relation avec les phases de sommeil, d'établir une recension des contenus oniriques, d'aborder le problème de leur amnésie, de faire un lien entre le rêve, la mémoire et d'autres fonctions cognitives ainsi que ses relations avec les émotions. La question de l'interprétation — c'est-à-dire de l'utilisation d'un phénomène lui-même mal connu — passait au second plan. Le fait que les interprétations de rêve se fondent sur l'intuition et les présupposés d'école et qu'elles ne donnent pas lieu à un effort de validation ne pouvait que renforcer la méfiance à son égard.

Une perspective scientifique — c'est-à-dire, contrairement à son image populaire, une perspective humble, parce qu'elle cherche à vérifier si ses hypothèses sont exactes — oblige à se demander si les rêves doivent être interprétés. Un sens se cache-t-il derrière l'apparente incohérence de beaucoup de rêves et la platitude des autres ? Ne pourrait-il s'agir que d'un agrégat incohérent où se mêlent au hasard résidus de perceptions, éléments de souvenirs et produits de l'imagination ? Ces contenus ne pourraient-ils pas résulter simplement d'une activation aléatoire de cellules du cerveau ?

Tout en trouvant ce scepticisme salutaire, je ne partage pas ces doutes après avoir examiné de nombreux rêves ainsi que les souvenirs et notions qui leur sont attachés. Certes, il ne s'agit pas d'affirmer que tout rêve a *un* sens parce qu'il serait la traduction fidèle et linéaire d'un message cohérent. En revanche, on peut dire que les rêves ont *du* sens parce que chacun d'eux est riche de significations en rapport avec ses instigateurs. On y trouve donc des contenus disparates et une pluralité de thèmes traités qui ont un rapport avec le vécu du sujet.

Trois arguments plaident en faveur de cette idée que les rêves ont du sens. Premièrement, on retrouve presque toujours, derrière des scènes étranges et décousues, la représentation de souvenirs du sujet. Ce sont souvent des souvenirs chargés d'importance et d'émotions : les séparations qui exigent un deuil, les profondes frustrations ou blessures d'amour-propre, mais aussi les agréables souhaits et les vision idéales qui concernent la vie privée ou les questions professionnelles. Deuxièmement, la préoccupation pour une tâche à accomplir apparaît fréquemment en rêve, que ce soit par exemple l'anticipation d'un examen à passer, d'un rêve à raconter dans notre laboratoire ou d'une question pratique à résoudre. Enfin, lorsque les personnes qui ont rêvé reformulent le contenu de leur rêve en termes plus généraux, elles mettent en évidence, au-delà des discontinuités apparentes, l'existence de quelques thèmes importants pour le sujet et dont certains peuvent être traités à plusieurs reprises dans un même rêve (on se souvient du thème de l'observateur passif dans le rêve de Luis ou de celui du flux non maîtrisé chez Solange).

Il est donc légitime de chercher des significations dans les représentations oniriques à l'aide d'une démarche interprétative qui consiste à montrer que des éléments du contenu onirique évoquent des situations de la vie du sujet ou illustrent ses attitudes ou préoccupations. L'interprétation a deux exigences. D'abord, elle requiert d'attribuer aux éléments du contenu du rêve des significations (que nous appelons signifiés du second degré) quelque peu différentes du sens « littéral », immédiatement appréhendé de ces éléments (les signifiés du premier degré). Ensuite, ces significations du second degré doivent pouvoir s'appliquer au vécu du sujet. Pour découvrir ces significations, on évitera les longues chaînes associatives qui éloignent des significations présentes dans le contenu manifeste. On se méfiera aussi du recours à des métaphores convenues car un contenu donné peut véhiculer des significations très différentes selon la personne qui rêve, sa culture, les circonstances actuelles de sa vie. Mettant entre parenthèses toute idée préconçue quant au sens du rêve, on doit laisser le sujet exprimer les idées et impressions attachées aux représentations oniriques.

A cet effet, la reformulation en termes génériques est très utile. C'est une tâche qui peut s'appuyer sur des moyens divers puisque j'ai recensé une dizaine de manières différentes de rechercher un « terme générique » pour chaque élément du rêve. En se livrant à cette tâche, certaines personnes passent spontanément au stade de l'interprétation. De mon point de vue, le travail de reformulation constitue un temps intermédiaire nécessaire pour parvenir à une interprétation. Il aide à la découverte de sens grâce à la mise en évidence de ressemblances et de contrastes, d'impressions attachées au contenu onirique et, surtout, grâce à la désignation de ce contenu par des termes englobants. Ainsi peut-on trouver des significations qui jouent le rôle d'intermédiaires entre le sens des instigateurs (les préoccupations du sujet, etc.) et les significations directement décodables dans le récit de rêve. Selon mon hypothèse, en effet, un rêve est l'illustration concrète et particulière de notions plus générales qui englobent le sens des instigateurs du rêve. Pour simplifier quelque peu, on peut voir trois étapes dans la transformation sémantique en jeu dans la production d'un rêve : d'abord la signification des instigateurs (par exemple, envisager une décision qui changera le cours de sa vie), puis l'activation de significations englobantes ou associées (changer de direction, interrompre le cours), enfin l'activation d'exemplaires particuliers de ces significations générales ou associées (par exemple, emprunter un échangeur d'autoroute). De même, il y a nécessairement trois temps dans la démarche menant à une interprétation : la désignation du contenu du rêve avec ses signifiés du premier degré, la transposition de ces significations (signifiés du second degré), puis leur application au vécu du sujet.

Cependant, reformuler un rêve en termes génériques ne suffit pas. Au préalable, la recherche des souvenirs liés au contenu onirique est indispensable. Beaucoup de scènes de rêve n'ont de sens que parce que nous connaissons les éléments vécus qui sont à leur source, que ce soient des personnages, des lieux, des objets ou encore des événements. La recherche de souvenirs telle que nous la pratiquons ne garantit certes pas que tout souvenir évoqué a été réellement à l'origine du contenu onirique. On a cependant cette certitude quand l'élément vécu est à la fois reconnaissable dans le rêve et lié à une expérience particulière dans la vie éveillée. C'est le cas par exemple lorsqu'un rêveur se voit avec des électrodes et en interaction avec nous, ou dans des scènes comme la rupture de Sibylle et de son ami, ou la mort de la chienne d'Eliana. Dans d'autres cas, un seul objet ou un seul lieu est lié dans la mémoire du sujet à une personne ou à une circonstance qui cadre bien avec le reste du contenu du rêve et l'éclaire.

Les exemples donnés dans ce chapitre infirment la position de Foulkes (1985) selon laquelle le but essentiel des processus oniriques est de respecter une syntaxe, sans intention sémantique, en d'autres termes d'organiser un contexte et une suite plausibles sans se soucier de signifier quelque chose. Que conclure de nos observations ? Qu'une bonne psychologie du rêve doit essentiellement expliquer la nature du rêve et les lois de fonctionnement de l'esprit pendant le sommeil, sans se soucier de l'usage qui peut être fait des contenus oniriques. Mais que toute pratique psychologique en rapport avec le rêve — y compris celle du chercheur qui vise à comprendre les mécanismes oniriques en s'entretenant avec les sujets — montre combien un rêve est riche de sens divers qui peuvent être mis en relation avec le vécu du sujet.

Chapitre 9
Conclusions générales :
les fonctions et la nature du rêve

Lorsqu'on s'intéresse à un phénomène, les deux questions les plus fondamentales auxquelles on aimerait pouvoir répondre sont : en quoi consiste-t-il et à quoi sert-il ? Arrivé au dernier chapitre de ce livre, j'aimerais donner des éléments de réponses à ces deux questions. Alors que pour répondre à la première question, je n'aurai qu'à tirer les conclusions de ce qui a été vu dans les chapitres précédents ou à le résumer, la deuxième question demande une présentation plus détaillée. En effet, le problème de la fonction ou des fonctions du rêve n'a pas encore été traité de manière développée. Je commencerai donc par ce point, puis j'aborderai la question de la nature du rêve et de l'utilité de son étude.

Les fonctions du rêve

Une activité aussi régulière et universelle que le rêve pourrait-elle exister chez l'être humain sans avoir de valeur adaptative ? C'est la question que se sont posée beaucoup de scientifiques. A ce jour, les réponses sont diverses et parfois contradictoires. Dans l'introduction d'un ouvrage sur ce sujet, Moffit, Kramer et Hoffman (1993) signalent les difficultés éprouvées par les spécialistes de l'étude du rêve pour expliquer sa fonction. Plusieurs chercheurs avouent de nos jours qu'ils n'ont pas de réponse à cette question. Pourtant, de nombreuses thèses ont été proposées au cours du XXe siècle que je récapitulerai avant de préciser mes propres hypothèses à ce sujet.

Auparavant, quelques remarques générales s'imposent. Tout d'abord, c'est bien du phénomène psychologique du rêve — donc de la production de représentations perçues avec un sentiment de vécu — que nous allons parler ici, et non du sommeil paradoxal, phénomène physiologique justiciable d'autres hypothèses. D'autre part, il sera surtout question de la fonction du simple fait de rêver sans qu'on ait à se souvenir des contenus oniriques. A cela peut donc s'ajouter la valeur adaptative de se remémorer un rêve et d'essayer d'en tirer quelque chose de positif.

Est-il vraiment nécessaire de se demander à quoi sert de rêver? Un auteur comme Foulkes (1993), tout en admettant que passer au total des années à rêver dans une vie ne peut être sans effet sur l'individu, propose l'idée que cette activité n'aurait pas plus de fonction spéciale que de penser au cours de la journée. Il y a donc une fonction immédiate du rêve qui consiste à rendre sensée et plausible l'information qui est accessible à l'esprit ou qui s'impose à lui. D'autres auteurs, dont les thèses vont être brièvement résumées, postulent l'existence de fonctions spécifiques au rêve.

Diverses thèses avancées au XXe siècle à propos de la fonction des rêves

Fonction «physiologique» : le rêve préserve le sommeil

Je rappellerai en premier lieu la thèse de Freud (1967/1900) selon laquelle le rêve est le gardien du sommeil. En représentant de manière déguisée les désirs inconscients ou les stimuli internes ou externes, le rêve empêche que ceux-ci ne réveillent le sujet au cours de la nuit. Les études expérimentales des contenus oniriques montrent cependant que nos rêves représentent beaucoup d'autres choses que des désirs inconscients. Comme les particularités des représentations oniriques s'expliquent sans avoir recours à la notion de censure, la manière dont Freud rend compte de la fonction de préservation du sommeil du rêve n'est guère convaincante. Néanmoins, l'idée de voir dans le rêve un processus qui permet de dormir me paraît fondamentalement bonne.

Fonction dans la personnalité

Si je comprends bien Jouvet (1992), il voit les rêves comme une sorte de reprogrammation génétique qui permet de maintenir les traits individuels hérités. L'étude des contenus de rêve ne vient pas appuyer cette thèse qui, par ailleurs, attribue un peu trop d'importance, à mon avis, aux aspects innés du comportement. On sait que toute conduite découle d'une interaction entre des tendances innées individuelles et l'histoire particulière de l'individu ainsi que l'influence de son milieu. Cependant, que les rêves puissent renforcer le sentiment de l'unité du moi et contribuer ainsi au maintien ou à l'équilibre de la personnalité est une idée à ne pas écarter. Ce rôle peut être joué grâce à la représentation simultanée au sein de scènes oniriques de préoccupations et d'éléments du vécu actuels, passés et anticipés. C'est peut-être ce qui fait dire à Fiss (1993) que la fonction du rêve est de développer, maintenir et restaurer le moi. La thèse de Jung sur la fonction compensatrice du rêve peut aussi être vue comme un argument en faveur du rôle que le rêve peut jouer dans l'équilibre de la personne. Mais cette thèse nous amène à la catégorie suivante de fonctions.

Fonction dans le domaine de l'affectivité

En affirmant que les rêves causent des altérations de l'humeur, Jung (1970) souligne un rôle qui sera mis en avant par beaucoup de chercheurs dès la fin des années soixante. Kramer & Roth (1973) ont attiré l'attention des chercheurs contemporains sur la fonction de régulation d'humeur du rêve. Diverses expériences pour mettre en évidence cette fonction ont été menées par ces deux auteurs et d'autres chercheurs (par exemple, Cohen & Cox, 1975; De Koninck & Koulack, 1975; Greenberg, Perlman, Fingar, Kantrowitz & Kawliche, 1970; tous cités et résumés par Koulack, 1991). Ces recherches consistent généralement à mettre les sujets dans une situation stressante avant de dormir en leur faisant regarder un film éprouvant, comme celui d'une autopsie, ou en les soumettant à des tests psychologiques impossibles à réussir dans le temps imparti. On évalue l'humeur des sujets le soir et le matin au réveil.

Plusieurs de ces auteurs montrent que lorsque les stimuli stressants sont représentés en rêve, l'humeur du sujet est en progrès par rapport à la veille et, si les données stressantes sont présentées à nouveau le matin, elles sont mieux supportées. Les expériences de Cartwright (1986) sur les rêves de femmes en instance de divorce vont dans le même sens. Cependant, d'autres expériences montrent exactement le contraire. Koulack (1991) propose une explication qui peut intégrer ces résultats contradictoires. Il y a deux manières de supporter le stress : en rêvant d'autre chose (évitement du contenu stressant) ou en rêvant de la situation stressante pour tenter de la maîtriser. Ces deux stratégies alterneraient soit au cours de la même nuit, soit au cours de nuits successives.

Les changements positifs de l'humeur grâce aux rêves seraient dus, selon Breger (1967), à une fonction de résolution de problèmes affectifs. Des souvenirs en rapport avec les événements chargés d'émotion de la veille seraient activés, ce qui amène parfois la représentation des solutions trouvées dans le passé à ces problèmes. Mais, ajoute cet auteur, au cours des rêves, nous pouvons aussi trouver des solutions nouvelles grâce au travail plus libre de l'esprit pendant le sommeil. Une autre explication de la fonction régulatrice des rêves est à chercher dans la thèse de Jung mentionnée plus haut. Selon cette thèse, les rêves témoignent d'un processus autorégulateur qui, en compensant les attitudes prises pendant l'éveil, maintient l'équilibre psychique.

Les fonctions cognitives du rêve

Des expériences sur l'animal — les rats et souris en particulier — ont montré que la durée des phases de sommeil paradoxal augmentait dans les nuits qui suivent un apprentissage intensif (Bloch, Dubois-Hennevin & Leconte, 1979; Smith, 1981). On a tiré de ces résultats l'idée que les rêves jouent un rôle de consolidation mnésique : ils serviraient à fixer dans la mémoire les informations nouvellement acquises. Aucune recherche sur l'humain ne confirme clairement cette hypothèse. Toutefois, les expériences de Smith (1993) montrent que si l'on prive les sujets de sommeil paradoxal, leurs performances baissent dans une tâche logique qui consiste à créer la plus longue séquence possible avec un ensemble de symboles, tâche qu'ils ont exercée pour la première fois la veille. En revanche, la privation de sommeil paradoxal n'affecte pas les performances de mémoire dans une épreuve d'association de mots par paires. Notons d'emblée que ces résultats ne nous indiquent en rien si c'est le fait de *rêver* des éléments fraîchement mémorisés qui aide à réussir la tâche logique, ou si c'est le simple fait de passer par des phases de sommeil paradoxal.

Palombo (1978) propose une explication du mécanisme par lequel les expériences nouvelles sont intégrées, pendant le rêve, dans les réseaux de connaissances stockées. Tout rêve serait une tentative de trouver à quelle expérience passée correspond l'expérience nouvelle. Le vécu récent serait ainsi superposé à des souvenirs anciens pour évaluer la similitude. Cette superposition serait responsable de bizarreries dans les représentations oniriques.

Par rapport à ces diverses thèses de la fonction de consolidation mnésique du rêve, on se rappelle que Crick et Mitchison (1986) soutiennent une thèse inverse : le rêve serait un moyen d'oublier. Il aurait une fonction de désapprentissage qui permettrait de décharger les réseaux surchargés. Beaucoup d'aspects des rêves démentent cette hypothèse, par exemple la répétition de même thèmes ou contenus dans des rêves consécutifs. Cependant, les auteurs qui reconnaissent au rêve une fonction cathartique doivent admettre que rêver de quelque chose permet, si ce n'est de l'oublier, du moins d'y attribuer moins d'importance par la suite. Cette idée est présentée dans les habits à la mode des modèles connexionistes par Globus (1993). Il affirme que le fait de rêver de questions préoccupantes élève le seuil des réseaux très sensibles; ces problèmes auront donc moins tendance par la suite à s'imposer à l'esprit. Cette fonction cognitive d'oubli ou de désensibilisation pourrait être invoquée pour expliquer les changements d'humeur au réveil mentionnés dans le paragraphe précédent consacré à la fonction affective du rêve.

Une autre fonction cognitive du rêve mise en avant par plusieurs auteurs est celle d'aide à l'invention, à la créativité. J'ai traité cette question au cours du chapitre 7 et ne m'étendrai pas là-dessus ici. Il existe d'indiscutables témoignages de découvertes de solutions à des problèmes artistiques, techniques et scientifiques ou pratiques dans des rêves. Cependant, l'expérience menée dans mon laboratoire montre que la représentation de solutions réalisables est rare. L'analyse des limites de la pensée pendant le sommeil jette également le doute sur la possibilité de mener un travail de recherche de solution sophistiqué et articulé en plusieurs temps au cours du rêve. Il n'empêche que, occasionnellement, c'est par un rêve que l'on prend conscience d'une solution nouvelle. Par ailleurs, il est indiscutable que la pensée en jeu dans le rêve est constamment créative au sens faible, c'est-à-dire capable de produire des représentations originales.

Enfin, certains auteurs attribuent à l'activité de rêver un rôle important dans le progrès des connaissances en général. McManus, Laughlin et Shearer (1993), par exemple, affirment que les rêves ont une fonction de réorganisation et de coordination des modèles internes que le sujet se fait du monde. Les liens introduits par l'activité onirique jouent ainsi un rôle dans le développement cognitif de l'individu.

Hypothèses sur cinq fonctions importantes du rêve

Dans cette partie, j'aimerais proposer cinq hypothèses concernant chacune une fonction différente du rêve, en me concentrant sur les aspects cognitifs des représentations oniriques. Le terme de fonction est employé ici dans une acception générale qui peut être l'objet de discussions et de critiques. Tantôt, il peut renvoyer à l'idée d'un rôle et but nécessaires, tantôt il ne désigne qu'un effet de l'activité de rêver.

Alimenter l'activité du cerveau et de l'esprit pendant le sommeil

Il est impensable que huit heures sur vingt-quatre, c'est-à-dire pendant un tiers de notre existence quotidienne, le cerveau et l'esprit n'exercent pas leurs fonctions « supérieures » de décodage de perceptions, d'élaboration de signifiants (mots ou images), de prises de décisions, production d'idées et planification d'activités. Si toutes ces activités psychologiques cessaient, il y aurait à craindre une régression, définitive ou momentanée, de ces capacités au réveil. Or, ces fonctions sont de la plus haute importance du point de vue de l'adaptation, que ce soit au milieu naturel ou au milieu humain.

Le fait de rêver donne à l'esprit la possibilité d'exercer ces diverses activités psychologiques pendant les heures de sommeil. La fonction physiologique et psychologique la plus fondamentale du rêve me semble donc être de fournir l'occasion à l'esprit — et donc au cerveau dans ses fonctions supérieures — de rester actif pendant ce tiers de temps passé dans l'inactivité physique et sans informations reçues de l'extérieur.

Permettre le sommeil en créant un environnement fictif

Une condition psychologique du sommeil est d'oublier le milieu ambiant. Tant qu'on reste conscient d'être dans son lit, du temps qui passe, des bruits et mouvements extérieurs, il est impossible de dormir. L'endormissement s'accompagne d'images ou de pensées qui nous font perdre conscience des paramètres de notre environnement. Très rapidement, ces images et pensées prennent le statut de réalités. Il y a tout lieu de penser que si l'esprit n'était pas absorbé par des contenus oniriques, il aurait tendance à se tourner vers le milieu ambiant, ce qui aurait pour conséquence d'interrompre le sommeil. Voilà pourquoi je crois juste de répéter après Freud que le rêve est le gardien du sommeil, même si je ne partage pas la conception du rêve du père de la psychanalyse.

Ayant posé cette fonction du rêve, je suis amené à faire l'hypothèse que l'on rêve toute la nuit, sans qu'il s'agisse nécessairement de représentations toujours très mouvementées et riches en impressions sensorielles. L'argument en faveur de cette hypothèse est qu'en réveillant des personnes qui dorment, on a obtenu des récits de rêve pendant tous les stades du sommeil. Le stade 1 s'accompagne presque toujours d'images. Le stade 2 donne lieu à des récits de représentations dont une partie ne peuvent se distinguer des rêves du sommeil paradoxal. Cela est vrai aussi bien cinq minutes après l'endormissement que dans le sommeil du stade 2 vers la fin de la nuit. Les réveils en stades 3 et 4 permettent d'obtenir également des récits de rêves, ce qui est le cas bien entendu, et dans une plus forte proportion, pour les réveils pendant les phases de sommeil paradoxal. La plus faible fréquence des récits de rêve obtenus en sommeil lent par rapport au sommeil paradoxal pourrait s'expliquer par des difficultés de se remémorer le rêve. Ces difficultés de récupération mnésique peuvent tenir à la plus grande différence entre l'état d'éveil (pendant lequel on cherche à se rappeler son rêve) et l'état de sommeil lent qu'entre éveil et sommeil paradoxal.

Quand j'avance cette hypothèse de la continuité du rêve pendant la nuit, on me répond souvent par une exclamation horrifiée : il n'y aurait donc jamais de repos pendant la nuit ? A cela, je réponds : « Qu'est-ce qui repose ? » L'inactivité totale ou une activité diversifiée, sans planification rigoureuse et des distractions qui font oublier les représentations et perceptions habituelles ? Cela nous amène à mon hypothèse suivante.

Reposer l'esprit de ses activités diurnes

Le fonctionnement cognitif particulier au cours du rêve peut contribuer à reposer l'esprit qui ne travaille plus dans ses conditions habituelles. Au cours du premier tiers du XIXe siècle, le psychophysiologiste Burdach (cité à plusieurs reprises par Freud, 1967/1900) a proposé la jolie formule selon laquelle les rêves sont des vacances de l'esprit. Et, en effet, on peut observer un parallélisme frappant entre les représentations oniriques et les occupations des vacances. Les vacanciers ne gisent pas inertes dans une chambre close. Ils choisissent de se promener, de voyager, de se livrer à leurs hobbies. Les vacances les plus prisées sont celles qui, par le cadre de vie et les activités, tranchent avec le train-train quotidien. C'est exactement ce que réalise le rêve pour l'esprit : il le laisse s'occuper librement et différemment. C'est le registre de l'image qui domine plutôt que la pensée abstraite ou la parole. La pensée exprime les choses de manière concrète, elle papillonne d'un sujet à l'autre, d'un souvenir récent à un souvenir ancien, d'une préoccupation à d'autres. Le relâchement de contrôle dont j'ai parlé au chapitre 7 assure ce fonctionnement reposant.

Exercer la créativité

A mon point de vue, la fonction cognitive la plus riche de conséquences que l'on peut attribuer au rêve est celle d'exercer les possibilités créatives de l'esprit. Pendant les heures de la nuit, nous ne reproduisons pas servilement les démarches, stratégies et schémas qui nous sont familiers. Au lieu de reproduire le connu, nous imaginons du nouveau. Les cloisonnements entre domaines tombent et l'on peut relier des éléments disparates et composer ainsi des ensembles inédits. En bref, il est possible, au moins dans une certaine mesure, de s'affranchir des limites et du carcan du réel. Il n'est donc pas étonnant qu'au réveil l'esprit ait plus de facilité à reprendre les problèmes de manière nouvelle et à faire de nouveaux projets. Rêver, c'est donc briser la routine en allant à l'école de l'imagination.

La découverte de solutions au réveil me paraît due beaucoup plus à ce rôle créatif des rêves qu'au fait de voir en rêve telle ou telle solution. On verra cependant que je ne sous-estime pas l'intérêt qu'il y a à réfléchir sur ses rêves pour y découvrir son potentiel créatif.

Assimiler les nouveautés

S'il est une sorte de contenu dont on peut prédire qu'elle apparaîtra en rêve, ce sont bien les expériences nouvelles auxquelles nous sommes confrontés. Ceci a chagriné des chercheurs sur le rêve parce qu'ils trouvaient dans les rêves des premières nuits au laboratoire de nombreuses représentations en rapport avec cette expérience. Si cet effet est gênant lorsqu'on est préoccupé de dresser une statistique des contenus précis apparaissant en rêve, il est par contre tout à fait bienvenu pour le chercheur désireux d'étudier comment les éléments du vécu sont représentés en rêve.

La représentation des expériences nouvelles en rêve suggère une fonction d'habituation à la nouveauté. En mettant en scène les conditions inédites, en les reliant à des éléments de notre vécu passé, le rêve donne une possibilité d'assimiler les nouveautés.

Autres effets, sur le plan de l'affectivité

Les principales fonctions proposées ci-dessus n'excluent pas le rôle du rêve dans le domaine des affects. Rêver peut moduler l'humeur et l'estime de soi comme il est possible de s'en rendre compte lorsqu'on recueille des récits de rêve : John se sent rempli de confiance pour le travail qu'il redoutait de ne pas pouvoir finir, Manon est en proie à un grand sentiment de bien-être, tel autre participant à l'expérience se sent plus inquiet au réveil qu'il ne l'était au coucher. Ces modifications d'humeur sont dues au contenu même, agréable ou désagréable, du rêve et à la possibilité de décharger des affects réprimés comme un désir sans espoir ou une mauvaise humeur réfrénée à l'éveil par les règles de courtoisie.

QU'EST-CE QUE RÊVER ?

Oublier les idées reçues

Le rêve, peut-être plus que tout autre aspect des conduites humaines, est l'objet d'idées reçues erronées qui imprègnent autant les conceptions du grand public que celles de la plupart des psychologues. La première de ces idées fausses est la relation établie depuis l'Antiquité entre rêve et puissances surnaturelles. Elle subsiste au niveau de la croyance dans les rêves prémonitoires. Les scientifiques, eux, ne se réfèrent pas au surnaturel mais ils sont prêts à accepter des idées extravagantes quand il s'agit du rêve, comme par exemple le fait que les récits donnés par les sujets au réveil n'auraient aucun rapport avec l'expérience onirique qu'ils viennent de vivre. Or, on ne saurait trop insister sur le fait que le rêve est un phénomène naturel, à expliquer à l'aide de modèles cohérents avec ceux qui rendent compte de la pensée vigile.

La deuxième idée reçue concernant les rêves est que la seule chose intéressante à faire à leur sujet est de les interpréter. Pourtant, si l'on a une véritable curiosité pour ce domaine, on ressentira le besoin, avant de procéder à des interprétations, de savoir ce qu'est un rêve, comment il se manifeste, quels processus le produisent ou ce qui le distingue des productions de la pensée vigile. Par ailleurs, le lien entre rêve et interprétation a donné lieu à de nombreuses clés des songes et nous avons vu que Freud n'avait pas résisté à attribuer un sens univoque aux objets oblongs ou creux qui apparaissent en rêve. Ici encore, il s'agit d'une mauvaise piste car tout contenu de rêve — outre qu'il renvoie généralement à plusieurs significations — a un sens variable selon les individus et le moment dans la vie d'une même personne.

C'est encore à la psychanalyse que nous devons un troisième ensemble d'idées reçues qui donnent une fausse image du rêve. Je veux parler de l'idée que les rêves représentent des contenus de nature affective, tenus refoulés le reste du temps, et qui s'expriment selon des modes semblables à ceux de pathologies mentales. En fait, le rêve n'est pas l'inconscient — en tout cas pas l'inconscient dans un sens psychanalytique. C'est un processus de traitement de connaissance, comme toute forme de pensée, et il représente toutes les sphères de préoccupation d'une personne, depuis les soucis quotidiens pratiques jusqu'aux questions professionnelles, voire philosophiques les plus abstraites. Mais, comme toute pensée, celle du rêve aborde les problèmes qui nous tiennent à cœur et sont donc chargés aussi d'affects. Cela n'en fait pas pour autant un phénomène de nature pathologique.

Dernière en date des idées fausses, que nous devons aux neurophysiologistes contemporains depuis la fin des années cinquante : les rêves n'auraient lieu que pendant le sommeil paradoxal. Ce serait donc un phénomène ponctuel au cours de la nuit, explicable par un fonctionnement cérébral très particulier. La recherche en psychologie du rêve a démontré, depuis le début des années soixante, que cette idée, enseignée avec constance dans presque tous les cours de neurophysiologie des facultés du globe, est fausse. Il existe certes une relation privilégiée entre rêves et sommeil paradoxal puisque, dans cet état, les contenus oniriques sont plus denses et plus riches en impressions sensorielles et mieux remémorés par la suite. Cependant, on trouve des rêves véritables dans absolument tous les autres stades du sommeil. La physiologie particulière du sommeil paradoxal n'est donc pas ce qui nous éclairera sur la nature du rêve. Les neurosciences pourront contribuer à la compréhension de ce phénomène lorsqu'elles tiendront compte des données de la psychologie scientifique à ce sujet.

Je vais maintenant tenter de résumer en quelques rubriques les points essentiels qui ressortent du tour d'horizon entrepris dans ce livre à propos des relations du rêve et de la connaissance. Ce résumé d'un point de vue cognitif sur le rêve ne doit pas faire perdre de vue l'importance de l'affect.

Une étude cognitive du rêve exclut-elle l'affectivité ?

On a certainement remarqué qu'en abordant le rêve du point de vue de la psychologie cognitive, je n'ai pas pour autant exclu la dimension affective de ce phénomène. Tout d'abord, lorsqu'on s'intéresse au contenu des rêves et à ses relations avec les connaissances du sujet, on est amené à rencontrer toute la gamme des émotions. Bien qu'une partie seulement des scènes constituant l'expérience onirique soit accompagnée d'émotion, ce ressenti prend toutes les formes imaginables, de l'agacement à l'angoisse et la rage, en passant par le remords ou la pitié et, pour les émotions positives, depuis le simple intérêt jusqu'à des manifestations de joie ou d'admiration frisant l'extase. De plus, l'étude expérimentale du rêve permet, nous l'avons vu, de constater son rôle de régulation d'humeur au réveil.

Par ailleurs, lorsque nous recherchons quels souvenirs sont liés aux éléments apparaissant dans le rêve, nous trouvons des événements passés le plus souvent chargés d'affects, comme le sont d'ailleurs les thèmes qui apparaissent au cours de la troisième partie de l'entretien matinal, celle qui est consacrée à la reformulation en termes génériques. Un rêve apparemment incohérent et peu chargé d'affects, comme celui de Solange, se révèle, après reformulation, empli de sentiments comme l'impuissance à atteindre un but, l'incapacité de s'affirmer ou celle de retenir les choses.

Au total, l'étude des processus oniriques montre l'alliance des plans de la connaissance et de l'affectivité. Les instigateurs qui guident la recherche des matériaux du rêve et de son scénario sont des thèmes soit très investis positivement, soit au contraire chargés de sentiments négatifs. Réciproquement, ces affects ne pourraient s'exprimer sans l'aide d'organisations cognitives qui relient les significations, trouvent des signifiants imagés, assurent enfin une certaine cohérence et une trame narrative. En ce qui concerne l'activation des connaissances, elle tient compte de leur organisation en réseaux sémantiques dans lesquels les liens de classe à sous-classes et de tout à parties jouent un rôle important. Cependant, ces connaissances se relient non seulement grâce à ces liens logiques fondés sur des critères objectifs mais encore par l'impression subjective chargée d'affects qui leur est commune. Nous retrouvons le rôle de l'affect au niveau du processus de modification qui opère, par exemple, des changements de luminosité ou de taille en fonction de la coloration affective de la scène onirique. Quant aux condensations, elles semblent souvent tenir compte non seulement de l'appartenance à une même catégorie mais encore de la similitude des éléments amalgamés du point de vue des sentiments qu'ils éveillent chez le sujet. Le travail conjoint de processus cognitifs et affectifs s'observe encore au niveau de la régulation séquentielle du contenu du rêve. Elle procède à l'aide de relations cognitives du type cause à effet, moyen à but, etc., pour construire des bribes de scénarios qui expriment les besoins ou craintes du sujet. Il arrive à ce processus de répéter au cours du même rêve, avec quelque variation quant au contenu, une séquence d'événements de toute évidence chargée d'importance pour le sujet.

Quelle que soit l'importance de la dimension affective dans le phénomène onirique, il faut pour le comprendre l'aborder du point de vue de la psychologie cognitive. C'est la démonstration que j'espère avoir faite dans cet ouvrage. La mainmise de la psychanalyse sur le rêve au cours du XXe siècle a occulté ce point fondamental.

La position critique que j'ai soutenue au cours de cet ouvrage à propos de la psychanalyse tient à deux raisons. D'une part, sa prédominance a empêché de voir ce qu'une approche plus scientifique et plus cognitive pouvait apporter dans la compréhension du rêve. Mais aussi parce que la théorie de la censure ne me paraît pas recevable pour rendre compte du phénomène qui nous intéresse. Il en est de même pour la réduction des significations du rêve à quelques domaines comme la sexualité ou les relations entre analyste et patient. Mais, comme j'ai déjà été amené à l'écrire, si l'accent mis sur ces idées constitue une aide appréciable dans une cure, il est justifié de les garder dans ce contexte thérapeutique. Pour en terminer avec cette question, il faut encore mentionner que le point de vue cognitif développé dans ces pages n'est pas incompatible avec des faits mis en relief par les psychanalystes. Le rêve peut être occasionnellement la réalisation des désirs, et il peut parfois exprimer des idées, si ce n'est complètement refoulées, du moins tenues le plus souvent à l'écart de la conscience du sujet parce qu'il les trouve gênantes ou stressantes. Cette représentation de significations perturbantes est possible puisqu'en rêvant nous ne sommes pas conscients des significations à l'origine des contenus oniriques (sauf lorsqu'il y identité entre la signification originaire et le contenu présent dans le rêve).

Rêver, c'est faire une expérience

Lorsqu'on veut caractériser le rêve, il est nécessaire de rappeler des évidences dont les conséquences sont le plus souvent négligées. La première de ces évidences réside dans le fait qu'en rêvant, nous faisons une expérience semblable, du point de vue phénoménologique, à des expériences faites au cours de l'éveil. Rêver ne se réduit pas à contempler des images puisque, d'après les théories récentes, la production d'images mentales s'accompagne de l'activité de certains systèmes moteurs. Mais, surtout, en rêvant, nous percevons un cadre et des événements qui nous paraissent réels et nous réagissons à ce que nous croyons percevoir. Tout rêve est l'occasion de planifier des actions et de les exécuter — du moins sur un plan hallucinatoire. Rien ne permet d'affirmer que ces fausses perceptions, actions et réactions ont moins d'impact sur l'individu qui rêve que des perceptions et comportements de sa vie diurne. Certes, comme le vécu du rêve est rarement accompagné de conscience réflexive, il ne peut avoir le même effet que certains épisodes de la vie éveillée qui font l'objet de jugements, de comparaisons et d'anticipations. Mais il est de nombreux moments de l'existence où nous sommes entièrement absorbés par ce qui se passe, à la manière de ce qui arrive quand nous rêvons. Pour préciser l'idée mise en avant ici, il faut donc dire que les rêves sont une expérience qui doit avoir autant d'effet sur la personne qui rêve que de nombreux épisodes de sa vie où son attention était entièrement absorbée et qui n'ont pas donné lieu à réflexion. Une partie non négligeable de changements d'humeur et d'idées peut donc provenir du simple fait d'avoir rêvé.

Le rêve est une forme de pensée

Produire un rêve revient à traiter des connaissances, donc à faire ce qu'effectue la pensée aussi pendant le jour. Presque toutes les fonctions cognitives importantes étudiées dans les conduites vigiles se retrouvent au niveau du rêve. L'expérience onirique est constamment accompagnée de l'impression de percevoir et du décodage de perceptions — c'est-à-dire l'attribution de sens à ce qui est perçu. Les capacités d'élaborer des images et du langage sont à l'œuvre, de même que celles de planifier des actions et prévoir des réactions. Les significations sont organisées dans des suites plausibles et tout le stock de connaissances du sujet est mobilisé, qu'il s'agisse de la mémoire d'épisodes vécus ou de connaissances générales apprises.

Le traitement particulier des connaissances qui a lieu pendant le sommeil présente quelques déficits par rapport à la pensée éveillée la mieux contrôlée. L'esprit ne contrôle plus aussi rigoureusement sa démarche et ses produits. Levant les cloisonnements entre catégories diverses, il mélange de manière insouciante des contenus d'origine et de domaines distincts. Ces lacunes au niveau du raisonnement n'empêchent pas un fonctionnement intact ou amélioré en ce qui concerne l'accès à la mémoire et la production de signifiants, surtout au niveau de l'image. Le résultat de ce fonctionnement particulier et libre est d'une grande richesse du point de vue de l'originalité des représentations et de leur aspect esthétique et expressif. Pour ce dernier point, on peut dire que la loi du rêve est d'exprimer un maximum de significations avec un minimum de signifiants. C'est ce qu'on peut appeler la loi de parcimonie.

Pour produire des rêves, un ensemble de processus particuliers se déroulent plus ou moins simultanément. Les instigateurs du rêve activent des réseaux de connaissance, avec un cheminement privilégié qui va d'une signification à sa signification englobante, puis de cette dernière à tout exemplaire concret. Dans l'ensemble d'éléments de souvenirs et de connaissances activés par les divers instigateurs, un processus de sélection fait un choix, puis certaines modifications peuvent intervenir pour amplifier, réduire ou souligner un aspect. Le processus d'intégration construit avec les éléments retenus des entités (lieux, personnages, actions et objets) et ce que nous appelons des situations, définies par un lieu, des personnages et une suite d'activités avec un but ou une préoccupation communs. Le processus de régulation séquentielle s'ingénie à produire des séquences plausibles à partir de la première scène représentée. Voilà l'essentiel des mécanismes psychologiques qui, comme les musiciens d'un orchestre symphonique, produisent l'enchaînement de représentations chaque fois unique qu'est un rêve.

Il n'y a pas d'hétérogénéité complète entre ce fonctionnement mental et ce qui peut se passer dans l'état d'éveil. La pensée diurne produit parfois des représentations très proches des contenus de rêves, pour autant que nous laissions vagabonder notre esprit. Penser ne se réduit pas à une démarche logique, contrôlée, tournée vers l'adaptation immédiate aux exigences du milieu. La pensée «non dirigée» caractérise l'être humain aussi bien que la pensée rationnelle et contrôlée.

Rêver, c'est simuler un environnement

Le but le plus ostensible des processus oniriques est de créer un environnement fictif pendant le sommeil. Tout d'abord, la pensée du rêve utilise les trois dimensions de l'espace pour poser un cadre, y situer les personnes et les choses dans des configurations très diverses, attribuer à la personne qui rêve un point de vue perceptif précis et très varié (y compris la possibilité de se voir depuis derrière!). A ces dimensions spatiales s'ajoute la dimension temporelle. Les contenus oniriques se déroulent en successions et simultanéités et chaque activité représentée s'accompagne d'un sentiment de durée variable qui n'a parfois rien à voir avec la durée réelle du rêve. Entre autres choses, nous pouvons simuler le temps qui passe lorsque nous rêvons. Dans ce monde fictif vu tantôt en gros plan, tantôt de plus loin, évoluent une variété infinie de personnages, animaux et objets.

Cette simulation d'un monde qui n'est pas présent est faite sur le mode analogique. Ce sont soit les caractéristiques des entités évoquées qui sont reproduites, soit les impressions qu'elles produisent sur nous alors que ces entités restent floues ou lacunaires. Ce faisant, le rêve peut mettre en scène des idées abstraites sous la forme d'événements concrets.

Le paradoxe du rêve, c'est de simuler un monde tout en ne recopiant jamais le monde réel. Tout d'abord, le réalisme vers lequel les représentations oniriques semblent tendre est régulièrement abandonné au profit de quelque bizarrerie. J'aurais tendance à voir dans ces bizarreries non pas l'irruption soudaine de ratés ou d'interférences dans les mécanismes de production onirique, mais le résultat de certaines règles de production comme la loi de parcimonie, la tendance à l'intégration d'éléments hétérogènes et le traitement parallèle de thèmes divers.

Même lorsque les contenus oniriques sont du plus grand réalisme et de la plus grande banalité, ils tendent à transformer le réel. Une minorité des décors de rêve sont connus, la moitié des personnages sont inventés et certaines activités sont inédites. Rares sont les séquences qui suivent scrupuleusement les scripts de notre vie quotidienne. Ceci nous amène au point suivant.

La création de représentations variées et originales

L'infinie variété des représentations oniriques a de quoi nous émerveiller. Au total, nous passons dans une existence des années à rêver, totalisant des milliers de rêves, et chacun est différent de l'autre, même si des thèmes identiques sont traités. La seule exception véritable est celle des rêves presque identiques qui peuvent apparaître à la suite d'un traumatisme psychologique. Quant aux rêves récurrents qui surviennent dans certaines périodes de notre existence, il s'agit de variations sur un même thème plutôt que d'une répétition fidèle. Au sein d'un même rêve, cette production constante de variété apparaît clairement au niveau des actions et réactions des personnages et êtres inanimés qui s'enchaînent sans trêve et de manière imprévue. Elle apparaît aussi dans les changements complets de cadres ou de thèmes ainsi que dans l'alternance des cadres extérieurs ou intérieurs que nous avons mise en évidence. Enfin, les scripts habituels et les schémas narratifs convenus subissent en rêve des modifications sous forme de la suppression de «pas» ou de temps attendu et du surgissement de l'imprévu.

On doit donc admettre que les mécanismes de production des rêves ont pour fonction générale d'engendrer des représentations sans cesse variées. Même lorsque le point de départ est une même préoccupation, des réseaux sémantiques différents sont activés chaque fois. Comment cela se fait-il? J'entrevois trois raisons principales. Premièrement, le rêve évite les contenus et cheminements trop habituels utilisés pendant le jour, comme si leur usage par la pensée vigile élevait leur seuil d'accessibilité pendant le sommeil. Deuxièmement, une partie des matériaux du rêve sont puisés dans les éléments des expériences nouvelles les plus récentes. Chaque jour peut donc amener de nouveaux contenus ou de nouveaux liens entre contenus. Enfin, l'activation de connaissances tient compte de multiples facteurs qui constituent une vaste combinatoire : elle dépend des divers instigateurs simultanément traités, des expériences nouvelles que je viens de mentionner et des souvenirs qu'elles réveillent, ainsi que du contexte même du rêve, de l'humeur du sujet, etc.

La mise en scène d'événements du vécu insuffisamment traités pendant l'éveil

Le foisonnement d'idées, images et impressions utilisées comme matériaux par le rêve résulte d'un choix et d'une composition en vue de traiter certaines catégories de sujets privilégiés. Nous ne rêvons pas de n'importe quoi, mais d'événements et de préoccupations de notre vécu. Chaque rêve est comme une mise en scène de souvenirs chargés d'émotion ou de questions en suspens, des plus terre à terre aux plus profondes. Le point commun entre ces épisodes ou ces préoccupations, c'est de se rattacher à une question ouverte à laquelle nos activités diurnes ne donnent pas, ou pas assez, de réponse. Tout se passe comme si ce qui est insuffisamment traité pendant l'éveil, parce que nous l'écartons de la conscience ou ne possédons pas le temps ou les moyens de nous y atteler, tendait à être traité par la pensée du rêve. Voilà pourquoi cette pensée traite des séparations douloureuses encore mal acceptées, des choses nouvelles ou surprenantes entrevues la veille, et des projets à réaliser.

Par ailleurs, l'analyse des rêves avec une méthode cognitive révèle aussi une autre catégorie de thèmes traités. Il s'agit des idéaux d'une personne, des principes ou règles de vie ou de profession auxquels elle tient le plus et qui se trouvent représentés en rêve de manière concrète. C'est peut-être parce que l'idéal et les principes ne trouvent pas assez l'occasion de s'incarner dans le vécu quotidien qu'ils surgissent ainsi au cours des rêves. Donc, là encore, on a affaire à des contenus insuffisamment traités par la pensée éveillée.

Vers un programme de recherches sur le rêve

Les aspects fondamentaux de la nature du rêve signalés ci-dessus sont évidents pour tout observateur de ce phénomène, mais ils ne sont jamais au premier plan dans les conceptions dominantes, que ce soit chez les universitaires et les psychothérapeutes ou dans les représentations populaires. Par exemple, si l'équation entre rêve et pensée a été établie depuis longtemps déjà, on manque encore d'études suffisantes pour préciser les points communs, les différences et les formes intermédiaires entre la pensée éveillée contrôlée et celle qui se déroule pendant le sommeil. Si affirmer que le rêve est la simulation d'un monde semble banal, pourquoi si peu de personnes tirent-elles la conclusion que l'on doit rêver toute la nuit pour remplacer par cette simulation la perception du monde réel? Quant à l'idée de la production constante de variation et d'originalité, si elle avait été suffisamment mise en avant, on ne chercherait pas en vain les auteurs qui auraient dressé la liste des processus permettant ces variations incessantes.

La recherche expérimentale et la théorie psychologique doivent s'ingénier à élucider les mécanismes en jeu dans chacun des principaux aspects du rêve. Tout un programme de recherche dans ce domaine doit être complété. Pour ne donner que quelques exemples, on mentionnera les recherches sur l'impact que les contenus de rêve ont au niveau du comportement et de l'humeur des sujets éveillés, sur la logique particulière de la pensée au cours des rêves et sur les degrés intermédiaires entre la pensée la plus contrôlée et les rêves les plus fantaisistes, degrés observables tant au cours de l'éveil que pendant le sommeil. On peut citer aussi les expériences à faire sur les modalités de représentation et le phénomène du connu non perçu, sur la nature des instigateurs et la latence de leur intégration dans les rêves, et l'étude des processus qui assurent une originalité constante aux représentations oniriques.

L'énigme de la conscience du rêve

Avouons qu'un phénomène n'est réellement fascinant que dans la mesure où il pose des énigmes à ceux qui cherchent à le comprendre. C'est le cas du rêve à n'en pas douter. La principale énigme est peut-être celle des particularités de la conscience du rêve et de ses rapports avec la conscience et l'intentionnalité chez l'individu éveillé. Pendant le rêve, nous avons la conviction totale de percevoir la réalité. Et pourtant au réveil — et à part quelques rares exceptions — nous savons, avec une conviction tout aussi grande, que les représentations oniriques étaient le fruit de l'imagination et non de la perception. Il faut donc admettre une dualité de systèmes de conscience (dans le sens élémentaire de prise d'information, c'est-à-dire la conscience traduite par le mot anglais « awareness ») : la conscience du perçu et celle de l'imaginaire. Chacune des deux coderait différemment les données sur lesquelles elle porte. A un niveau plus élevé se trouvent divers degrés de conscience réflexive. La conscience réflexive de l'un de ces premiers degrés peut effectuer à l'état d'éveil un test de réalité sur les représentations, c'est-à-dire distinguer les produits de l'imagination des données perçues. Les représentations propres aux fantasmes ou aux rêves ayant été codées différemment, la conscience réflexive peut aisément reconnaître parmi les souvenirs ce qui a été rêvé de ce qui a été vécu.

S'il est banal d'affirmer qu'il y aurait primat de la conscience du perçu pendant l'éveil (donc aussi lors du rappel du rêve) et primat de la conscience de l'imaginaire pendant le sommeil, il reste un problème, et de taille. C'est de connaître les conditions et les processus par lesquels la conscience du perçu et des nécessités adaptatives peut intervenir au cours du rêve. Car elle le fait parfois. Non seulement lors d'épisodes lucides de prise de conscience du fait que l'on rêve, mais aussi pour s'étonner d'un contenu ou modifier le cours du rêve. Voici donc un sujet d'étude de plus pour la psychologie cognitive du rêve.

L'UTILITÉ DE L'ÉTUDE DU RÊVE

Arrivé au terme de la rédaction de ce livre, je sais qu'il ne sera jamais ouvert par une proportion assez élevée de personnes qui ne manifestent pas la moindre curiosité pour le rêve. Est-ce bien raisonnable de consacrer tant de temps et d'efforts intellectuels à un produit évanescent de l'imagination ? C'est la question que se poseront une bonne partie des gens préoccupés avant tout de leur réussite professionnelle ou sociale et de ceux qui sont conscients de l'urgence des problèmes à résoudre sur notre planète. Or, il est tout à fait possible de tenir un discours utilitaire à propos des rêves. Leur étude peut porter des fruits au niveau de la recherche fondamentale en psychologie, et, au niveau des applications, dans les domaines de la psychothérapie et d'autres aspects de la clinique psychiatrique ainsi que dans l'entraînement à la créativité.

Apport à la recherche fondamentale en psychologie

La recherche fondamentale étudie les phénomènes pour mieux les comprendre sans se soucier des applications possibles qu'entraîne une meilleure compréhension. On sait, cependant, que toute découverte sur le plan fondamental suscite tôt ou tard des applications pratiques. Pour en rester sur le plan fondamental, il faut souligner que l'étude du rêve fait avancer la compréhension des processus et structures psychologiques. Comment des chercheurs intéressés par la cognition humaine pourraient-ils prétendre qu'on laissât de côté les représentations qui occupent notre esprit pendant plusieurs heures chaque nuit ? Il existe actuellement dans l'enseignement et la recherche en psychologie un déséquilibre entre ce qui a trait à l'esprit éveillé et ce qui touche au rêve et ce dernier doit être plus étudié et mieux compris afin de redresser ce déséquilibre.

De plus, le rêve est, comme le disait Freud, une fenêtre ouverte sur les produits de l'esprit. Son étude nous donne donc la possibilité de savoir comment fonctionne l'esprit lorsqu'il n'est pas soumis à des contraintes externes. Une part importante de notre activité mentale diurne ne consiste pas en pensées rationnelles, mais en fantasmes, réflexions libres sautant du coq à l'âne et intuitions portant sur des produits de mécanismes inconscients. L'étude de la pensée du rêve permet de lever un peu le voile sur la nature de ces pensées vigiles mal connues. Par ailleurs, un certain nombre de lois du fonctionnement mental peuvent se saisir à travers le rêve et son rappel. On apprend, par exemple, beaucoup sur les mécanismes de la mémoire en considérant les représentations oniriques et leurs rapports avec les souvenirs du sujet. Quant aux possibilités humaines en matière d'images mentales, il n'existe pas d'autres activités qui permettraient de mieux les étudier. Mais le rêve est révélateur de bien d'autres aspects des conduites encore, et en particulier des processus par lesquels nous créons du nouveau à partir du connu.

L'apport du rêve à la psychothérapie

Une grande partie des techniques de psychothérapie employées de nos jours, et pour le moins toutes celles qui s'inspirent de la psychanalyse, utilisent le rêve comme un de leurs matériaux. Il est vrai que les diverses perspectives cliniques ont déjà leur conception du rêve et des méthodes pour en tirer parti. Ces méthodes ne sont cependant pas rigides au point qu'un progrès dans la connaissance des représentations oniriques ne puissent leur être utile.

Il est d'ailleurs intéressant de se demander quel rôle le rêve peut jouer dans des perspectives thérapeutiques non psychanalytiques. Prenons par exemple les thérapies cognitives comportementales. Fondées sur les prises de conscience et la régulation volontaire des comportements, elles n'en doivent pas pour autant exclure l'usage du rêve. Les expériences de la Berge (1985) sur les rêves lucides et les réflexions et recherches comme celles de Purcell, Moffitt et Hoffmann (1993) montrent qu'il existe des capacités de régulations intentionnelles au cours des rêves. Elles peuvent être exploitées dans un but thérapeutique.

Autres contributions du rêve à la psychologie clinique

Je suis toujours frappé, après avoir passé environ trois heures d'entretien à propos d'un rêve avec une personne qui m'était totalement inconnue, combien de traits de personnalité profonds, d'expériences de vie marquantes et de problèmes ouverts pour cette personne surgissent à travers l'étude de son rêve. L'épaisseur (si je puis employer cette métaphore) d'une personnalité qui pouvait paraître superficielle au premier contact, le degré de sensibilité, une bonne partie des idéaux, certaines attitudes qui caractérisent la personne apparaissent ainsi au grand jour.

Un entretien selon ma méthode fournirait donc un complément intéressant à toute anamnèse et à toute évaluation de la personnalité.

L'étude de rêves se révélerait aussi utile dans le cadre de l'évaluation de l'effet de traitements psychothérapeutiques. On comparerait dans ce cas quelques rêves faits au début d'une psychothérapie avec des rêves produits à la fin du traitement.

Travail sur les rêves comme exercice de la créativité

Etant donné que la personne la moins imaginative crée des représentations originales chaque nuit et que l'on tend à représenter en rêve de manière inédite ses principes, idéaux et préoccupations diverses, un travail sur les contenus oniriques peut être riche de conséquences quant à la créativité des individus. Il faut bien sûr dépasser l'incantation contenue dans des slogans du type «rêver pour découvrir». La mise au point de meilleures méthodes pour entraîner la créativité grâce à des entretiens et exercices portant sur un ou des rêves est encore à faire. Mais on entrevoit toute l'utilité de telles méthodes. Le candidat au doctorat bloqué dans son travail, l'écrivain ou l'artiste désireux de trouver en lui de nouvelles inspirations, l'homme d'affaires qui ne peut jamais laisser libre cours à son imagination, tous bénéficieraient beaucoup d'une telle démarche. Ici, les productions les plus gratuites de notre pensée — les rêves — peuvent venir au secours des problèmes les plus graves de notre société. On sait bien, en effet, qu'il n'est pas possible de résoudre ces problèmes par la simple application de principes logiques ou de recettes connues. La création de nouvelles solutions s'impose. Pourquoi ne pas aider à les trouver en nous tournant vers l'aspect le plus créatif de notre pensée ?

REMARQUES FINALES : FÉCONDITÉ D'UN POINT DE VUE COGNITIF SUR LE RÊVE

Produire un rêve revient à traiter de la connaissance et constitue un phénomène naturel à expliquer à l'aide de modèles compatibles avec ceux qui rendent compte de la pensée vigile. C'est ce qui justifie le recours à une perspective de psychologie cognitive.

Le tour d'horizon entrepris de ce point de vue dans ce livre a permis de présenter de nombreux aspects du rêve et beaucoup de faits, théories et points de méthode à son propos. Pour clore l'ouvrage, voici un résumé de quelques points saillants. Certains d'entre eux sont des évidences reconnues de tous. Beaucoup d'autres sont soit des propositions originales, soit des données ou des idées déjà mises en avant par certains auteurs mais étrangement méconnues dans les conceptions du rêve communément acceptées.

Il faut tout d'abord souligner l'importance de la pensée « non dirigée », imagée et fantaisiste, qui caractérise l'être humain aussi bien que la pensée rationnelle et contrôlée. Cette pensée se manifeste par moments pendant l'éveil et aussi tout au long de la nuit sous forme de rêves. En réveillant les gens, on trouve des rêves dans tous les stades du sommeil, d'où mon hypothèse de la continuité du rêve au cours de la nuit (fondée aussi sur les fonctions que j'attribue au rêve). Pour le moins, il faut en finir avec cette identification fausse, mais encore partout enseignée, du rêve avec le sommeil paradoxal.

L'étude des rêves montre que ceux-ci ne sont pas des représentations essentiellement chaotiques et bizarres. La plupart des événements s'enchaînent de manière plausible dans un espace et un temps bien structurés, avec entre autres la possibilité de simuler la durée au cours du rêve. Les bizarreries ne constituent qu'une minorité de contenus et, de mon point de vue, elles ne s'expliquent pas par l'irruption soudaine de ratés ou d'interférences dans les mécanismes de production onirique, mais par certaines règles de production comme la loi de parcimonie, la tendance à l'intégration d'éléments hétérogènes et le traitement parallèle de thèmes divers.

Le résultat le plus frappant des mécanismes de production onirique est d'engendrer une variation incessante des représentations. Changement constant par rapport aux représentations précédentes du rêve en cours et aussi par rapport aux contenus de la pensée diurne. En effet, le rêve évite les contenus et cheminements trop habituels utilisés pendant le jour, comme si leur usage par la pensée vigile élevait leur seuil d'accessibilité pendant le sommeil. C'est au contraire l'insuffisance du traitement diurne de certains contenus qui semble le plus souvent une condition de leur apparition en rêve.

Pour produire un rêve sous forme de l'enchaînement de contenus variés, presque toutes les fonctions cognitives sont mobilisées : la perception, qui est simulée, la fonction sémiotique sous la forme de production d'images et de mots, la mémoire autobiographique, l'ensemble des connaissances et leur organisation en divers réseaux qui fournissent un stock de contenus possibles, des règles d'inférence et d'organisation narrative, etc. Rêver suppose donc un certain niveau de développement cognitif dans la maîtrise de ces diverses fonctions. Cependant, l'esprit en sommeil se caractérise aussi par des limites évidentes sous forme de lacunes de contrôle au niveau de la continuité narrative, du jugement de vraisemblance, de la mémoire de travail qui devrait maintenir à l'esprit les scènes précédentes du rêve. Il s'agit d'une absence d'inhibition et, en conséquence, d'une levée des cloisonnements entre les diverses catégorisations de connaissance. Dans ces conditions, il n'est pas étonnant que nous trouvions fort peu de découvertes de solutions à des problèmes, bien que certains auteurs voient là une des fonctions du rêve.

En ce qui concerne la mémoire des rêves, les difficultés ne semblent pas se situer au niveau de l'encodage, comme on l'affirme souvent, mais au niveau de la récupération du contenu des rêves et de son passage dans la mémoire à long terme. Ces difficultés s'expliquent par l'absence de stratégies de rétention des contenus oniriques et par la structure de ces contenus qui n'est pas conforme aux schémas de la pensée éveillée.

Pour mieux comprendre les rêves et leurs processus d'élaboration, il faut rechercher des méthodes adéquates. La méthode de recueil de données présentée dans ce livre fournit des résultats particulièrement riches et montre les insuffisances du seul récit obtenu au moment du réveil la nuit. Quant à la méthode d'analyse de l'organisation séquentielle, elle met en lumière certaines caractéristiques propres aux rêves et révèle que ces derniers ne sont organisés ni comme des histoires canoniques ni comme des scripts. Elle a permis la découverte de répétitions immédiates de canevas, ce qui constitue une des rares preuves qu'un processus de planification non contenu dans les connaissances déjà stockées est à l'œuvre dans les rêves.

Au niveau des processus en jeu pour produire un rêve, ce livre propose de ne pas en considérer un ou deux seulement, mais de prendre en compte un ensemble de sept processus et leur interaction. Chaque scène de rêve, par exemple, résulte de l'influence combinée du contexte de la scène précédente, des instigateurs du rêve et des réseaux de souvenirs et de connaissances activés précédemment. En ce qui concerne ce dernier niveau du processus d'activation et de sélection de connaissances, il est éclairant de se rappeler que chaque contenu de rêve est sélectionné à travers la catégorie générale qui l'englobe.

Ce dernier point fournit une piste pour l'interprétation des rêves qui, si elle veut rester proche du contenu onirique plutôt que de théories préexistantes, résulte d'un traitement en trois temps : la dénotation du contenu, sa reformulation en termes génériques et l'application des idées ainsi obtenues au vécu du sujet. Mais l'interprétation n'est pas nécessaire pour que les rêves remplissent leurs fonctions : celles d'alimenter l'esprit et donc le cerveau pendant les longues heures de sommeil et de créer un environnement fictif qui évite de prêter attention au milieu réel et protège ainsi le sommeil. Simultanément, le fait de rêver c'est faire une expérience qui n'est pas sans effet. Il s'agit, entre autres, d'un exercice de composition nouvelle des connaissances qui favorise la créativité au réveil.

Pour quiconque s'intéresse au psychisme humain, le rêve est un produit fascinant, non seulement pour ses qualités particulières souvent esthétiques et très évocatrices, mais aussi parce qu'il est un puissant révélateur. Il révèle notre part d'ombre et de chaos, notre part de lumière et de fantaisie, ainsi que les lois de fonctionnement spontané de l'esprit humain. C'est un espace de liberté et de création constante. Il faut tenter de mieux le connaître sur la base de descriptions obtenues dans les meilleures conditions et à la lumière de la psychologie cognitive. On peut saisir ainsi les facettes multiples et parfois méconnues du fonctionnement mental et de ses produits.

Bibliographie

Antrobus, J.S. (1978), Dreaming for cognition, in A.S. Arkin, J.S. Antrobus & S.J. Ellman (eds), *The mind in sleep : psychology and psychophysiology*, 569-581, Hillsdale, New Jersey : Lawrence Erlbaum Associates.

Antrobus, J.S. (1983), REM and NREM sleep reports : Comparison of word frequencies by cognitive classes, *Psychophysiology*, 20 (5), 562-567.

Antrobus, J.S. & Fookson, J. (1991), Parallel distributed processes and dream production, in S.J. Ellman & J.S. Antrobus (eds), *The Mind in Sleep -Psychology and psychophysiology*, 2ᵉ éd., 451-465, New York : John Wiley & Sons.

Aristote (1995), *La vérité des songes - de la divination dans le sommeil* (trad. Pigeaud, J.), Paris : Payot et Rivages.

Arnheim, R. (1976), *La pensée visuelle* (trad. Le Cannu, C.N.), publication originale : 1969, Paris : Flammarion.

Aserinsky, E. & Kleitman, N. (1953), Regularly occurring periods of eye motility, and concomitant phenomena, during sleep, *Science*, 118, 273-274.

Bartlett, F.C. (1932), *Remembering*, Cambridge : Cambridge University Press.

Baylor, G.W. & Deslauriers, D. (1987), *Le rêve. Sa nature, sa fonction et une méthode d'analyse*, Québec : Presse de l'Université du Québec.

Berger, R. (1963), Experimental modification of dream content by meaningful verbal stimuli, *British Journal of Psychiatry*, 109, 722-740.

Bideaud, J. & Courbois, Y. (1998), Nouvelles approches de la psychologie cognitive : quel apport à l'étude de l'image mentale chez l'enfant?, in J. Bideaud & Y. Courbois, *Image mentale et développement*, 157-184, Paris, PUF.

Blagrove, M. (1992), Dreams as the reflection of our waking concerns and abilities : A critique of the problem-solving paradigm in dream research, *Dreaming*, 2 (4), 205-220.

Bloch, V., Dubois-Hennevin, E. & Leconte, P. (1979), Sommeil et mémoire, *La Recherche*, 10 (106), 1182-1191.

Borbély, A. (1984), Schlafgewohneihten, Schlafqualität und Schlafmittelconsum der Schweizer Bevölkerung, *Schweizerische Aerztezeitung*, 65 (34), 1606-1613.

Bosinelli, M. (1991), Definire il sogno, in M. Bosinelli & P. Cicogna (eds), *Sogni : figli d'un cervello ozioso*, 17-25, Torino : Bollati Boringhieri.

Boss, M. (1958), *The Analysis of dreams*, publication originale : 1953, London : Rider.

Breger, L. (1967), Function of dreams, *Journal of Abnormal Psychology*, 72, 1-28.

Bremond, C. (1973), *Logique du récit*, Paris : Seuil.

Brunschvicg, L. (1922), *L'expérience humaine et la causalité physique*, Paris : Alcan.

Busink, R. & Kuiken, D. (1996), Identifying types of impactful dreams : A replication, *Dreaming*, 6 (3), 97-119.

Carbonnel, S. (1982), Influence de la signification des objets dans les activités de classification, *Enfance*, 3, 193-210.

Cartwright, R. (1986), Affect and dream work from an information processing point of view, *The Journal of Mind and Behavior*, 7 (2 et 3), 411-428.

Cassirer, E. (1972), *La philosophie des formes symboliques*, publication originale : 1923, Paris : Editions de Minuit.

Cavallero, C., Cicogna, P., Natale, V., Occhionero, M. & Zito, A. (1992), Slow wave sleep dreaming, *Sleep*, 15, 562-566.

Cavallero, C. & Foulkes, D. (1993), *Dreaming as cognition*, New York-London : Harvester-Wheatsheaf.

Cavallero, C., Natale, V. & Zito, A. (1996), Is there a linear relationship between dream report length and sleep cycle?, *Journal of Sleep Research*, 5 (Supplement 1), 30.

Cicogna, P., Cavallero, C. & Bosinelli, M. (1982), Analyzing modifications across dream reports, *Perceptual and Motor Skills*, 55 (1), 27-44.

Cicogna, P., Cavallero, C. & Bosinelli, M. (1991), Cognitive aspects of mental activity during sleep, *American Journal of Psychology*, 104 (3), 413-425.

Cicogna, P.C. (1982), Il livello di attivita del sognatore in protocolli raccolti secondo il modello tonico-fasico, *Archive di Psychologia, Neurologia e Psichiatria*, 43 (3), 337-346.

Cipolli, C. & Poli, D. (1992), Story structure in verbal reports of mental sleep experience after awakening in REM sleep, *Sleep*, 15, 133-142.

Cipolli, C., Baroncini, P., Cavallero, C., Cigogna, P. & Fagioli, I. (1988), Incorporation of cognitive stimuli into mental sleep experience and contextual emotive stress, in W.P. Koella, F. Obal, H. Schulz and P. Visser, *Sleep 86'*, 388-390, Stuttgart-New York : Gustav Fisher Verlag.

Cipolli, C., Salzarulo, P. & Calabrese, A. (1981), Memory processes involved in morning recall of mental REM-sleep experience : A psycholinguistic study, *Perceptual and Motor Skills*, 52, 391-406.

Cohen, D.B. (1979), *Sleep and Dreaming. Origins, Nature and Functions*, Oxford : Pergamon Press.

Cohen, D.B. & Cox, C. (1975), Neuroticism in the sleep laboratory : Implications for representational and adaptive properties of dreaming, *Journal of Abnormal Psychology*, 84, 244-253.

Colace, C. & Tuci, B. (1996), Bizarreness in children's dreams, *Journal of Sleep Research*, 5 (Supplement 1), 38.

Crick, F. & Mitchison, G. (1986), REM sleep and neural nets, *The Journal of Mind and Behavior*, 7 (2 et 3), 229-250.

De Koninck, J. & Koulack, D. (1975), Dream content and adaptation to a stressful situation, *Journal of Abnormal Psychology*, 84, 250-260.

De Koninck, J., Prévost, F. & Lortie-Lussier, M. (1996), Vertical inversion of the visual field and REM sleep mentation, *Journal of Sleep Research*, 5, 16-20.

Dement, W.C. (1972), *Some must watch while some must sleep*, San Francisco : W.H. Freeman.

Dement, W.C. & Wolpert, E. (1958), The relations of eyes movements, body motility and external stimuli to dream content, *Journal of experimental psychology*, 55, 543-553.

Deslauriers, D. & Baylor, G.W. (1988), *The usefulness of the script concept for characterizing dream reports*, Paper presented at the Tenth Annual Conference of the Cognitive Science Society, Montreal, Quebec, Canada.

Dinges, D.F. (1990), Are you awake? Cognitive performance and reverie during the hypnopompic state, in R.R. Bootzin, J.F. Kihlstrom & D.L. Schacter (eds), *Sleep and Cognition*, 159-175, Washington DC : American Psychological Association.

Dorus, E., Dorus, W. & Rechtschaffen, A. (1971), The incidence of novelty in dreams, *Archives of General Psychiatry*, 25, 364-368.

Erdelyi, M.H. & Kleinbard, J. (1978), Has Ebbinghaus decayed with time? The growth of recall (hypermnesia) over days, *Journal of experimental psychology : Human learning and memory*, 4 (4), 275-289.

Fayol, M. (1985), *Le récit et sa construction*, Neuchâtel-Paris : Delachaux et Niestlé.

Fiss, H. (1993), The «royal road» to the unconscious revisited : A signal detection model of dream function, in A. Moffit, M. Kramer & R. Hoffmann (eds), *The functions of dreaming*, 381-418, New York : State University of New York Press.

Fodor, J.A. (1983), *Modularity of mind*, Cambridge, Mass. : MIT Press.

Foulkes, D. (1962), Dream reports from different stages of sleep, *Journal of Abnormal and Social Psychology*, 65, 14-25.

Foulkes, D. (1978), *A grammar of dreams*, Hassocks, Sussex : The Harvester Press Limited.

Foulkes, D. (1982), *Children's dreams. Longitudinal studies*, New York : John Wiley & Sons.

Foulkes, D. (1985), *Dreaming : a cognitive-psychological analysis*, Hillsdale, New Jersey : Lawrence Erlbaum Associates.

Foulkes, D. (1989), Understanding our dreams, *Natural Science, Dec.* 89, 296-301.

Foulkes, D. (1993), Children's dreams, in C. Cavallero & D. Foulkes (eds), *Dreaming as cognition*, 114-132, Hemel Hempstead : Harvester Wheatsheaf.

Foulkes, D. & Fleisher, S. (1975), Mental activity in relaxed wakefulness, *Journal of Abnormal Psychology*, 84 (1), 66-75.

Foulkes, D. & Schmidt, M. (1983), Temporal sequence and unit composition in dream reports from different stages of sleep, *Sleep*, 6 (3), 265-280.

Foulkes, D. & Vogel, G. (1965), Mental activity at sleep onset, *Journal of Abnormal Psychology*, 70 (4), 231-243.

Freitag, B. (1997), Sonhos : da teoria classica à pesquisa contemporânea, in B. Freitag (éd.), *Piaget : 100 anos*, 81-102, Sao Paulo : Cortez.

Freud, S. (1967), *L'interprétation des rêves*, publication originale : 1900, Paris : PUF.

Gackenbach, J., Snyder, T.J., Rokes, L.M. & Sachau, D. (1986), Lucid dreaming's frequency in relation to vestibular sensitivity as measured by caloric stimulation, *The Journal of Mind and Behavior*, 7 (2 et 3), 277-298.

Globus, G.G. (1993), Connectionism and sleep, in A. Moffitt, M. Kramer & R. Hoffmann (eds), *The functions of dreaming*, 119-138, New York : State University of New York Press.

Gollut, J.D. (1993), *Conter les rêves*, Paris : José Corti.

Goodenough, D.R., Lewis, H.B., Shapiro, A., Jaret, L. & Sleser, I. (1965), Dream report following abrupt awakening from different kind of sleep, *Journal of Personality and Social Psychology*, 2, 170-179.

Greenberg, R. & Pearlman, C. (1975), A psychoanalytic-dream continuum : the source and function of dreams, *International Review of Psycho-Analysis*, 2, 441-448.

Greenberg, R., Perlman, C., Fingar, R., Kantrowitz, J. & Kawlich, S. (1970), The effects of dream deprivation : Implications for the theory of the psychological function of dreaming, *British Journal of Medical psychology*, 43, 1-11.

Greenberg, R., Schwartz, W. & Katz, H. (1990), The importance of theory for the analysis of dreams : The problem as the unit, in J. Horne (éd.), *Sleep 1990*, 277-290, Bochum : Pontenagel Press.

Greimas, A.J. (1966), *Sémantique structurale*, Paris : Larousse.

Guimaraes, E. & Paiva, T. (1996), Comparison of 2NREM dream reports along sleep cycles by means of two scoring methods, *Journal of Sleep Research*, 5 (Supplement 1), 82.

Hall, C.S. & Van de Castle, R.L. (1966), *The content analysis of dreams*, New York : Appleton-Century-Crofts.

Harlow, J. & Roll, S. (1992), Frequency of day residue in dreams of young adults, *Perceptual and Motor Skills*, 74, 832-834.

Hartmann, E. (1968), The day residues : Time distribution of waking events, Denver : Exposé au congrès annuel de l'association for the psychophysiological study of sleep.

Hartmann, E. (1982), From the biology of dreaming to the biology of the mind, *Psychoanalytic study of the child*, 37, 303-335.

Hartmann, E. (1984), *The nightmare : the psychology and biology of terrifying dreams*, New York : Basic Books.

Herman, J.H., Erman, M., Boys, R., Peiser, L., Taylor, M.E. & Roffwarg, H.P. (1984), Evidence for a directional correspondence between eye movements and dream imagery in REM sleep, *Sleep*, 7, 52-63.

Hervey de Saint-Denis, M.L. (1995), *Les rêves et les moyens de les diriger*, publication originale : 1867, Ile Saint-Denis : Oniros.

Heynick, F. (1986), The dream-scriptor and the Freudian ego : «Pragmatic competence» and superordinate and subordinate cognitive systems in sleep, *The Journal of Mind and Behavior*, 7 (2 et 3), 299-332.

Hobson, J. & Mc Carley, R. (1977), The brain as a dream state generator : An activation-synthesis hypothesis of the dream process, *American Journal of Psychiatry*, 134, 1335-1348.

Hobson, J.A. (1992), *Le cerveau rêvant*, Paris : Gallimard.

Holzinger, B., Stepansky, R., Riederer, A., Kapfhammer, G., Bolitschek, J., Saletu, B. & Zeitlhofer, J. (1996), Epidemiology of reported dreaming in Austria - result of a representative population survey, *Journal of Sleep Research*, 5 (Supplement 1), 95.

Hudson, J.A. & Nelson, K. (1983), Effects of script structure on children's story recall, *Developmental Psychology*, 19, 625-635.

Hunt, H.T. (1989), *The Multiplicity of Dreams - Memory, Imagination and Consciousness*, New Haven and London : Yale University Press.

Hunt, H.T., Ogilvie, R., Belicki, K., Belicki, D. & Atalick, E. (1982), Forms of Dreaming, *Perceptual and Motor Skills*, 54, 559-633.

Jouvet, M. (1992), *Le sommeil et le rêve*, Paris : Editions Odile Jacob.

Jung, C.G. (1963), *L'âme et la vie*, Paris : Buchet/Chastel.

Jung, C.G. (1970), *L'homme à la découverte de son âme*, trad. R. Cahen, publication originale : 1944, 7e éd., Genève : Edition du Mont-Blanc.

Jung, C.G., von Franz, M.L., Henderson, J.L., Jacobi, J. & Jaffé, A. (1964), *L'homme et ses symboles*, trad. L. Deutschmeister, Paris : Robert Laffont.

Kahn, E., Dement, W.C., Fisher, C. & Barmack, J.E. (1962), Incidence of color in immediately recalled dreams, *Science*, 137, 1054-1055.

Kant, E. (1993), *Critique de la raison pure*, trad. A. Tremesaygues & P. Pacaud, publication originale : 1781, 4e éd., Paris : PUF.

Kerr, N. (1993), Mental imagery, dreams and perception, in C. Cavallero & D. Foulkes (eds), *Dreaming as cognition*, 18-37, New York : Harvester Wheatsheaf.

Koukkou, M. & Lehman, D. (1993), A model of dreaming and its functional significance : the state-shift hypothesis, in A. Moffitt, M. Kramer & R. Hoffmann (eds), *The functions of dreaming*, 51-118, New York : State University of New York Press.

Koulack, D. (1991), *To catch a dream - Explorations of dreaming*, New York : State University of New York Press.

Kramer, M., Kinney, L. & Scharf, M. (1982), Dream incorporation and dream function, *Sleep, 82*, 369-371, Basel : Karger.

Kramer, M. & Roth, T. (1973), The mood - regulating function of sleep, in W.P. Koella & P. Levin (eds), *Sleep : Physiology, biochemistry, psychology, pharmacology, clinical implications*, 563-571, Basel : S. Karger.

LaBerge, S. (1985), *Lucid Dreaming*, Los Angeles : Jeremy Tarcher.

LaBerge, S. (1996), L'art de diriger ses rêves, *Sciences et Avenir, 109*, Décembre 1996-janvier 1997, 120-124.

Lakoff, G. (1993), How metaphors structure dreams : The theory of conceptual metaphor applied to dream analysis, *Dreaming, 3* (2), 77-98.

Linton, M. (1982), Transformations of memory in everyday life, in U. Neisser (éd.), *Memory observed : Remembering in natural contexts*, San Francisco : W.H. Freeman & Co.

Loftus, E.F. (1979), *Eyewitness testimony*, Cambridge, Mass. : Harvard University Press.

Mandler, J.M. & Johnson, N.S. (1977), Remembrance of things parsed : Story structure and recall, *Cognitive Psychology, 9*, 111-151.

Maquet, P., Péters, J.-M., Aerts, J., Delfiore, G., Degueldre, C., Luxen, A. & Franck, G. (1996), Functional neuroanatomy of human rapid-eye-movement sleep and dreaming, *Nature, 383*, 163-166.

Maury, A. (1862), *Le sommeil et les rêves - études psychologiques sur ces phénomènes et les divers états qui s'y attachent*, 2ᵉ éd., Paris : Didier et Cie, Libraires-éditeurs.

Mc Manus, J., Laughlin, C.D. & Shearer, J. (1993), The function of dreaming in the cycles of cognition : A biogenetic structural account, in A. Moffit, M. Kramer & R. Hoffmann (eds), *The functions of dreaming*, 21-50, New York : State University of New York Press.

Merritt, J.M., Stickgold, R., Pace-Schott, E., Williams, J. & Hobson, J.A. (1994), Emotion profiles in the dreams of men and women, *Consciousness and Cognition, 3* (1), 46-60.

Miéville, D. (1994), Logique, in O. Houdé and D. Miéville (eds), *Pensée logico-mathématique*, 9-46, Paris, PUF.

Moffit, A., Kramer, M. & Hoffman, R. (1993), Introduction to : The functions of dreaming, in A. Moffit, M. Kramer & R. Hoffman (eds), *The functions of dreaming*, 1-9, New York : State University of New York Press.

Molinari, S. & Foulkes, D. (1969), Tonic and phasic events during sleep : psychological correlates and implications, *Perceptual and Motor Skills, 29*, 343-368.

Montangero, J. (1986), Une méthode d'interprétation des rêves utilisable pour leur étude cognitive, *Revue Suisse de Psychologie, 45* (1/2), 55-66.

Montangero, J. (1987), Vers une étude cognitive des rêves, in J. Montangero, A. Tryphon & S. Dionnet (eds), *Symbolisme et connaissance*, Genève : Fondation Archives Piaget.

Montangero, J. (1991), How can we define the sequential organization of dreams?, *Perceptual and Motor Skills, 73*, 1059-1073.

Montangero, J. (1993), Dream, problem-solving, and creativity, in C. Cavallero & D. Foulkes (eds), *Dreaming as cognition*, 93-113, Hemel Hemstead : Harvester Wheatsheaf.

Montangero, J., Pasche, P. & Willequet, P. (1996), Remembering and communicating the dream experience : What does a complementary morning report add to the night report?, *Dreaming, 6* (2), 131-145.

Montangero, J. & Lecerf, O. (1998), Frequency of indoor and outdoor settings in dreams : Use of memory elements in dreaming processes, *Perceptual and Motor Skills, 87,* 1297-1298

Neisser, U. (1981), John Dean's memory : A case study, *Cognition, 9,* 1-22.

Nielsen, T., Kuiken, D., Moffitt, A., Hoffman, R. & Wells, R. (1983), Comparisons of the story structure of stage REM and stage 2 mentation reports, *Sleep Research, 12,* 181.

Nielsen, T. & Kuiken D. (1986), Effects of dream reflection on emotional arousal, Charlottesville, Association for the study of dreams annual meeting.

Nielsen, T.A., Kuiken, D.L. & McGregor, D.L. (1989), Effects of dream reflection on waking affect : awareness of feelings, rorschach movement, and facial EMG, *Sleep, 12* (3), 277-286.

Paivio, A. (1995), Imagery and memory, in M.S. Gazzaniga (éd.), *The Cognitive Neurosciences,* 977-985, Cambridge, Mass.-London : Bradford Book-The MIT Press.

Palombo, S. (1978), *Dreaming and memory,* New York.

Parot, F. (1995), *L'homme qui rêve,* Paris : PUF.

Pasche, F. (1985), Préface, in F. Pasche, *Les rêves, voie royale vers l'inconscient,* 11-23, Paris : Sand.

Penfield, W. & Perot, P. (1963), The brains record of auditory and visual experience, *Brain, 86,* 595-596.

Piaget, J. (1923), La pensée symbolique et la pensée de l'enfant, *Archives de Psychologie, 18* (72), 273-304.

Piaget, J. (1926), *La représentation du monde chez l'enfant,* Paris : F. Alcan.

Piaget, J. (1945), *La formation du symbole chez l'enfant : imitation, jeu et rêve, image et représentation,* Neuchâtel-Paris : Delachaux et Niestlé.

Piaget, J. (1946), *Le développement de la notion de temps chez l'enfant,* Paris : PUF.

Piaget, J. (1963), L'explication en psychologie et le parallélisme psycho-physiologique, in J. Piaget, P. Fraisse & M. Reuchlin (eds), *Traité de psychologie expérimentale* (vol. I), 121-152, Paris : PUF.

Piaget, J. & Inhelder, B. (1966), *L'image mentale chez l'enfant : étude sur le développement des représentations imagées,* Paris : PUF.

Piaget, P., Inhelder, B. & Sinclair-De Zwart, H. (1968), *Mémoire et intelligence,* Paris : PUF.

Pivik, R.T. & Foulkes, D. (1968), NREM mentation : relation to personality, orientation time and time of night, *Journal of consulting and clinical psychology, 32,* 144-151.

Poetzl, O. (1917), Experimentell erregte Traumbilder in ihren Beziehungen zum indirekten Sehen, *Zeitchrift für die gesamte Neurologie und Psychiatrie, 37.*

Porret, M. (1990), Les pensées nocturnes de Pierre Frémont, libraire et explicateur des songes à Genève au XVIIIe siècle, *La Nouvelle Revue Française, 449,* 108-133.

Powell, R.A., Nielsen, T.A., Cheung, J.S. & Cervenka, T.M. (1995), Temporal delays in incorporation of events into dreams, *Perceptual and Motor Skills, 81,* 95-109.

Prieto, L. (1975), *Pertinence et pratique,* Paris : Editions de Minuit.

Propp, V. (1970), *Morphologie du conte,* publication originale : 1928, Paris : Seuil.

Purcell, S., Moffitt, A. & Hoffmann, R. (1993), Waking, dreaming and self-regulation, in A. Moffitt, M. Kramer & R. Hoffmann (eds), *The function of Dreaming,* 197-260, New York : State University of New York Press.

Rechtschaffen, A. (1978), The single-mindedness and isolation of dreams, *Sleep, 1,* 97-109.

Rechtschaffen, A. & Buchignani, C. (1983), Visual dimensions and correlates of dream images, *Sleep Research, 12* (189).

Rechtschaffen, A. & Foulkes, D. (1965), Effect of visual stimuli on dream content, *Perceptual and Motor Skills, 20,* 1149-1160.

Rechtschaffen, A. & Kales, A. (1968), *A manual of standardized terminology, techniques and scoring system for sleep stages of the human subject*, Washington : National Institute of Health Publications.

Reis, J., Montangero, J. & Pons, F. (à paraître), L'organisation séquentielle des rêves : narration, script ou simulation d'épisodes vécus?, *Bulletin de Psychologie*.

Resnick, J., Stickgold, R., Rittenhouse, C.D. & Hobson, J.A. (1994), Self-representation and bizarreness in childrens' dream reports collected in the home setting, *Consciousness and Cognition*, *3* (1), 30-45.

Rittenhouse, C.D., Stickgold, R. & Hobson, J.A. (1994), Constraint on the transformation of characters, objects, and settings in dream reports, *Consciousness and Cognition*, *3* (1), 100-113.

Roffwarg, H.P., Herman, J.H., Bowe-Anders, C. & Tauber, E.S. (1978), The effects of sustained alterations of waking visual input on dream content, in A.S. Arkin, J.S. Antrobus & S.J. Ellman (eds), *The mind in sleep : psychology and psychophysiology*, 295-349, New-Jersey : Lawrence Erlbaum Associates.

Rosch, E. (1976), Classification d'objets du monde réel : origines et représentations dans la cognition, *Bulletin de Psychologie* (numéro spécial : la mémoire sémantique), 242-250.

Roussy, F., Camirand, C., Foulkes, D., De Koninck, J., Loftis, M. & Kerr, N.H. (1996), Does early-night REM dream content reliably reflect presleep state of mind?, *Dreaming*, *6* (2), 121-130.

Saredi, R., Baylor, G.W., Meier, B. & Strauch, I. (1997), Current concerns and REM-Dreams : A laboratory study of dream incubation, *Dreaming*, *7* (3), 195-208.

Schank, R.C. & Abelson, R.P. (1977), *Scripts, plans, goals, and understanding*, Hillsdale, N.J. : Lawrence Erlbaum Associates.

Schredl, M. & Doll, E. (1998), Emotions in diary dreams, *Consciousness and Cognition*, *7*, 634-646.

Seligman, M.E.P. & Yellen, A. (1987), Invited essay : What is a dream, *Behavioral Research Therapy*, *25* (1), 1-24.

Shepard, R.N. (1984), Ecological constraints on internal representation : Resonant kinematics of perceiving, imagining, thinking, and dreaming, *Psychological Review*, *91* (4), 417-447.

Shepard, R.N. & Cooper, L.A., (1982), *Mental images and their transformations*, Cambridge, Mass. : MIT Press

Shevrin, H. (1986), Subliminal Perception and Dreaming, *The Journal of Mind and Behavior*, *7* (2-3), 379-396.

Silberer, H. (1909), Bericht über eine Methode, gewisse symbolische Halluzinationserscheinungen hervorzurufen und zu beobachten, *Jahrbuch für psychopathologische Forschung*, *1*, 513-525.

Smith, C. (1981), Learning and sleep states in the rats, in W. Fishbein (éd.), *Sleep, dreams and memory*, 19-35, New York : Spectrum Book Publications.

Smith, C. (1993), REM sleep and learning : Some recent findings, in A. Moffit, M. Kramer & R. Hoffmann (eds), *The functions of dreaming*, 341-362, New York : State University of New York Press.

Snyder, F. (1970), The phenomenology of dreaming, in L. Madow & L.H. Snow (eds), *The psychodynamic implications of the physiological studies on dreams*, 124-151, Springfield, Illinois : Charles C. Thomas.

Solms, M. (1997), *The neuropsychology of dreams*, Mahwah, N.J. : Lawrence Erlbaum Associates.

Stein, L.N. & Glenn, C.G. (1982), Children's concept of time : The development of story schema, in W.J. Friedman (éd.), *The developmental psychology of time*, New York : Academic Press.

Strauch, I. & Meier, B. (1992), *Den Träumen auf der Spur*, Bern : Hans Huber.

Tulving, E. (1983), *Elements of episodic memory*, Oxford : Oxford University Press.
Wallas, G. (1931), *The art of thought*, London : J. Cape.
Webb, W.B. & Cartwright, R.D. (eds)(1978), *Sleep and dreams*, Palo Alto : Annual reviews.
Werner, H. & Kaplan, B. (1967), *Symbol formation : an organismic-developmental approach to language and the expression of thought*, 3e éd., New York : John Wiley & Sons.
Willequet, P. (1998), *La bizarrerie du rêve et ses représentations - Une étude théorique et expérimentale portant sur trois conditions de recueil des données*, Thèse de doctorat non publiée, FPSE, Université de Genève.

Index des matières

accommodation, *56*, 63, 183
activation des connaissances, 149-50, *153-57*, 172, 227
affectivité, 19, 64, 186, 231, *238-40*
amnésie, *voir* rappel du rêve
animaux (rêve chez les), 31
Antiquité (conceptions du rêve), 9, 40-41, 45, 237
apprentissage et sommeil, 232
archétypes, 54, 152
assimilation, 56
association d'idées, 25, 42-44, 51-53

bizarreries
 – généralités, *16-18*, 25-28, 44, 64, 73, 180, 232
 – dans les rêves d'enfants, 33-34
 – dans la pensée vigile, 30

capacités intellectuelles, 48, 69, *175-85*, *voir aussi* niveau cognitif
censure, 50-53, *55*, 64, 71, 98, 125, 180, 230
cerveau et esprit, *voir* physiologique
classe collective, *154*, 157, 160, 170, 211
classe distributive, *154*, 157
cognition, *voir* capacités intellectuelles
 – relations rêve-éveil, *voir* continuité
cohérence, 13, 47, 58, 120, 164, 173, 200, 239
compensation (fonction compensatrice), 54, 105, 152, 231
condensation, 44 51, 63, 96, 103, 140, 144, 162, 167, 225, 239
connaissances générales, *153-57*, 172, 174, 200, 241
 voir aussi mémoire sémantique
connu non perçu, 98-99, 103, 163, 245
conscience, 9, *10*, 24, 37, 43, 53-56, 172, *179*, 234, 240, 245
consolidation mnésique, 232

contenu (analyse du), 14
continuité pensée vigile-éveillée, 55, *58*
contrôle cognitif, 9, 37, 64, *180-83*, 200, 235, 250
créativité, 44, *185-99*, 201, 235, 248
 voir aussi résolution de problèmes

description du rêve
 – récit nocturne, *68-70*, 127-128
 – description du lendemain, 70-77
discontinuité dans le rêve, 13, 17, *115*, 118, 120, 221, 226
 voir aussi ruptures

égocentrique (langage), 70
émotions, *18-19*, 104, 148, 225-26, 238
enfants (rêves d'), 17, *32-24*, 60, 91-92

fonctions du rêve, 51, 54, *229-236*
formel, *voir* niveau cognitif

gardien du sommeil, 51, 230, 234

hallucination, *7-8*, 37, 43, 46-47, 147, 179
hypermnésie, 48, 129
hypnagogique (période), *voir* stades

identité, 116, *140-141*, 148, 158-159, 162, 167, 173
image, 8, 14, 24-26, 31-33, 37, 42-43, 45, 51, 57-58, 63, 89-91, *94-95*, 99, 122, 128, 151, 163, 177, 184, 206, 234, 247
inconscient, 41, 48, 50-51, 53-55, 60, 106, 187, 230, 237
indices de rappel, *voir* rappel du rêve
indifférenciations, 183
instigateurs, 133, *151-153*, 159-160, 162, 165, 167, 172, 174, 204, 209, 226-227, 239, 245
intégration ou fusion, 149, *162*, 172, 241, 249

intelligence, *voir* capacités intellectuelles intérieurs et extérieurs (scènes d'), *104-106*, 119, 243
interprétation, 40-41, 46, 52, 54, 63, 82, 135, *203-228*, 237, 250

langage, 56, 89, *96-97*, 148, 184, 241

mémoire autobiographique, 149, 153, 249
mémoire de travail, 122, 179, 200, 250
mémoire épisodique, 87, 106, *122*, 126, 129, 144, 148, 183
mémoire sémantique, 106, 122, 129, 148-149
mémoire et rêve
 – sources mnésiques, 77-78, 86, 104, 121, *129-144*, 161, 174, 222
métacognition, 9, 11
métaphore, 64, 84, 191, 201, 209, 214, 227
méthode d'étude du rêve, 57-58, *67-87*, 129
métonymie, 136, 154, 158, *211*, 225
modalités sensorielles, 11, *94-99*
modification, *voir* transformation
mouvements oculaires rapides, 21, 24, 28, 91, 164

narration, 12, 28, 109-*110*, 114, 117
neurotransmetteurs, 21, 30
niveau cognitif, 8, 33-34, 37, *175-185*
notions générales intermédiaires, 209

opposition sémantique; antonymie, *155-157*, 161, 214, 220-221
organisation séquentielle, *108-118*, 120, 143, 151-152, 164, 170-174, 239, 250
originalité, *14-15*, 37, 161, 185, 245

paysages, *99-104*, 120, 144, 146
pensée formelle, *voir* niveau cognitif
perception et rêve, 8, 11, 58, 62, *90-94*, 163, 179, 240, 245
physiologique et psychologique (relations), 23, *28-30*, 37, 42, 65
production des rêves (processus de), 50, *149-174*
prototype, *153*-155, 166, 211
psychanalyse, 39, 40, 49, *50-55*, 63, 152, 186, 237, 239

rappel du rêve, 26-28, 33-35, 69, 94, *121-129*, 144-146, 177, 235
reformulation en termes génériques, 23, 78, *82-86*, 101-103, 196, *203-227*, 250
refoulement, *voir* censure
régression, 51, 63, 179, 184
régulation séquentielle, *voir* organisation

répétition de canevas, *115-118*, 143-144, 170, 250
représentation, *voir* signifiant
résolution de problèmes, 58, *185-199*, 231
restes diurnes, 131, 146
rêves (extraits, résumés, schémas séquentiels)
 – d'architectes, 192-197
 – d'Ariane (immobile comme une statue), 162, *165-168*
 – d'artistes, (peintres et céramiste), 192-197
 – de Christophe (restaurant et hôpital), 12, 90, 110, 113, 130, 141
 – d'Eliana (deuil du chien), 216-217, 228
 – de Francis (une démonstration intellectuelle), 176-182
 – de John (à la montagne, savoir et expliquer), 80-81, 83, 110, 190
 – de Luis (le ministre interrompu), 93, 136, 137, 143, 170, 203, 205, 218-222
 – de Manon (la forêt d'antennes, 103, 195
 – de Manon (bonheur), 196, 236
 – de Sibylle (défi en voiture, scooter renversé), 100, 101, 124, 130, 135, 136, 205, 222, 225
 – de Solange (défilements étranges), 155, 179, 203, 205, 213, 216, 239
 – d'Yvon (l'escalier et le cloître), 75, 102, 193, 194, 197
rêves lucides, 9, 37, 247
ruptures narratives, 16, 107, *111*, 115, 120 164, 221

schéma séquentiel, 68, 78, 79, 80, 81, 82, 87, 109, 114, 124
schème affectif, 56, 112-113
script, 60, 71, 79, 108, 109, *110*, 114, 115, 117, 127, 152, 164, 171, 243
sélection, 142, 149-50, *158-160*, 161-162, 167, 169, 170-173, 241, 250
signifiant, 8, 30, 32, 97, 177, 201, 204, 205, 206, 234
signifié, *8*, 205, 206, 210, 226, 227
stades du sommeil et rêves, 20-30
symbolisation, 151, *163*

temps et rêve, 106-108
transformation, 13, 16, 63, 95, 116, 118, 140, 147, 148, 161, 182

unité narrative ou séquentielle, 26, 28, 57, 68, *79-82*, 112, 115, 120, 164

Index des auteurs

Abelson, R.P., 109, 110
Antrobus, J.S., 24, 59, 60, 125, 180
Aristote, 9, 41, 45, 62, 129
Arnheim, R., 94
Aserinsky, E., 20, 22, 57, 91
Atalick, E., 16

Barmack, J.E., 95
Baroncini, P., 132
Bartlett, F.C., 71
Baylor, G.W., 60, 109, 110, 133, 186
Belicki, D., 16
Belicki, K., 16
Berger, R., 90
Bideaud, J., 94
Blagrove, M., 187, 201
Bloch, V., 232
Borbély, A., 35
Bosinelli, M., 7, 25, 69
Boss, M., 54
Bowe-Anders, C., 91
Boys, R., 91
Breger, L., 186, 231
Bremond, C., 108
Brunschvicg, L., 107
Buchignani, C., 57, 95
Businck, R., 19

Calabrese, A., 69
Camirand, C., 133
Carbonnel, S., 154
Cartwright, R., 60, 186, 231
Cassirer, E., 148
Cavallero, C., 23, 25, 28, 69, 106, 132, 187

Cervenka, T.M., 132
Cheung, J.S., 132
Cicogna, P., 23, 25, 28, 69, 132
Cipolli, C., 57, 60, 69, 109, 118, 132
Cohen, D.B., 59, 181, 186, 231
Colace, C., 34
Cooper, L.A., 94
Courbois, Y., 94
Cox, C., 231
Crick, F., 47, 59, 61, 108, 232
de Koninck, J., 91, 133, 231

Dement, W.C., 22, 57, 60, 90, 91, 95, 106, 186
Deslauriers, D., 109, 110, 186
Dinges, D.F., 69
Doll, E., 19
Dorus, E., 16, 57
Dorus, W., 16, 57
Dubois-Hennevin, E., 232

Erdelyi, M.H., 128
Erman, M., 91

Fagioli, I., 132
Fayol, M., 70
Fingar, R., 231
Fisher, C., 95
Fiss, H., 146, 231
Fleisher, S., 30
Fodor, J.A., 163
Fookson, J., 60
Foulkes, D., 17, 23, 24, 25, 28, 30, 31, 32, 33, 34, 49, 57, 58, 59, 60, 61, 71, 73,

90, 91, 92, 94, 97, 108, 109, 118, 125, 129, 133, 148, 163, 177, 178, 187, 204, 228, 230
von Franz, M.L., 108
Freitag, B., 59
Freud, S., 18, 38, 44, 45, 46, 47, 48, 49, 50, 51, 52, 53, 54, 55, 59, 60, 62, 63, 64, 97, 98, 106, 108, 125, 131, 132, 146, 152, 162, 180, 186, 230, 234, 235, 237, 246

Gackenbach, J., 10
Glenn, C.G., 109
Globus, G.G., 60, 233
Gollut, J.D., 41, 46, 48
Goodenough, D.R., 69
Greenberg, R., 186, 231
Greimas, A.J., 108
Guimaraes, E., 26

Hall, C.S., 14, 18, 57
Harlow, J., 131
Hartmann, E., 19, 131, 145
Henderson, J.L., 108
Herman, J.H., 91
Hervey de Saint-Denys, M.L., 9, 11, 41, 42, 43, 44, 45, 48, 62, 128, 129, 148
Heynick, F., 57, 184
Hobson, J.A., 13, 16, 17, 18, 21, 26, 33, 34, 43, 46, 47, 59, 61, 90, 108, 125, 127, 145, 179, 180, 184
Hoffmann, R., 9, 247
Holzinger, B., 9, 18
Hudson, J.A., 71
Hunt, H.T., 10, 16, 18, 19, 22, 45, 49, 91, 92, 95, 148, 184

Inhelder, B., 92, 94, 148

Jacobi, J., 108
Jaffé, A., 108
Jaret, L., 69
Johnson, N.S., 108
Jouvet, M., 22, 31, 132, 230
Jung, C.G., 35, 40, 49, 53, 54, 64, 105, 108, 152, 186, 231, 232

Kahn, E., 95
Kales, A., 21
Kant, E., 53, 107, 108
Kantrowitz, J., 231
Kaplan, B., 94
Katz, H., 186
Kawliche, S., 231
Kerr, N., 128, 133
Kinney, L., 186
Kleinbard, J., 128
Kleitman, N., 20, 22, 57

Koukkou, M., 125, 179
Koulack, D., 186, 231
Kramer, M., 186, 229, 231
Kuiken, D., 18, 19, 108

LaBerge, S., 9, 28
Lakoff, G., 212
Laughlin, C.D., 233
Lecerf, O., 105
Leconte, P., 232
Lehman, D., 125, 179
Lewis, H.B., 69
Linton, M., 71
Loftis, M., 133
Loftus, E.F., 71
Lortie-Luissier, M., 91

MacCarley, R., 47, 59
Mandler, J.M., 108
Maquet, P., 18
Maury, A., 42, 43, 45, 46, 47, 48, 52, 62, 90, 106, 129, 179, 184
McManus, J., 233
Meier, B., 11, 15, 17, 18, 96, 133
Merritt, J.M., 18
Miéville, D., 154
Mitchison, G., 47, 108, 232
Moffit, A., 9, 108, 229, 247
Molinari, S., 28
Montangero, J., 15, 67, 72, 75, 79, 97, 105, 108, 109, 115, 143

Natale, V., 23, 28, 106
Neisser, U., 71, 95
Nelson, K., 71
Nielsen, T., 18, 108, 109, 114, 132

Occhionero, M., 23
Ogilvie, R., 16

Pace-Schott, E., 18
Paiva, T., 26
Paivio, A., 128
Palombo, S., 60, 131, 133, 232
Parot, F., 45, 46, 53
Piaget, J., 8, 29, 31, 32, 33, 37, 55, 56, 60, 64, 67, 70, 90, 92, 94, 107, 148, 181, 182, 183, 201
Pivik, R.T., 125
Poetzl, O., 146
Poli, D., 57, 60, 109, 118
Pons, F., 15, 109
Porret, M., 40
Powell, R.A., 132
Prevost, F., 91
Prieto, L., 156
Propp, V., 108
Purcell, S., 9, 247

Rechtschaffen, A., 16, 21, 57, 58, 90, 95, 109, 118, 126, 179
Reis, J., 15, 79, 109, 114
Resnick, J., 17, 33, 34
Rittenhouse, C.D., 13, 17, 33
Roffwarg, H.P., 91
Rokes, L.M., 10
Roll, S., 131
Rosch, E., 153
Roth, T., 186, 231
Roussy, F., 133

Sachau, D., 10
Salzarulo, P., 69
Saredi, R., 133
Schank, R.C., 109, 110
Scharf, M., 186
Schmidt, M., 57, 73
Schredl, M., 19
Schwartz, W., 186
Seligman, M.E., 13, 164
Shapiro, A., 69
Shearer, J., 233
Shepard, R.N., 94, 186
Shevrin, H., 146
Silberer, H., 24, 52, 53, 64
Sinclair, H., 148
Sleser, I., 69

Smith, C., 232
Snyder, F., 11, 17, 58, 71, 109
Snyder, T.J., 10
Solms, M., 23
Stein, L.N., 109
Stickgold, R., 13, 17, 18, 33, 34
Strauch, I., 11, 15, 17, 18, 96, 133

Tauber, E.S., 91
Taylor, M.E., 91
Tuci, B., 34
Tulving, E., 121

Van de Castle, R.L., 14, 18, 57
Vogel, G., 24

Wallas, G., 187
Webb, W.B., 60
Wells, R., 108
Werner, H., 94
Willequet, P., 17, 25, 72, 75, 100, 138, 180
Williams, J., 18
Wolpert, E., 90, 91

Yellen, A., 13, 164

Zito, A., 23, 28, 106

Table des matières

CHAPITRE 1
QU'EST-CE QU'UN RÊVE ET CHEZ QUI SE PRODUIT-IL?

Caractéristiques générales des représentations oniriques	7
Les variations de contenu de rêves en fonction des phases du sommeil	20
Chez qui le rêve se produit-il?	31
Résumé et conclusions	36

CHAPITRE 2
CONCEPTIONS DU RÊVE AU COURS DES SIÈCLES

Quelques constantes au cours des âges	39
Points de vue de la psychanalyse	50
Les études expérimentales et cognitives du rêve	55
Résumé et conclusions	61

CHAPITRE 3
UNE MÉTHODE D'ÉTUDE DU RÊVE

La description de l'expérience onirique	69
La recherche de souvenirs ou «résidus du vécu»	77
L'élaboration d'un schéma séquentiel et d'un résumé	78
La reformulation en termes génériques	82
Résumé et conclusions	85

CHAPITRE 4
PRÉCISIONS SUR LES ASPECTS DU RÊVE OBSERVABLES PAR LE RÊVEUR : MODALITÉS DE REPRÉSENTATION, ESPACE, TEMPS ET ORGANISATION SÉQUENTIELLE

Les modalités de représentation en rêve 89

L'espace et le temps du rêve 99

L'organisation séquentielle des rêves 108

Résumé et conclusions 118

CHAPITRE 5
MÉMOIRE ET RÊVE

Aspect fondamentaux de la mémoire 121

La mémorisation des rêves 123

La mémoire comme source du rêve 129

Résumé et conclusions 144

CHAPITRE 6
LES PROCESSUS EN JEU DANS LA PRODUCTION DES RÊVES

Un ensemble de processus en interaction 149

Les instigateurs du rêve 151

Les connaissances activées 153

La sélection 158

La modification 161

La fusion ou intégration 162

Symbolisation 163

La régulation séquentielle 164

L'ensemble des processus : illustration par quelques cas 165

Résumé et conclusions 172

CHAPITRE 7
LES CAPACITÉS COGNITIVES PENDANT LE SOMMEIL

Aspects positifs et déficits de la pensée pendant le sommeil 175

Créativité et résolution de problèmes en rêve 185

Résumé et conclusions 199

CHAPITRE 8
DONNER UN SENS AUX RÊVES

Généralités : l'interprétation et la reformulation 203

L'apport de la reformulation en termes génériques : quelques exemples.. 213

Résumé et conclusions 225

CHAPITRE 9
CONCLUSIONS GÉNÉRALES : LES FONCTIONS ET LA NATURE DU RÊVE

Les fonctions du rêve 229

Qu'est-ce que rêver ? 237

L'utilité de l'étude du rêve 246

BIBLIOGRAPHIE 253

INDEX DES MATIÈRES 261

INDEX DES AUTEUR 263

CHEZ LE MÊME ÉDITEUR

PSYCHOLOGIE ET SCIENCES HUMAINES
collection publiée sous la direction de MARC RICHELLE

1 Dr Paul Chauchard : LA MAITRISE DE SOI. *9ᵉ éd.*
7 Paul-A. Osterrieth : FAIRE DES ADULTES. *16ᵉ éd.*
9 Daniel Widlöcher : L'INTERPRETATION DES DESSINS D'ENFANTS. *13ᵉ éd.*
11 Berthe Reymond-Rivier : LE DEVELOPPEMENT SOCIAL DE L'ENFANT ET DE L'ADOLESCENT. *13ᵉ éd.*
22 H.T. Klinkhamer-Steketée : PSYCHOTHERAPIE PAR LE JEU. *4ᵉ éd.*
24 Marc Richelle : POURQUOI LES PSYCHOLOGUES? *6ᵉ éd.*
25 Lucien Israel : LE MEDECIN FACE AU MALADE. *5ᵉ éd.*
26 Francine Robaye-Geelen : L'ENFANT AU CERVEAU BLESSE. *2ᵉ éd.*
27 B.F. Skinner : LA REVOLUTION SCIENTIFIQUE DE L'ENSEIGNEMENT. *3ᵉ éd.*
29 J.C. Ruwet : ETHOLOGIE : BIOLOGIE DU COMPORTEMENT. *3ᵉ éd.*
38 B.-F. Skinner : L'ANALYSE EXPERIMENTALE DU COMPORTEMENT. *2ᵉ éd.*
40 R. Droz et M. Rahmy : LIRE PIAGET. *7ᵉ éd.*
42 Denis Szabo, Denis Gagné, Alice Parizeau : L'ADOLESCENT ET LA SOCIETE. *2ᵉ éd.*
43 Pierre Oléron : LANGAGE ET DEVELOPPEMENT MENTAL. *2ᵉ éd.*
45 Gertrud L. Wyatt : LA RELATION MERE-ENFANT ET L'ACQUISITION DU LANGAGE. *2ᵉ éd.*
49 T. Ayllon et N. Azrin : TRAITEMENT COMPORTEMENTAL EN INSTITUTION PSYCHIATRIQUE
52 G. Kellens : BANQUEROUTE ET BANQUEROUTIERS
55 Alain Lieury : LA MEMOIRE
58 Jean-Marie Paisse : L'UNIVERS SYMBOLIQUE DE L'ENFANT ARRIERE MENTAL
59 Jacques Van Rillaer : L'AGRESSIVITE HUMAINE
61 Jérôme Kagan : COMPRENDRE L'ENFANT
62 Michel S. Gazzaniga : LE CERVEAU DEDOUBLE
64 X. Seron, J.L. Lambert, M. Van der Linden : LA MODIFICATION DU COMPORTEMENT
65 W. Huber : INTRODUCTION A LA PSYCHOLOGIE DE LA PERSONNALITE. *7ᵉ éd.*
66 Emile Meurice : PSYCHIATRIE ET VIE SOCIALE
67 J. Château, H. Gratiot-Alphandéry, R. Doron et P. Cazayus : LES GRANDES PSYCHOLOGIES MODERNES
68 P. Sifnéos : PSYCHOTHERAPIE BREVE ET CRISE EMOTIONNELLE
69 Marc Richelle : B.F. SKINNER OU LE PERIL BEHAVIORISTE
70 J.P. Bronckart : THEORIES DU LANGAGE
71 Anika Lemaire : JACQUES LACAN. *8ᵉ éd. revue et augmentée.*
72 J.L. Lambert : INTRODUCTION A L'ARRIERATION MENTALE
73 T.G.R. Bower : DEVELOPPEMENT PSYCHOLOGIQUE DE LA PREMIERE ENFANCE. *4ᵉ éd.*
74 J. Rondal : LANGAGE ET EDUCATION
75 Sheila Kitzinger : PREPARER A L'ACCOUCHEMENT
76 Ovide Fontaine : INTRODUCTION AUX THERAPIES COMPORTEMENTALES
77 Jacques-Philippe Leyens : PSYCHOLOGIE SOCIALE. *nouvelle édition 1997*
78 Jean Rondal : VOTRE ENFANT APPREND A PARLER *3ᵉ éd.*
79 Michel Legrand : LE TEST DE SZONDI
80 H.J. Eysenck : LA NEVROSE ET VOUS
81 Albert Demaret : ETHOLOGIE ET PSYCHIATRIE
82 Jean-Luc Lambert et Jean A. Rondal : LE MONGOLISME. *4ᵉ éd.*
83 Albert Bandura : L'APPRENTISSAGE SOCIAL
84 Xavier Seron : APHASIE ET NEUROPSYCHOLOGIE
85 Roger Rondeau : LES GROUPES EN CRISE?

86 J. Danset-Léger : L'ENFANT ET LES IMAGES DE LA LITTERATURE ENFANTINE
87 Herbert S. Terrace : NIM. UN CHIMPANZE QUI A APPRIS LE LANGAGE GESTUEL
88 Roger Gilbert : BON POUR ENSEIGNER?
89 Wing, Cooper et Sartorius : GUIDE POUR UN EXAMEN PSYCHIATRIQUE
90 Jean Costermans : PSYCHOLOGIE DU LANGAGE
91 Françoise Macar : LE TEMPS, PERSPECTIVES PSYCHOPHYSIOLOGIQUES
92 Jacques Van Rillaer : LES ILLUSIONS DE LA PSYCHANALYSE. *4ᵉ éd.*
93 Alain Lieury : LES PROCEDES MNEMOTECHNIQUES
94 Georges Thinès : PHENOMENOLOGIE ET SCIENCE DU COMPORTEMENT
95 Rudolph Schaffer : COMPORTEMENT MATERNEL
96 Daniel Stern : MERE ET ENFANT, LES PREMIERES RELATIONS. *3ᵉ éd.*
97 R. Kempe & C. Kempe : L'ENFANCE TORTUREE
98 Jean-Luc Lambert : ENSEIGNEMENT SPECIAL ET HANDICAP MENTAL
99 Jean Morval : INTRODUCTION A LA PSYCHOLOGIE DE L'ENVIRONNEMENT
100 Pierre Oleron *et al.* : SAVOIRS ET SAVOIR-FAIRE PSYCHOLOGIQUES CHEZ L'ENFANT
101 Bernard I. Murstein : STYLES DE VIE INTIME
102 Rondal/Lambert/Chipman : PSYCHOLINGUISTIQUE ET HANDICAP MENTAL
103 Brédart/Rondal : L'ANALYSE DU LANGAGE CHEZ L'ENFANT. *2ᵉ éd.*
104 David Malan : PSYCHODYNAMIQUE ET PSYCHOTHERAPIE INDIVIDUELLE
105 Philippe Muller : WAGNER PAR SES REVES
106 John Eccles : LE MYSTERE HUMAIN
107 Xavier Seron : REEDUQUER LE CERVEAU
108 Moreau/Richelle : L'ACQUISITION DU LANGAGE. *5ᵉ éd.*
109 Georges Nizard : ANALYSE TRANSACTIONNELLE ET SOIN INFIRMIER
110 Howard Gardner : GRIBOUILLAGES ET DESSINS D'ENFANTS, LEUR SIGNIFICATION. *3ᵉ éd.*
111 Wilson/Otto : LA FEMME MODERNE ET L'ALCOOL
112 Edwards : DESSINER GRACE AU CERVEAU DROIT. *9ᵉ éd.*
113 Rondal : L'INTERACTION ADULTE-ENFANT
114 Blancheteau : L'APPRENTISSAGE CHEZ L'ANIMAL
115 Boutin : FORMATION ET DEVELOPPEMENTS
116 Húsen : L'ECOLE EN QUESTION
117 Ferrero/Besse : L'ENFANT ET SES COMPLEXES
118 R. Bruyer : LE VISAGE ET L'EXPRESSION FACIALE
119 J.P. Leyens : SOMMES-NOUS TOUS DES PSYCHOLOGUES?
120 J. Château : L'INTELLIGENCE OU LES INTELLIGENCES?
121 M. Claes : L'EXPERIENCE ADOLESCENTE
122 J. Hayes et P. Nutman : COMPRENDRE LES CHOMEURS
123 S. Sturdivant : LES FEMMES ET LA PSYCHOTHERAPIE
124 A. Pomerleau et A. Malcuit : L'ENFANT ET SON ENVIRONNEMENT
125 A. Van Hout et X. Seron : L'APHASIE DE L'ENFANT
126 A. Vergote : RELIGION, FOI, INCROYANCE
127 Sivadon/Fernandez-Zoïla : TEMPS DE TRAVAIL, TEMPS DE VIVRE
128 Born : JEUNES DEVIANTS OU DELINQUANTS JUVENILES?
129 Hamers/Blanc : BILINGUALITE ET BILINGUISME
130 Legrand : PSYCHANALYSE, SCIENCE, SOCIETE
131 Le Camus : PRATIQUES PSYCHOMOTRICES
132 Lars Fredén : ASPECTS PSYCHOSOCIAUX DE LA DEPRESSION
133 Mount : LA FAMILLE SUBVERSIVE
134 Magerotte : MANUEL D'EDUCATION COMPORTEMENTALE CLINIQUE
135 Dailly/Moscato : LATERALISATION ET LATERALITE CHEZ L'ENFANT
136 Bonnet/Tamine-Gardes : QUAND L'ENFANT PARLE DU LANGAGE
137 Bruyer : LES SCIENCES HUMAINES ET LES DROITS DE L'HOMME

138 Taulelle : L'ENFANT A LA RENCONTRE DU LANGAGE
139 de Boucaud : PSYCHOLOGIE DE L'ENFANT ASTHMATIQUE
140 Duruz : NARCISSE EN QUETE DE SOI
141 Feyereisen/de Lannoy : PSYCHOLOGIE DU GESTE
142 Florin et al. : LE LANGAGE A L'ECOLE MATERNELLE
143 Debuyst : MODELE ETHOLOGIQUE ET CRIMINOLOGIE
144 Ashton/Stepney : FUMER
145 Winkel et al. : L'IMAGE DE LA FEMME DANS LES LIVRES SCOLAIRES
146 Bideau/Richelle : PSYCHOLOGIE DEVELOPPEMENTALE
147 Schmid-Kitsikis : THEORIE CLINIQUE ET FONCTIONNEMENT MENTAL
148 Guggenbühl/Craig : POUVOIR ET RELATION D'AIDE
149 Rondal : LANGAGE ET COMMUNICATION CHEZ LES HANDICAPES MENTAUX
150 Moscato et al. : FONCTIONNEMENT COGNITIF ET INDIVIDUALITE
151 Château : L'HUMANISATION OU LES PREMIERS PAS DES VALEURS HUMAINES
152 Avery/Litwack : NEE TROP TOT
153 Rondal : LE DEVELOPPEMENT DU LANGAGE CHEZ L'ENFANT TRISOMIQUE 21
154 Kellens : QU'AS-TU FAIT DE TON FRERE?
155 Rondal/Henrot : LE LANGAGE DES SIGNES. 2e éd.
156 Lafontaine : LE PARTI PRIS DES MOTS
157 Bonnet/Hoc/Tiberghien : AUTOMATIQUE, INTELLIGENCE ARTIFICIELLE ET PSYCHOLOGIE
158 Giovannini et al. : PSYCHOLOGIE ET SANTE
159 Wilmotte et al. : LE SUICIDE
160 Giurgea : L'HERITAGE DE PAVLOV
161 Ionescu : MANUEL D'INTERVENTION EN DEFICIENCE MENTALE N° 1
162 Ionescu : MANUEL D'INTERVENTION EN DEFICIENCE MENTALE N° 2
163 Pieraut-Le Bonniec : CONNAITRE ET LE DIRE
164 Huber : PSYCHOLOGIE CLINIQUE AUJOURD'HUI
165 Rondal et al. : PROBLEMES DE PSYCHOLINGUISTIQUE
166 Slukin : LE LIEN MATERNEL
167 Baudour : L'AMOUR CONDAMNE
168 Wilwerth : VISAGES DE LA LITTERATURE FEMININE
169 Edwards : VISION, DESSIN, CREATIVITE. 3e éd.
170 Lutte : LIBERER L'ADOLESCENCE
171 Defays : L'ESPRIT EN FRICHE
172 Broome Walace : PSYCHOLOGIE ET PROBLEMES GYNECOLOGIQUES
173 Aimard : LES BEBES DE L'HUMOUR
174 Perruchet : LES AUTOMATISMES COGNITIFS
175 Bawin-Legros : FAMILLES, MARIAGE, DIVORCE
176 Pourtois/Desmet : EPISTEMOLOGIE ET INSTRUMENTATION EN SCIENCES HUMAINES. 2e éd.
177 Sloboda : L'ESPRIT MUSICIEN
178 Fraisse : POUR LA PSYCHOLOGIE SCIENTIFIQUE
179 Ruffiot : PSYCHOLOGIE DU SIDA
180 McAdams/Deliège : LA MUSIQUE ET LES SCIENCES COGNITIVES
181 Argentin : QUAND FAIRE C'EST DIRE...
182 Van der Linden : LES TROUBLES DE LA MEMOIRE
183 Lecuyer : BEBES ASTRONOMES, BEBES PSYCHOLOGUES : L'INTELLIGENCE DE LA 1re ANNEE
184 Immelmann : DICTIONNAIRE DE L'ETHOLOGIE
185 Collectif : ACTEUR SOCIAL ET DELINQUANCE
186 Fontana : GERER LE STRESS
187 Bouchard : DE LA PHENOMENOLOGIE A LA PSYCHANALYSE
188 Chanceaulme : MOURIR, ULTIME TENDRESSE
189 Rivière : LA PSYCHOLOGIE DE VYGOTSKY

190 Lecoq : APPRENTISSAGE DE LA LECTURE ET DYSLEXIE
191 de Montmolin/Amalberti/Theureau : MODELES DE L'ANALYSE DU TRAVAIL
192 Minary : MODELES SYSTEMIQUES ET PSYCHOLOGIE
193 Grégoire : EVALUER L'INTELLIGENCE DE L'ENFANT
194 Gommers/van den Bosch/de Aguilar : POUR UNE VIEILLESSE AUTONOME
195 Van Rillaer : LA GESTION DE SOI
196 Lecas : L'ATTENTION VISUELLE
197 Macquet : TOXICOMANIES ET FORMES DE LA VIE QUOTIDIENNE
198 Giurgea : LE VIEILLISSEMENT CEREBRAL
199 Pillon : LA MEMOIRE DES MOTS
200 Pouthas/Jouen : LES COMPORTEMENTS DU BEBE : EXPRESSION DE SON SAVOIR ?
201 Montangero/Maurice-Naville : PIAGET OU L'INTELLIGENCE EN MARCHE
202 Colin A. Epsie : LE TRAITEMENT PSYCHOLOGIQUE DE L'INSOMNIE
203 Samalin-Amboise : VIVRE A DEUX
204 Bourhis/Leyens : STEREOTYPES, DISCRIMINATION ET RELATIONS INTERGROUPES
205 Feltz/Lambert : ENTRE LE CORPS ET L'ESPRIT
206 Francès : MOTIVATION ET EFFICENCE AU TRAVAIL
207 Houziaux : EDUCATION DU PATIENT ET ORDINATEUR
208 Roques : SORTIR DU CHOMAGE
209 Bléandonu : L'ANALYSE DES REVES ET LE REGARD MENTAL
210 Born/Delville/Mercier/Snad/Beeckmans : LES ABUS SEXUELS D'ENFANTS
211 Siguan : L'EUROPE DES LANGUES
212 de Bonis : CONNAITRE LES EMOTIONS HUMAINES
213 Retschitzki/Gurtner : L'ENFANT ET L'ORDINATEUR
214 Leyens/Yzerbyt/Schadron : STEREOTYPES ET COGNITION SOCIALE
215 Tiberghien : LA MEMOIRE OUBLIEE
216 Wynants : L'ORTHOGRAPHE, UNE NORME SOCIALE
217 Rondal : L'EVALUATION DU LANGAGE
218 Moreau : SOCIOLINGUISTIQUE, CONCEPTS DE BASE
219 Rouquette : LA CHASSE À L'IMMIGRÉ
220 Grubar/Duyme/Cote et al. : LA PRÉCOCITÉ INTELLECTUELLE DE LA MYTHOLOGIE À LA GÉNÉTIQUE
221 Pomini et al. : THÉRAPIE PSYCHOLOGIQUE DES SCHIZOPHRÉNIES
222 Houdé et al. : DESCARTES ET SON ŒUVRE AUJOURD'HUI
223 Richelle : DÉFENSE DES SCIENCES HUMAINES
224 Leclercq : POUR UNE PÉDAGOGIE UNIVERSITAIRE DE QUALITÉ
225 Gillis : L'AUTISME ATTRAPÉ PAR LE CORPS
226 Pithon : LES TENDANCES ACTUELLES DE L'INTERVENTION PRÉCOCE EN EUROPE
227 Montangero : RÊVE ET COGNITION

Manuels et Traités

Droz-Richelle : MANUEL DE PSYCHOLOGIE. 5ᵉ éd.
Hurtig-Rondal : MANUEL DE PSYCHOLOGIE DE L'ENFANT (Tome 1). 5ᵉ éd.
Hurtig-Rondal : MANUEL DE PSYCHOLOGIE DE L'ENFANT (Tome 2). 4ᵉ éd.
Hurtig-Rondal : MANUEL DE PSYCHOLOGIE DE L'ENFANT (Tome 3). 4ᵉ éd.
Rondal-Seron : LES TROUBLES DU LANGAGE (DIAGNOSTIC ET REEDUCATION). 2ᵉ éd.
Fontaine/Cottraux/Ladouceur : CLINIQUES DE THERAPIE COMPORTEMENTALE. 2ᵉ éd.
Godefroid : LES CHEMINS DE LA PSYCHOLOGIE. 2ᵉ éd.
Seron-Jeannerod : NEUROPSYCHOLOGIE HUMAINE